사무라이와 무사도

사무라이와 무사도

구태훈

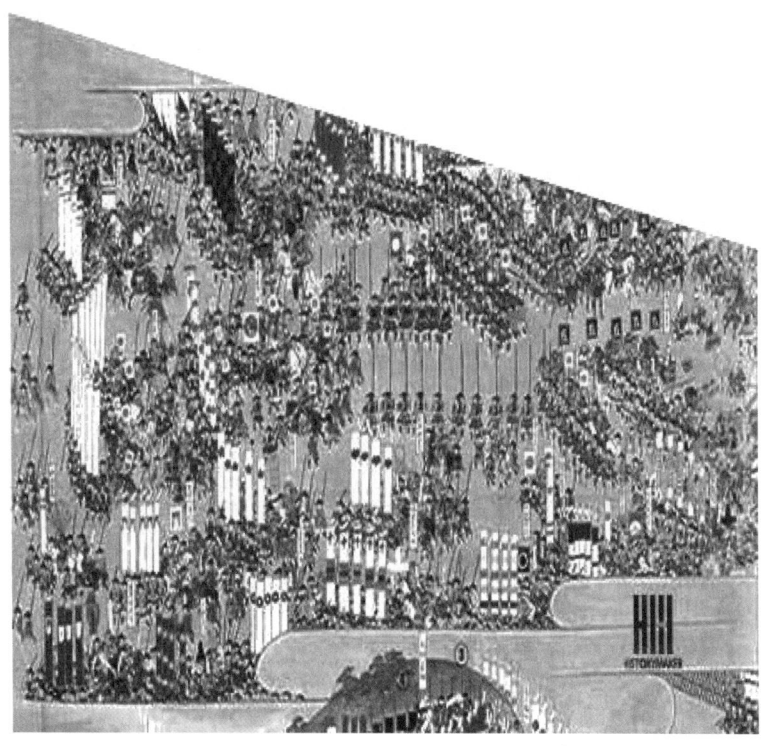

책을 내면서

사무라이와 무사도는 한국인에게 결코 낯선 말이 아니다. 특히 무사도는 현대 일본인의 가치관을 형성하고 있는 중요한 정신의 하나라는 것을 모르는 사람은 드물다. 그러나 정작 그 내용을 자세히 아는 사람은 그렇게 많지 않을 것이다. 물론 그동안 한국에서도 일본 관련 책들이 많이 간행되었고, 필자도 통사와 개설서를 몇 권 집필했다. 그 속에는 사무라이와 무사도에 관한 내용이 포함되어 있다. 하지만 통사나 개설서 속에 포함된 사무라이와 그들의 정신세계에 대한 내용은 매우 단편적인 것들이었다. 수준 높은 독자들의 지적 호기심을 만족시키기에는 역부족이었다.

일본의 무사정권 시대는 12세기 말에 가마쿠라 막부鎌倉幕府가 성립된 이래, 19세기 말 에도 막부江戶幕府가 멸망하고 근대국가가 성립되기까지 약 700년 간 지속되었다. 그런데, 너무나 당연한 일이지만, 사무라이와 그들의 정신세계는 고대·중세·근세라는 역사 발전단계에 따라 고찰해야 실상에 근접할 수 있다. 그러나 모든 시대의 사무라이와 그들의 정신세계를 시대별로 고찰한 후, 그 방대한 성과를 한 권의 책에 담는다는 것은 결코 쉬운 작업이 아니다.

필자는 주로 에도 시대, 즉 도쿠가와德川 가문이 일본을 통치했던 17~19세기의 사무라이와 무사도에 초점을 맞춰 집중 조명하는 방법을 택했다. 그래서 이 책 분량의 2분의 1이 에도 시대의 사무라이와 그 정신세계의 실상을 설명하는 데 할애되었다. 그 이전 시대인 가마쿠라 시대와 무로마치 시대室町時代의 내용은 특징만 선명하게 부각되도록 기술했다. 하지만 일본 고대사회의 '틀' 속에서 사무라이를 주역으로 하는 중세적 질서가 형성되는 과정, 그리고 일본사가 중세에서 근세로 전환하는 과도기라고 할 수 있는 전국시대戰國時代의 내용은 가능하면 상세하게 기술하려고 노력했다.

독자는 이 책을 통해서 사무라이와 그들의 정신세계를 여러 각도에서 입체적으로 조명해 볼 수 있을 것이다. 사무라이는 어떠한 환경과 조건 속에서 탄생하고 성장했는가? 본래 전투원인 사무라이가 어떤 과정을 거쳐서 위정자의 지위에 올랐는가? 사무라이는 어떻게 생활했으며, 그들의 삶의 목표는 무엇이었을까? 사무라이는 무엇을 마땅하다고 생각하고, 무엇을 중요하다고 생각했을까? 그들은 무엇을 자랑스러워하고, 무엇을 부끄러워하고, 무엇을 두려워했을까? 그들이 생각하는 바람직한 인간관계란 무엇이었을까? 필자는 이상과 같은 질문에 가능하면 성실하게 대답하려고 노력했다.

독자들에게 당부하고 싶은 말이 있다. 조선의 문사와 일본의 무사는 같은 위정자였지만, 그들의 성격은 달랐다. 조선의 문사는 유교적 교양을 몸에 익힌 지식인이었지만, 일본의 무사는 전투원이었다. 무사도는 전투원의 도덕이었다. 전통적으로 문의 가치를 숭상한 한국인에게 일본의 무사는 이질적인 존재이며, 무사도 또한 매우 생소한 가치를 담은 도덕관이다. 당연히 한국인의 정서를 거스르거나 저항감을 불러일으키는 내용이 적지 않을 것이다. 하지만 가치판단을 유보하고, 호기심 어린 눈으로 읽어주기 바란다. 일본인과 그들의 정신을 있는 그대로 이해하는 것이 중요하기 때문이다.

필자는 이미 12년 전에 『일본 무사도』(태학사, 2005. 04)라는 책을 출간한 적이 있다. 그 책은 제목 그대로 무사의 정신세계를 집중 조명한 것이었다. 그러다 보니 정작 일본 무사의 등장과 성장, 그리고 각 시대별 무사의 존재형태에 대해서 상세하게 설명하지 못했다. 또 무사의 관행 즉, 복수·자살·도검 등에 관한 내용도 소략했다는 아쉬움이 남았다.

그래서 이번에 무사사회의 정치와 사회 부분을 대폭 보완하고, 무사의 관행 부분을 삭제한 후, 『사무라이와 무사도』라는 제목으로 간행하게 되었다. 무사의 관행에 대해서는 가까운 시일 내에 단행본으로 출간할 계획이다.

이 책은 (주)히스토리메이커에서 출간하게 되었다. 많은 양의 원고를 성의를 다해 편집하고 교정해준 (주)히스토리메이커 관계자 여러분께 진심으로 감사드린다.

2017년 여름

구 태 훈

차례

책을 내면서 ······································· 5

01. 고대적 질서의 해체와 중세적 질서의 형성 ··· 17
   1. 율령체제의 동요 · 17
   2. 정치의 문란 · 20
   3. 장원의 발달 · 23
   4. 무사의 탄생 · 26
   5. 무사단의 형성과 동량 가문의 출현 · 30
   6. 무사단의 활약 · 34
   7. 무사의 세상 · 40
   8. 새로운 지도자의 탄생과 명예관념의 형성 · 45

02. 무사정권의 성립 ························· 49
   1. 미나모토씨와 다이라씨의 싸움 · 49
   2. 가마쿠라 막부의 성립 · 55
   3. 쇼군과 고케닌 · 57
   4. 고온과 호코 · 59
   5. 주종관계 · 61

03. 가마쿠라 시대 무사와 무사도 ········· 65
   1. 무사의 일상생활 · 65
   2. 무사와 전투 · 69
   3. 정신세계 · 74

명예 · 74

　　　충성 · 80

　　4. 무사와 선의 만남 · 85

04. 무로마치 시대의 정치와 사회 ·················· 91
　　1. 무로마치 막부의 성립 · 91

　　2. 남북조 시대 · 94

　　3. 슈고다이묘의 성장 · 95

　　4. 무사사회의 변용 · 97

05. 무로마치 시대 무사와 무사도 ················ 101
　　1. 『다이헤이키』의 시대 · 101

　　　상식을 파괴하는 무사들 · 101

　　　불교에 귀의하는 무사들 · 104

　　2. 가훈에 담겨진 무사도 · 108

　　　시간의 변화를 담은 교훈서 · 109

　　　인간미 넘치는 충고 · 112

　　　태평시대 무사를 위한 처세 요령 · 116

06. 전국시대의 정치와 사회 ······················· 120
　　1. 무로마치 막부의 쇠퇴 · 120

　　2. 센고쿠다이묘의 출현 · 123

　　3. 오다 노부나가와 도요토미 히데요시 · 126

4. 천도사상과 무사의 도리 · 131

07. 전국시대 무사와 무사도 ·················· 136

1. 죽음에 직면한 나날 · 136

난세 · 136

무상 · 140

향내음 · 144

화려한 외출 · 147

2. 긴장 속에 걸어온 승자의 길 · 150

호조 소운 · 150

우에스기 겐신 · 154

다케다 신겐 · 158

모리 모토나리 · 162

3. 사나이가 걸어간 길 · 168

사나이의 선택 · 168

천하 제일의 무장 · 171

명문가 후예의 의리와 우정 · 174

충성의 향기가 나는 용사 · 178

08 에도 시대의 개막 ·················· 185

1. 에도 막부의 성립 · 185

도쿠가와 이에야스 · 185

막부의 개설 · 186

도요토미씨 멸망 · 188

2. 쇼군과 다이묘 · 190

쇼군의 권력 · 190

다이묘와 번 · 192

쇼군의 다이묘 통제 · 195

3. 행정제도와 경비제도 · 198

야쿠카타와 반카타 · 198

경비제도 · 201

09 무사와 무사사회 ·················· 204

1. 무사의 특권 · 204

2. 신분서열 · 208

3. 역직과 봉록 · 211

4. 무사의 경제생활 · 213

5. 무사와 서민 사이의 인간존재 · 216

로닌 · 216

고시 · 217

10. 무사도의 형성 ····· 218

1. 오쿠보 타다노리와 『미카와모노가타리』 · 219
2. 오바타 카게노리와 『고요군칸』 · 222
3. 야마가 소코와 사도론 · 225
4. 야마모토 쓰네토모와 『하가쿠레』 · 228
5. 다이도지 유잔과 『부도쇼신슈』 · 231

11. 바람직한 무사도 ····· 234

1. 충성 - 주군과 함께, 주군을 위해 · 234

   무사의 목숨은 주군의 것 · 234

   주군은 절대적인 충성의 대상 · 236

   주군이 무사를 양성하는 이유 · 241

   빈틈이 없이 주군을 섬기는 무사 · 244

   간언 · 247

   민중의 가슴속에 살아있는 충신 이야기 · 250

2. 의리 - 생존과 승부를 초월한 신성한 가치 · 257

   의리는 무사도의 중핵 · 257

   주종간의 의리 · 261

   가족 간의 의리 · 268

   무사 상호간의 의리 · 273

   무사의 양심과 의리 · 278

   가케코미 관행과 의리 · 282

3. 용기 - 무사가 죽음을 각오 할 때 · 288

용기는 행동의 근본 · 288

용기는 길러지는 것 · 290

진정한 용기 · 295

무념에서 나오는 용기 · 299

임전의 정신에서 나오는 용기 · 303

4. 명예 - 영원히 사는 길 · 308

자존심은 명예의 뿌리 · 308

공명심에 불탔던 무사들 · 313

무사가 수치심을 느꼈을 때 · 316

풍문이 두려웠던 무사들 · 322

참고문헌 ··· **329**

색인 ··· **335**

제1부

중세사회의 무사와 무사도

01

고대적 질서의 해체와 중세적 질서의 형성

1. 율령체제의 동요

일본에서는 7세기 말에 율령국가가 성립되었다. 7세기 말에 당唐의 율령을 받아들여 일본 최초의 율령을 편찬했고, 697년부터 더욱 세밀한 율령을 편찬하는 사업이 시작되었다. 700년 3월에 「영令」이 먼저 완성되고, 다음 해인 701년 8월에 「율律」이 완성되었다. 718년에는 「율」 10권, 「영」 10권이 편찬되었다.

조정朝廷은 당의 율령을 기본으로 하는 법질서를 수립하려고 했다. 조정은 일단 편찬한 율령을 관리들에게 학습시켜서 그것을 하향적으로 관철시키려고 노력했다. 그러나 율령제도는 중국의 역사과정을 통해 형성된 것이었다. 그것이 일본사회에 아무런 부작용 없이 적용될 리 만무했다. 율령이 제정되었어도, 말단의 행정은 전통적인 관례에 따라 처리되고 있었다. 율령제도는 제대로 시행되기도 전에 붕괴의 조짐을 보이기 시작했다.

율령제도가 관철되려면 왕토사상王土思想이 일본사회에 뿌리를 내렸어야 했다. 왕토사상은 모든 토지는 국왕의 것이라는 사상이었다. 고대 사회에서는 토지와 그 토지에서 경작하는 농민을 분리해서 생각하지 않았다. 토지가 국왕의 것이라면 농민도 당연히 국왕의 것이었다. 이러한 점에서 볼 때, 율령제도는 토지국유제의 원칙이 무너지면 붕괴되는 구조였다.

율령제도의 모순은 생각보다 빨리 드러났다. 율령국가의 가장 핵심적인 제도라고 할 수 있는 반전수수법班田收授法, 즉 토지를 농민에게 분배하는 법조차 제대로 시행되지 못했다. 이 법은 원래의 취지대로 시행되기만 하면 민중의 생활을 안정시키고 국가의 재정을 튼튼히 할 수 있는 합리적인 제도였다. 그러나 그것을 시행하려면 몇 가지 문제점을 해결하지 않으면 안 되었다. 무엇보다도 반전수수법을 시행하기 위한 기초 작업이 매우 번잡했다. 특히, 호적을 작성하고, 그것을 기초로 토지를 분배하려면 한문을 구사할 수 있고, 행정능력이 있는 많은 관료들이 필요했다. 하지만 당시 일본에는 한문을 구사할 수 있는 관료들이 많지 않았다. 그래서 사람이 태어나거나 성장하면 그때에 맞춰서 토지를 분배하고, 또 사람이 사망하면 토지를 회수하는 일을 제대로 할 수 없었다. 농민에게 토지가 일단 지급되면 그 사람이 그것을 일생 경작할 수 있었고, 또 선조에게 지급된 토지는 그대로 자손이 경작하는 경우가 많았다. 그러다보니 농민들은 자신이 경작하는 토지를 자연히 사유지와 같이 인식하고 있었다. 사원이나 귀족에게 지급된 토지도 사유지와 같이 인식되었다.

한편, 농민에 부과되는 세금과 노역, 그리고 여러 가지 부담이 과중했다. 일기가 불순하거나 병충해가 발생하면 농민생활은 더욱 피폐했다. 생활이 어려워지자 농민 중에는 호적을 작성할 때 남자를 여자로 신고해서 노역의 부담을 면하려는 자가 나타나게 되었다. 경작지를 버리고 도망하는 자들도 증가했다. 승려가 되거나 스스로 귀족의 종자가 되는 농민이 늘어났다. 승려가 되거나 귀족의 종자가 되면, 세금과 노역의 부담을 지지 않아도 되었기 때문이다.

조정이 백만정보개간百万町歩開墾 계획을 발표한 것은 사회 모순이 노정되기 시작한 722년이었다. 이어서 723년에는 삼세일신법三世一身法을 시행해 개간을 장려했다. 삼세일신법은 새로이 관개시설을 해서 개간한 자에게는 3대에 걸쳐서, 기존의 관개시설을 이용해서 개간한 경우에는 당대에 한해 그 농지의 점유권을 인정하는 것이었다. 하지만 이 정책은 기간이 한정되어 있었기 때문에 정해진 기한이 다가오넌 토시가 다시 황폐해졌다. 조정은 743년에 간전영세사재법墾田永世私財法을 공포하기에 이르렀다. 이 법의 내용은 신분에 따라 개간 면적의 상한선을 설정하고, 그 한도 내에서 개간한 토지를 영구히 점유하는 것을 인정하는 것이었다.

이러한 조치는 율령국가의 기초인 토지국유제의 원칙을 조정 스스로 무너뜨린 중대한 정책 변경이었다. 간전영세사재법은 765년에 일시 정지되었으나 772년에 다시 부활되었다. 그 후에는 무제한의 개간이 허용되었다. 그러자 토지를 개간할 수 있는 경제력이 있는 귀족이나 사원, 그리고 지방의 토호土豪들은 노비·부랑민 또는 공민公民을 동원하고, 그들에게 대량의 철제농구를 지급하고, 그들의 노동력을 이용해 대규모로 개간을 실시했다. 넓은 경작지를 점유한 귀족과 사원은 사실상 왕권의 소유인 공민을 다양한 방식으로 흡수했다. 유력한 농민과 토호도 개간에 힘썼기 때문에 율령국가의 기초이며, 토지국유제의 근간인 반전제班田制가 붕괴되기 시작했다.

2. 정치의 문란

9세기 중엽부터 점차로 율령국가의 수장인 천황天皇이 정치의 일선에 나서지 않게 되었다. 그 대신에 정치를 실질적으로 담당했던 것은 후지와라씨藤原氏 일족이었다. 후지와라씨 중에서도 후지와라노 후유쓰구藤原冬嗣의 자손이 권력을 독점했다. 후지와라씨는 오토모씨大伴氏, 도모씨伴氏, 기씨紀氏 등과 같은 귀족 가문을 차례로 제거하고 실권을 장악했다. 그 과정에서 후지와라씨는 음모를 꾸미거나 상대편을 모함하는 것도 서슴지 않았다.

실권을 장악한 후지와라씨는 천황과 이중 삼중으로 인척관계를 맺었다. 그리고 후지와라씨 여자가 낳은 황자를 천황으로 옹립하면서 권력을 독점했다. 음모와 모함은 후지와라씨가 다른 씨족을 배척하면서 외척의 지위를 지키는 상투수단이 되었다. 후지와라씨는 조정의 최고관직인 태정대신太政大臣의 지위를 독점했음은 물론, 천황이 어렸을 때는 섭정攝政의 지위에 올라 정권을 휘둘렀고, 천황이 성인이 되면 관백關白의 지위에 올라 정치를 좌지우지했다.

후지와라씨의 지위가 확립되어 섭정·관백이 정치의 실권을 장악한 10세기 후반부터 원정院政, 즉 천황이 퇴위한 후 상황上皇이 되어 국정國政을 관장하는 정치형태가 성립된 11세기 후반까지의 정치를 일반적으로 섭관정치攝關政治라고 한다. 섭관정치란 섭정·관백이 실권을 행사하는 정치를 말한다. 섭정·관백을 배출한 가문은 섭관가라고 불렸다.

10세기 말부터 후지와라노 미치나가藤原道長의 자손이 섭정·관백의 지위를 독점했다. 미치나가는 자신의 딸 4명을 차례로 천황과 태자의 비로 들여보내며 권세를 떨쳤다. 미치나가의 뒤를 이어 섭정이 된 미치나가의 아들 후지와라노 요리미치藤原賴通는 3대에 걸친 천황의 치세 약 50여 년간 섭정·관백의 지위에 있으면서 권력을 독점했다.

섭관정치 시대의 정치는 실질적으로 섭관가에서 행해졌다. 섭정·관백은 관료조직을 통해 정치를 시행했기 때문에 관료들이 섭관가에 줄 입했다. 섭관가가 실질적인 관청이었던 것이다. 섭관가의 사적기관인 만도코로政所는 국정의 중심기관이 되었다. 조정은 단순히 의식을 행하는 장소에 불과했다. 즉 공사公私가 혼동되는 정치가 시행되었던 것이다. 율령체제가 이완되었다.

율령체제가 무너지면서 매관매직 풍조가 확산되었다. 경제력이 있는 관리나 토호는 궁전의 수리나 사원의 건립비용을 부담하고 관직에 임명되거나 관위를 수여받는 제도가 있었다. 이것을 조고成功라고 했다.

당사자들은 대부분 고쿠시國司, 즉 지방관을 희망했다. 고쿠시는 농업 생산을 직접 장악하면서 손쉽게 재산을 축적할 수 있었기 때문이다.

일단 고쿠시에 임명되면 다시 조고에 의해 같은 지역의 고쿠시에 재임명되는 경우가 많았다. 이것을 조닌重任이라고 했다. 조고에 의해 고쿠시에 임명되거나 조닌이 되어도 자신은 임지에 부임하지 않는 경우가 많았다. 그들은 대리인을 임지에 보내고 본인은 교토에서 생활하면서 봉록을 비롯한 수입만을 취하는 자들이 대부분이었다. 실제로 임지로 부임해 직접 정치를 담당했던 고쿠시는 즈료受領라고 불렸다.

고쿠시는 조정으로부터 지배지의 조세를 청부맡는 것이 보통이었다. 조정은 고쿠시에게 지배지의 징세권을 부여하고 일정액의 조세만 납부하도록 했다. 고쿠시가 조세를 청부맡으면서 반전수수법을 기초로 하는 율령제도가 붕괴되었다. 고쿠시는 묘名라고 불리는 유력한 농민이 경영하는 경작지를 대상으로 과세했다. 공령公領도 실태적으로 고쿠시의 사유지나 다름없게 되었다. 즉 본질적으로는 공령도 장원莊園과 같은 성격으로 변질되었다.

고쿠시는 재임 기간 동안에 가능한 많은 재산을 축적하려고 혈안이 되었다. 특히 임지에 부임한 즈료는 모든 수단과 방법을 동원해 조세를 징수했다. 즈료의 탐욕은 지방정치를 혼란스럽게 했고, 농민들에게 무거운 부담을 강요했다. 10세기 후반에서 11세기 전반에 걸쳐서 농민들이 즈료의 악정과 폭거를 조정에 직소하거나 해임을 요구하는 사건이 빈발했다. 즈료의 착취를 감당할 수 없었던 농민들은 고쿠가國衙, 즉 각 구니國에 두었던 관청을 습격하는 등 고쿠시에 직접 대항하는 방법을 취하기도 했다. 즈료가 거느리고 있는 무사를 앞세워 수탈을 강화하면 농민들이 단결해 저항했다.

 농민이 저항하는 가장 중요한 요인은 역시 과다한 조세 부담이었다. 섭관정치 체제가 확립되면서 즈료는 섭관가에 대해 과중한 경제적 부담을 지게 되었다. 고쿠시는 관례적인 국가불교 행사에 필요한 경비를 부담하고, 특정 관사의 행사 비용을 상납하고, 임시 행사 경비를 수시로 상납하지 않으면 안 되었다. 다시 말하자면, 국가사업에 필요한 경비를 즈료에게 부담시키는 제도가 정착되었던 것이다. 즈료가 단지 사적인 이익만을 챙기기 위해 과도한 수탈을 했다고 볼 수 없는 측면이 있었던 것이다. 그것은 즈료의 가혹한 수탈을 하소연하는 상소가 전국적으로 발생하고 있었고, 즈료 측에서도 부담을 줄여줄 것을 요구하는 사례가 증가하고 있었다는 사실을 통해서도 알 수 있다.

3. 장원의 발달

 율령체제의 기초인 반전제가 붕괴되면서 장원이 발달했다. 9세기 중엽부터 천황의 친족·중앙의 귀족·사원에 의한 개간지의 사유화가 진행되면서 장원이 늘어났다. 902년 3월에 일본 최초로 장원정리령이 내려진 것은 장원이 얼마나 늘어났는지를 역설적으로 말해주는 것이다.

 장원이 발달하면서 반전수수법의 실시는 점점 어렵게 되었다. 무엇보다도 토지를 회수하고 지급하는 근본자료인 호적이 현실과는 전혀 다르게 형식적으로 작성되는 경우가 많았다. 효율적인 반전수수법 시행이 불가능한 현실이었다. 902년을 최후로 반전수수법의 시행이 완전히 중지되었다.

귀족·사원이 직접 개간한 장원이 발달하고, 반전제가 붕괴면서 농민의 계층분화가 심화되었다. 지방의 토호나 관리들은 황무지를 개간해 장원을 경영했다. 유력한 농민도 개간에 힘써 경작지를 넓혔다. 장원에 소속된 농민 중에서도 경제력이 있는 자가 출현했다. 그들은 어느 정도 독립적으로 장원영주의 토지를 경작했다.

장원이 완전히 사유지가 된 것은 장원영주가 불수불입不輸不入의 특권을 획득하게 되면서부터였다. 불수란 조세를 납부하지 않아도 되는 특권이었고, 불입이란 관리가 장원에 출입하거나 간섭하는 것을 거부할 수 있는 특권이었다.

불수의 특권은 원래 규모가 큰 신사나 사원에 부여되던 것이었다. 그런데 9세기 초부터 갑자기 증가한 칙지전勅旨田, 즉 천황이 직접 지정한 토지에도 이 특권이 부여되었다. 그러자 장원영주와 귀족들도 불수의 특권을 강력하게 희망했다. 율령체제가 이완되면서 유력한 귀족과 사원은 그 지위를 배경으로 이런저런 구실을 붙여서 국가에 조세를 납부하지 않는 권리를 확보했다. 불수의 특권이 확대되었다.

고쿠시國司는 장원에도 관리를 파견해 토지조사를 했다. 조세를 징수하기 위해서였다. 그런데 불수의 특권을 획득한 장원영주는 고쿠시가 보낸 관리가 자신의 장원에 간섭하는 것을 거부할 수 있는 불입의 특권도 획득했다. 불수·불입의 특권을 확보한 장원은 토지뿐만이 아니라 토지에 얽매어 있는 농민까지도 독자적으로 지배할 수 있게 되었다.

장원이 완전히 사령화私領化되었던 것이다. 장원의 사령화는 9세기경부터 시작되어 10세기경에 일반화되었다.

10세기 중엽에 이르면, 중앙의 귀족과 사원은 물론 중소 귀족층도 장원을 늘렸다. 또 유력한 농민층도 귀족과 사원의 경작지를 청부 맡으면서 경작지를 넓혀 나갔다. 그들 중에는 토착 영주로서 확고한 지위를 구축한 자가 적지 않았다. 유력한 농민과 토호 중에는 관청의 하급관리가 되는 자도 있었다.

귀족과 사원이 불수·불입의 특권을 획득하자, 중소 귀족과 토착 영주는 국가 권력이나 다른 영주의 간섭에서 벗어나기 위해, 자신의 경작지를 중앙의 유력한 귀족이나 사원에 기진寄進, 즉 명목상의 소유권을 바치고, 자신은 그 장원을 관리하는 쇼칸莊官에 임명되었다. 그래서 중소 지주는 대영주의 보호를 받았고, 그 대신에 매년 일정분의 수확량을 대영주에게 납부했다.

중소 귀족과 토착 영주의 입장에서 보았을 때, 명목상의 장원영주로는 최고 권력자가 가장 바람직했다. 섭관정치의 전성기에는 섭관가에 장원의 기진이 집중되었다. 섭관가에 선을 대려는 관리들이 바치는 막대한 헌상물, 또는 그들이 제공하는 노동력은 섭관가 경제력의 적지 않은 부분을 차지했다.

불수·불입의 특권을 가진 장원이 증가하면 할수록 율령국가의 재정이 부실해졌다. 조세 수입이 감소했기 때문이다. 무엇보다도 심각한 것은 국가가 농민에게 부과하던 잡요·부역 등 노동력을 효과적으로 동원할 수 없게 되었다는 것이다. 국가권력의 지배를 받지 않는 토지와 농민이 늘어나면서 율령체제는 급속도로 붕괴되었다. 조정은 장원정리령을 공포했으나 효과를 거두지 못했다.

4. 무사의 탄생

필자가 말하는 전형적인 무사는 일본의 중세·근세, 즉 1180년대 가마쿠라 막부鎌倉幕府가 성립된 이래 1868년 에도 막부江戶幕府가 멸망할 때까지 약 700년 간 일본의 정치를 담당했던 위정자이다. 그들은 위정자였으나 '전투라는 직분을 세습'하는 존재였다. 그런 관점에서 보았을 때, 무사는 일본 고대나 근대와 같이 징병된 민중으로 구성된 군대가 아니었다. 물론 고대 율령체제 하에서의 무관武官도 아니었고, 근대의 직업군인과도 다른 존재였다. 당연한 일이지만, 전투를 전문으로 하는 세습적인 무사와 그 가문의 출현은 일본 고대적인 질서가 붕괴되고 중세적인 질서가 형성되는 과정이었다.

무사를 흔히 사무라이侍라고 한다. 옥편에서 '侍'자를 찾아보면 '모신다.'라는 의미이고, 그 자는 일본어로 '사부라우'라고 발음한다. 그러니까 '사부라우'라는 발음이 변형되어 '사무라이'라는 말이 탄생한 것이다. 그러니까 사무라이라는 말은 원래 윗사람을 옆에서 모시는 자, 즉 경호원이라는 의미였다. 사무라이를 쓰와모노兵라고도 한다. 쓰와모노는 한자로 강자強者라고 표기하기도 하는데, 원래는 무기를 의미하는 말이기도 했다. 쓰와모노는 힘이 센 자라는 뜻이고, 무장한 자라는 의미를 내포하는 말이다. 또 사무라이는 모노노후もののふ라고도 한다. 전

투에 나아가는 '용맹한 자'라는 뜻이다. 한자로 무사武士라고 쓰고, 모노노후라고 읽는다. 그런데 초기 사무라이의 이미지는 가마쿠라 시대 이후의 무사와 많이 달랐다. 그들이 어떤 역사과정을 거치면서 위정자로 성장하였을까?

일본 고대에도 물론 무사라는 개념이 있었다. 무사라는 말은 『속일본기續日本紀』722년 정월 조에 처음 등장한다. 여기에 등장하는 무사는 특정한 사회집단을 의미하는 용어가 아니었다. 단지 무예가 출중한 관리라는 뜻이었다. 그 후 사카노우에씨坂上氏와 같이 무예로 이름이 난 가문이 있었고, 그 가문에서 세이다이쇼군征夷大将軍 사카노우에노 다무라마로坂上田村麻呂가 배출되기도 했다. 그러나 그들 또한 율령국가의 군사 관료였다. 군사 관료는 사무라이 가문이라는 성격을 지녔다고 보기 어려웠다. 전형적인 사무라이 집안의 필수조건인 '전투라는 직분을 세습'한다는 관념이 성립되지 않았기 때문이다.

10세기 중엽부터 일본사회가 크게 동요하기 시작했다. 섭관정치가 정점에 도달하고, 지방의 정치가 문란해지고, 장원제가 이미 손을 댈 수 없을 정도로 발달하고, 율령체제가 사실상 기능하지 못하게 되었다. 이러한 혼란한 사회를 배경으로 일본 각지에서 무장한 세력이 성장했다. 이 무렵부터 '전투라는 직분을 세습'하는 무사의 가문이 출현하기 시작했다.

당시 조정은 치안을 유지할 수 있는 힘을 이미 상실했다. 장원영주들은 물론 고쿠시를 비롯한 지방의 관리들도 자위를 위해 무장하지 않을 수 없었다. 특히 세력이 큰 장원영주들은 스스로 치안을 유지하고 장원과 농민을 보호하기 위해 본인은 물론 일족과 지배하에 있던 농민들도 무장시켰다.

처음에는 혈연적으로 가까운 일족을 중핵으로 하는 무장 세력이 형성되었다. 무장한 일족의 구성원을 이에노코家子라고 했고, 개발 영주인 주군에 충성하는 핵심 전투원을 로토郎党·게닌家人이라고 했다. 그들의 밑에는 쇼주所従·게닌下人으로 불리는 예속성이 강한 하층 농민들이 있었다. 무장한 집단은 스스로의 힘으로 치안을 유지하려고 했다.

일본 각지에서 무장한 세력이 성장하고 있었다는 것이 일본에는 병사兵士가 없었다는 것을 의미하는 것은 아니었다. 고대국가에서 병사는 매우 중요한 의미가 있었다. 율령제도에 따르면 천황제 국가는 징병제를 원칙으로 해 장정을 징집했고, 징집된 장정은 훈련을 마친 후에 전국 각지의 군단에 배치되도록 되어 있었다.

그러나 일본사회는 율령제도가 제대로 기능하기에는 많은 제약이 있었다. 토지제도나 징세제도 등과 같이, 천황정권의 존립과 직결되는 제도도 제대로 기능할 수 있는 제도로 발전할 수 없었던 것과 같이, 징병제도도 일찍부터 무력화되었다. 더구나 천황정권은 여러 지방에서 발호하는 장원영주나 토호의 군사력을 압도할 만큼 강력하지도 않았다. 지방의 장원영주나 토호들은 여전히 사적으로 무력을 보유하고 있었다. 그들은 기술이 뛰어난 무사들을 모집하기도 했다.

징병제도의 붕괴는 천황정권의 수취체계, 즉 징세제도의 붕괴와 불가분의 관계를 가졌다. 고대사회에서는 징세제도와 징병제도가 따로 존립할 수 없었기 때문이다. 고대사회에서 징세는 인두세를 기본으로 하고 있었다. 그렇기 때문에 인구조사 사업, 즉 호적이 징세의 기초자료가 되었다. 호적은 또한 징병의 근거가 되는 자료이기도 했다. 호적의 작성을 위한 기초 인구조사 사업이 중단되었던 시점에서 징세제도와 징병제도는 사실상 그 법적 근거를 상실했다고 할 수 있다. 이미 앙상한 골격을 드러낸 징병제도는 더 이상 지탱할 수 없게 되었다.

바로 이러한 시기에 군사적 기능이 더욱 전문적이면서 독특한 조직과 전투원으로서의 자각을 가진 사회집단이 출현했다. 그들은 무력을 배경으로, 당시에 가장 중요한 경제자원이었던 경작지에 지배의 손길을 뻗치기 시작했다. 장원莊園을 배경으로 무사와 무사단이 출현하기 시작했던 것이다.

11세기 중엽이 되면 무사는 전투원으로서의 정체성과 가문의식을 갖게 되었다. 같은 핏줄을 나눈 자, 또는 같은 공동체에 소속된 자들이 같은 성姓을 표방하게 되면서 무사의 가문이 형성되었다. 무사 가문은 세습되었다. 세습은 단지 가산의 세습만을 의미하는 것이 아니라 전투라는 직분을 세습하는 것이었다. 그것은 독특한 문화를 가진 새로운 계층의 출현을 의미하는 것이었다.

초기의 무사들은 무기를 휴대하고, 죄책감 없이 살인을 하고, 무리를 지어서 싸움을 일삼으며, 사회질서를 어지럽히는 존재로 묘

폭력을 행사하는 무사들, 「平治物語絵詞」 속의 그림

제1장 고대적 질서의 해체와 중세적 질서의 형성 29

사되었다. 민중이 보았을 때, 그들은 두려움의 대상이었으나 공경의 대상은 아니었다. 그들은 "야만인과 다르지 않고 들개나 승냥이와 같은" 존재로, 도저히 공동체의 구성원으로 인정할 수 없는 '별종'으로 인식되었다.

무사는 지도자를 중심으로 단결해 무사단을 형성했다. 주종제도主從制度가 형성되면서 그들은 하나의 계급으로서 성장했다. 폭력을 배경으로 한 그들의 실력은 이미 귀족을 압도했다. 민중도 그러한 무사의 실체를 인정했다. 무사는 폭력으로 민중을 위압했고, 민중은 그런 무사를 두려워했다.

이러한 난폭한 무법자들은 지도자인 동량棟梁, 즉 무사사회의 지도자에 의해 통솔되기 시작하면서 변화했다. 난폭함은 용맹함으로 승화되었다. 기존의 가치와 질서에 구애받지 않았고, 그렇기 때문에 민중의 눈에 질서의 파괴자로 비쳤던 그들은, 인습을 과감하게 타파하는 용기 있는 존재, 합리적인 질서의 창조자로 부상했다. 이 단계에서도 무사는 여전히 두려움의 대상이었다. 그러나 더 이상 '야만인'이 아니었다. 무사는 촌락사회의 지도자로 그 모습을 드러냈다.

5. 무사단의 형성과 동량 가문의 출현

지방의 장원영주와 토호가 무장하자, 그들을 상대로 조세를 징수해야 하는 고쿠시國司도 무장을 하지 않을 수 없었다. 율령에 항상 무기를 휴대할 수 있는 권한을 가진 고쿠시는 규슈의 다지이후大宰府와 교토로 통하는 요충지인 이세伊勢(지금의 미에현三重縣)·미노美濃(지금의 기후현岐阜縣)·에치젠越前(지금의 후쿠이현福井縣 북부) 지방을 다스리는 자에 한정되어 있었다. 그러나 점차로 그 범위가 확대되어 10세기에는 변방 지역을 제외하고 거의 모든 지역의 고쿠시들이 무장을 할 수 있게 되었다. 그리고 각지에 오료시押領使·쓰이부시追捕使 등 치안유지를 담당하는 관리가 임명되자, 고쿠시들이 그런 관직을 겸하는 경우가 많았다. 무장을 한 고쿠시는 무력을 배경으로 조세를 징수할 수 있었다.

무사단의 지도자들 중에는 섭관가인 후지와리씨에 토지를 기진하고 쇼칸莊官이 되거나, 섭관가 저택의 경비를 담당하기도 했다. 후지와라씨 섭관가는 오미近江(지금의 시가현滋賀縣)·이즈미和泉(지금의 오사카부大阪府 남부)·셋쓰攝津(지금의 오사카부와 효고현兵庫縣의 일부)에 있는 장원에서 10일 교대로, 1회에 약 100명의 무사를 동원해 저택을 경비하게 했다.

무력을 배경으로 관청의 관리나 쓰이부시·오료시·게비이시檢非違使 등의 관직에 진출하는 무사들도 있었다. 그들 중에는 수천의 군대를 동원할 수 있을 정도의 실력을 갖춘 자들도 있었다. 그리고 천황 권력에 접근해 다키구치滝口의 무사가 되는 자들도 있었다. 다키구치의 무사는 9세기 말 우다 천황宇多天皇 때에 창설되었다. 그들은 천황에 직속된 무사단의 지도자였다. 처음에는 10여 명이었고, 나중에는 20여 명으로 늘어났다.

동부 일본에는 귀족이나 사원과 같은 강력한 세력이 없었다. 그 대신에 일찍부터 일족과 예속민들을 이끌고 광대한 경작지를 개간한 장원영주들이 세력을 넓혔다. 농촌의 유력한 토호를 중심으로 규모가 큰 무사단이 형성되었다. 동부 일본의 무사단은 일찍부터 용맹하기로 유명했다.

무장한 장원영주나 토호는 스스로 장원을 지킬 수 있었다. 하지만 일단 형성된 무력은 경우에 따라서 장원영주에 대항할 수 있는 세력으로 성장할 수 있었다. 또 각지에서 형성된 무장 세력이 중앙정치에서 밀려나 지방에 은거하던 명망가와 결합하면 커다란 조직으로 발전할 수 있는 가능성이 있었다.

섭관정치 체제가 강화되자, 귀족들이나 천황의 일족들은 후지와라씨의 권세에 복종하든지, 그렇지 않으면 지방으로 내려가서 토착하는 길을 택하든지, 양자택일의 기로에 서게 되었다. 후자의 길을 택한 자들 중에 지방의 무사들과 주종관계를 맺으면서 점차로 유력한 무사단의 지도자로 성장하는 자가 출현했다. 주로 지방에 거주하던 귀족이나 관리가 무장 세력의 수령으로 추대되었다. 이와 같이 지방의 무사들을 장악한 자, 또는 그 가문을 무사사회의 동량棟梁이라고 했다. 그중에서도 귀종貴種, 즉 천황의 혈통을 계승한 자가 특히 공경의 대상이 되었다.

10세기에 들어서면서 장원이 급속도로 확대되었다. 이 시점에서 율령제도가 사실상 붕괴되었다. 율령제도가 붕괴되면서 천황과 그 일족의 재정이 궁핍해졌다. 조정은 사성제도賜姓制度, 즉 천황의 일족을 신적臣籍에 편입시켜서 새로운 가문을 창립하게 했다. 천황 일족의 재정적 부담을 줄이기 위한 방편이었다. 사성으로 성립된 천황의 혈통을 잇는 대표적인 가문으로 미나모토씨源氏와 다이라씨平氏가 있었다. 그 밖에도 다치바나씨橘氏, 오카씨岡氏, 나가오카씨長岡氏, 히로네씨広根氏 등이 있었으나, 미나모토씨나 다이라씨와 같이 번성하지 못했다.

사성으로 신적에 편입된 천황의 일족 중에서 미나모토씨를 칭했던 가문이 20여 가문, 다이라씨를 칭했던 가문이 네 가문이었다. 그런데 미나모토씨 중에서 가장 먼저 두각을 나타낸 것이 세와겐지淸和源氏라고 일컬어지는 일족이었고, 다이라씨 중에서 가장 먼저 두각을 나타낸 것은 간무헤이시桓武平氏 일족이었다.

무사들은 특히 세와겐지와 간무헤이시를 공경했다. 세와겐지는 세와 천황淸和天皇의 혈통을 잇는 미나모토씨였고, 간무헤이시는 간무 천황桓武天皇의 혈통을 잇는 다이라씨였다. 세와겐지는 세와 천황의 손자인 쓰네모토오経基王를 시조로 했고, 간무헤이시는 간무 천황의 증손인 다카모치오高望王를 시조로 했다. 진수부장군鎭守府將軍에 임명된 쓰네모토오의 아들이 지금의 오사카大阪 지방에 정착해 세력을 넓혔고, 다카모치오는 관동 지방에 토착해 세력을 넓혔다.

쓰네모토오가 진수부장군에 임명되면서 미나모토씨가 수여되었다. 그 아들 미나모토노 미쓰나카源満仲가 셋쓰노구니摂津国에 정착하면서 무사사회 동량 지위를 확립했다. 미쓰나카의 아들 요리미쓰賴光는 섭관가 후지와라노 미치나가藤原道長에 접근해 세력을 확대했다. 요리미쓰의 동생 요리노부賴信도 무사들이 공경하는 무장이었다.

다카모치오는 889년경에 가즈사노쿠니上総国(지금의 지바현千葉縣 중부)의 지방장관인 가즈사노스케上総介로 부임했다. 그때부터 다이라씨는 관동 지방에 뿌리를 내렸다. 다카모치오의 아들들은 모두 관동 지방에서 커다란 세력을 형성했다. 다카모치오는 관직에서 물러난 후에도 그 지역에 토착하면서 유력한 토호로 성장했다.

6. 무사단의 활약

무사단이 세간의 이목을 끌게 된 계기는 10세기 중엽에 일어난 다이라노 마사카도平将門의 난과 후지와라노 스미토모藤原純友의 난이었다. 이 난은 지방 무사단이 일으킨 최초의 반란이었다. 이 두 번의 난을 당시의 연호를 따서 조헤이承平·텐교天慶의 난이라고 한다.

다이라노 마사카도는 다카모치오의 손자였다. 939년 11월 다이라노 마사카도는 무사단을 이끌고 히타치常陸(지금의 이바라키현茨城縣 지역)의 관아를 점령하고, 12월에는 스스로 신황新皇을 칭했다. 조정은 마사카도 토벌에 나섰다. 그러나 토벌군이 도착하기 전에 동북 지방 무사단의 지도자 다이라노 사다모리平貞盛와 후지와라노 히데사토藤原秀郷가 마사카도군을 격파했다. 마사카도군은 패색이 짙어지자 스스로 괴멸되었다.

939년 12월 후지와라노 스미토모가 반란을 일으켰다. 조정은 병사를 소집하고, 오노노 요시후루小野好古에게 토벌을 명령했다. 941년 2월 오노노 요시후루는 스미토모군 내부의 분열을 이용해 반란군을 무찔렀다. 하지만 스미토모는 항복하지 않았다. 오히려 병선을 이끌고 규슈의 다자이후大宰府를 공격했다. 그러자 오노노 요시후루가 육로와 해로에서 협공하는 작전을 구사해 규슈 북부의 항구 하카타博多에 머물던 스미토모군을 공격해 이겼다.

조헤이·텐교의 난이 일어났을 때 조정은 아무 역할도 하지 못했다. 반란을 진압한 것은 지방의 무사단이었다. 반란의 진압은 무사단의 실력을 전국적으로 과시하는 계기가 되었다. 조정과 귀족들도 무사들에 대한 인식을 새롭게 했다. 조정은 무사에게 궁중과 도성의 경비를 담당하게 했다. 무사의 지도자에게 관직을 수여했다.

조헤이·텐교의 난이 일어난 지 90여 년 후, 동북 지방에서 다이라노 타다쓰네平忠常의 난이 일어났다. 타다쓰네는 처음부터 반란을 치밀하게 계획했다. 그 점이 일족간의 사사로운 싸움에서 반란으로 발전했던 다이라노 마사카도의 난과 다른 점이었다. 1028년 6월 다이라노 타다쓰네가 지금의 지바현千葉縣 일대를 점령했다.

반란이 일어났으나 조정을 군사를 동원할 여력이 없었다. 조정은 반란이 일어난 지 3년이 지나서야 무사단의 지도자 미나모토노 요리노부源頼信에게 반란의 토벌을 명령했다. 요리노부는 용맹하기로 유명했고 병법에도 통달한 무사였다. 요리노부는 아들인 요리요시頼義와 함께 출정준비를 했다. 그런데 그 소식을 들은 다이라노 타다쓰네가 스스로 요리노부의 진영으로 찾아와 항복했다.

항복한 다이라노 타다쓰네는 요리노부에게 명부名簿, 즉 씨명氏名을 적은 명찰을 제출하고, 요시노부의 종자가 될 것을 서약했다고 전해진다. 명부의 제출은 주종관계를 맺는 의식이었다. 무사가 주종관계를 맺을 때 명부를 제출하는 것이 당시의 관행이었다. 다이라노 타다쓰네의 반란을 진압한 미나모토씨는 관동 지방에서 무사사회 동량의 지위를 확립했다.

제1장 고대적 질서의 해체와 중세적 질서의 형성 35

당시 동부 일본 지역은 매우 황폐했다. 동부 일본의 무사뿐만이 아니라 농민도 신뢰할 수 있는 동량에 의지해 농촌을 재건하려고 했다. 미나모토노 요리노부는 그 기대에 부응할 만 한 믿음직한 무장이었다. 훗날, 요리노부가 사가미노카미相模守로 부임했을 때, 관동 지방의 무사들이 그에게 보호를 요청했다. 그것을 계기로 관동 지방 무사들은 미나모토씨와 각별한 관계를 맺게 되었다.

관동 지방과 서부 일본 지역에서 토호가 성장하고 있을 때, 동북 지방에서도 무사단이 형성되었다. 오우奧羽 지방으로 불리는 이 지역을 실질적으로 지배했던 토호는 에미시蝦夷 민족의 수장이었다. 전9년의 전쟁을 일으킨 아베씨安部氏나 후3년 전쟁에 휩쓸린 기요하라씨清原氏는 모두 에미시 민족의 수장이었다. 에미시 민족은 외국인이나 다름없는 존재였다. 이곳은 천황정권이 정벌해서 지배하에 편입된 지역이었다. 에미시 민족은 조정朝廷에 반감을 품고 있었다.

아베씨는 지금의 이와테현岩手縣 일대를 지배하면서 막강한 세력을 형성했다. 고쿠시의 명령에 따르지 않았고, 조세나 요역徭役도 부담하지 않았다. 11세기 중엽에 조정은 수천의 병사를 보내 공격했으나 오히려 패퇴했다. 그러자 조정은 미나모토노 요리요시源賴義를 무쓰노카미陸奧守 겸 진수부장군鎭守府將軍에 임명해 아베씨 정벌에 나섰다. 요리요시는 관동 지방의 무사단을 이끌고 출진했다. 그때 요리요시의 장남인 요시이에義家도 참전했다.

1051년 요리요시가 무쓰로 진격했다. 그러자 일찍부터 요리요시의 명망을 두려워하던 아베노 요리토키安部賴時가 요리요시에 복종했다. 그래서 요리요시의 임기 5년 동안은 지극히 평온했다. 그러나 임기 최후의 해에 요리요시의 군영이 습격을 당하는 아쿠리가와阿久利川 사건이 일어났다. 요리요시는 범인이 아베노 요리토키의 장남인 사다토貞任라고 지목하고 그를 처벌하려고 했다. 그러자 아베씨 일족들은 싸움을 결의했다. 결국 요리요시와 아베씨 사이에 전투가 벌어졌다.

1057년 7월 아베씨의 총대장인 요리토키가 도리미노사쿠鳥海柵에서 전사했으나 아베씨 일족은 사다토를 중심으로 단결해 항전했다. 당황한 요리요시는 역시 동북 지방의 에미시 수장인 기요하라씨淸原氏에 지원을 요청했다. 기요하라씨는 1만여 군세를 이끌고 요리요시를 지원했다. 요리요시는 가까스로 아베씨를 무찌를 수 있었다.

아베씨가 멸망한 후, 동북 지방에서 세력을 떨치게 된 것은 기요하라씨였다. 기요하라씨는 전9년의 전쟁이 끝난 후, 1063년 기요하라노 다케노리淸原武則가 진수부장군에 임명되었고, 아베씨가 지배하던 지역도 손에 넣으면서 세력을 확대했다. 그런데 11세기 후반에 기요하라씨 일족 사이에 내분이 일어났다.

기요하라씨의 적장자는 기요하라노 사네히라淸原眞衡였다. 사네히라는 무쓰와 데와出羽의 광대한 지역을 영유하면서 전성기를 구가했다. 그러나 사네히라는 지배체제를 둘러싸고 일족의 장로와 대립했다. 1083년 9월 장로는 사네히라의 이복 동생인 기요히라淸衡와 이에히라家衡를 충동질해 거병했다.

그 무렵 전9년의 전쟁 때 부친인 미나모토노 요리요시를 따라서 참전했던 미나모토노 요시이에가 데와노카미出羽守에 임명되었고, 1083년에는 무쓰노카미 겸 진수부장군이 되었다. 요시이에는 기요하라씨 일족 내분에 개입했다. 후3년의 전쟁이 시작되자, 요시이에는 기요하라노 사네히라를 지원했다.

그런데 사네히라가 진중에서 병으로 사망했다. 그러자 기요하라씨 일족의 내분은 기요히라와 이에히라가 대립하는 양상으로 전개되었다. 이번에는 미나모토노 요시이에가 기요히라를 후원했다. 1087년 11월 수세에 몰린 이에히라가 전사하면서 후3년의 전쟁이 막을 내렸다.

후3년의 전란을 수습한 미나모토노 요시이에는 조정에 은상恩賞을 주청했다. 그러나 조정은 후3년의 전쟁이 국가의 반란을 진압한 전쟁이 아니고, 가문의 내분에 개입한 사사로운 전쟁이라 해서 전공을 인정하지 않았다. 물론 은상도 내리지 않았다.

무사가 전쟁에 동원되면 반드시 공훈에 따라서 그에 상응하는 은상을 내리는 것이 무사사회의 관행이었다. 은상은 토지로 분배되는 경우가 많았다. 무사의 지도자가 조정 또는 귀족으로부터 전쟁의 청부를 맡을 때, 그 전쟁에서 승리하면 어느 정도의 은상을 받을 지 약속하는 것이 관례였다. 그런 후, 무사사회의 지도자는 자기를 따르는 무사들을 동원해 전쟁을 감행하고, 전쟁에서 승리하면 자기가 받은 은상의 일부를 휘하의 무사들에게 분배했다.

미나모토노 요시이에는 은상을 기대하고 후3년의 전쟁을 수행했다. 그러나 조정은 그의 기대를 저버렸다. 그런데 후3년의 전쟁에 참가한 무사들은 조정에 충성했다기보다는 미나모토씨의 적장자인 미나모토노 요시이에에 충성했다. 즉 조정을 믿고 전쟁에 참가한 것이 아니라 미나모토씨라는 가문의 권위와 요시이에라는 인물의 지도력을 믿고 전쟁에 참가했던 것이다.

요시이에는 난감하게 되었다. 자신도 조정으로부터 은상을 받지 못했으니 무사들에게 나누어 줄 은상이 없다고 말 할 수는 없었다. 미나모토씨라는 가문의 권위와 의리를 중요하게 여겼던 요시이에는 자신의 재산을 휘하 무사들에게 나누어주었다.

요시이에가 보여준 도량은 무사들의 절대적인 복종을 이끌어 냈다. 버리면 얻는다고 했던가? 그런 일이 있은 후, 요시이에의 명망은 점점 높아졌다. 소식을 전해들은 전국의 무사들이 다투어 요시이에에게 장원을 기진寄進했다. 기진 행렬이 줄을 잇자, 급기야 조정은 요시이에에게 기진을 하지 말라는 명령을 내리지 않으면 안 될 정도였다.

당시의 중소지주 중에는 국가권력이나 다른 장원영주의 압력으로부터 자신의 경작지를 지키기 위해, 자신이 장원을 중앙의 유력한 귀족이나 대사원에 기진하고 자기는 그 장원을 관리하는 쇼칸莊官이 되는 경우가 많았다. 이러한 편법으로 중소지주는 실력 있는 영주의 보호를 받으면서 조세를 면탈할 수 있었고, 그 대가로 매년 수확량의 일부를 유력한 귀족이나 대사원에 납부했다. 요컨대, 미나모토노 요시이에가 중소지주로부터 기진을 받았다는 것은 사회적으로 실력을 인정받았음을 의미했다. 이 무렵 미나모토노 요시이에는 관동 지방 이북의 무사들과 주종관계를 맺고, 그들을 기반으로 강력한 무사단을 형성했다. 이러한 과정을 거치면서 미나모토씨는 무사사회 동량으로서의 지위를 확립했다.

한편, 다이라씨는 이가伊賀(지금의 미에현三重縣 서북부) 지방까지 세력을 넓혔다. 다이라노 고레히라平維衡의 증손인 다이라노 마사모리平正盛는 1097년에 시라카와 법황白河法皇에게 접근해 호쿠멘의 무사北面の武士가 되었다. 그 후 마사모리는 미나모토노 요시치카源義親의 반란을 진압하고, 이어서 이요伊予(지금의 에히메현愛媛縣)의 해적을 소탕하면서 실적을 쌓았다. 시라카와 법황이 사원을 건립하거나 불탑을 조성할 때에도 경제적 지원을 아끼지 않았다. 그러한 공적으로 서부 일본 여러 곳의 고쿠시國司를 역임할 수 있었다.

마사모리의 아들인 다이라노 타다모리平忠盛는 시라카와 법황과 도바 상황鳥羽上皇을 섬겼다. 1132년에는 대규모 건축 사업에 자금을 지원해 신임을 얻었고, 또 지금의 세토瀨戶 내해 지방과 시코쿠四國 일대의 해적을 소탕하는 공을 세웠다. 그리고 일송무역日宋貿易에 관여하면서 막대한 재산을 축적했다.

7. 무사의 세상

다이라노 마사모리·타다모리 부자의 부와 권력을 상속한 인물은 타다모리의 아들 다이라노 기요모리平淸盛였다. 기요모리는 재력과 권력을 잘 활용해서 다이라씨의 권세를 반석위에 올려놓았다.

당시 중앙 정계에서는 천황의 후계를 둘러싸고 도바 법황과 스토쿠 천황崇德天皇의 대립이 심화되고 있었다. 또 셋쇼·간파쿠의 지위를 둘러싸고, 간파쿠인 후지와라노 타다미치藤原忠通와 사다이진左大臣인 후지와라노 요리나가藤原賴長 형제 사이에도 긴장감이 고조되고 있었다.

도바 법황은 자신이 총애하는 후비가 아들을 낳자 생후 3개월이 되자마자 태자로 삼았다. 태자가 3살이 되었을 때, 장남인 스토쿠 천황을 물러나게 하고 어린 아들을 즉위시켰다. 그가 고노에 천황近衛天皇이었다. 그런데 고노에 천황은 16세의 나이에 요절하고 말았다. 그러자 도바 법황은 네 째 아들을 천황으로 삼았다. 그가 고시라카와 천황後白河天皇이었다. 스토쿠 상황은 철저하게 무시되었다.

1156년 7월 2일 도바 법황이 사망했을 때, 고시라카와 천황은 스토쿠 상황의 조문을 받지 않았다. 이 사건이 발단이 되어 분란이 일어났다. 스토쿠 상황은 후지와라노 요리나가와 결탁해서 미나모토노 다메요시源為義와 그의 8남인 다메토모為朝 부자, 다이라노 타다마사平忠正 등을 자기편으로 끌어들여 거사를 준비했다. 고시라카와 천황은 후지와라노 타다미치와 결탁해서 미나모토노 다메요시의 장남인 미나모토노 요시토모源義朝, 다이라노 타다마사의 조카인 다이라노 기요모리平清盛 등을 자기편으로 끌어들여 전열을 가다듬었다.

7월 11일 새벽 고시라카와 천황 측은 스토쿠 상황의 처소를 급습해 승리를 거두었다. 이 전투에서 미나모토노 요시토모는 친부인 미나모토노 다메요시를 비롯한 많은 일족들을 죽였다. 다이라노 기요모리는 그 삼촌인 다이라노 타다마사를 죽였다. 스토쿠 상황은 유배되었다. 이 사건을 호겐保元의 난이라고 한다.

호겐의 난이 일어난 후, 다이라노 기요모리 세력과 미나모토노 요시토모 세력이 크게 성장했다. 자연히 두 세력 사이에 긴장관계가 조성되었다. 다이라노 기요모리는 천황의 신임을 얻은 후지와라노 미치노리藤原通憲와 손잡고 미나모토노 요시토모를 압박했다. 이에 불만을 품은 요시토모는 천황 측근의 한 사람으로 후지와라노 미치노리와 대립하던 후지와라노 노부요리藤原信頼와 결탁했다. 그러던 중 1159년에 요시토모와 노부요리는 다이라노 기요모리가 여행을 떠난 틈을 노려 난을 일으켰다.

요시토모와 노부요리는 후지와라노 미치노리를 죽이고, 고시라카와 상황과 니조 천황二条天皇을 궁중에 유폐했다. 난이 일어났다는 소식을 들은 다이라노 기요모리가 서둘러 돌아와 고시라카와 상황과 니조 천황을 탈출시키고 미나모토노 요시토모와 후지와라노 노부요리 세력을 공격해 승리했다. 이 전투에서 후지와라노 노부요리가 잡혀 죽고, 미나모토노 요시토모는 도망하다가 주살되었다. 이 사건을 헤이지平治의 난이라고 한다.

호겐·헤이지의 난은 귀족사회 내부의 분쟁이 무사단의 실력에 의해 일거에 해결된 사건이었다. 특히 헤이지의 난은 무사 상호간에 대립하면서 정치의 실권이 무사의 손으로 옮겨간 획기적인 사건이었다. 이러한 혼란을 거치면서 다이라노 기요모리의 권력이 더욱 강화되어 무사의 동량 지위를 확립했다. 이후 다이라노 기요모리는 무사로서는 처음으로 귀족의 반열에 올라 다이라씨 정권 성립의 발판을 구축했다. 참고로 헤이지의 난 때, 미나모토노 요시토모의 3남인 미나모토노 요리토모源賴朝가 사형을 당하기 직전에 구사일생으로 살아나서 이즈伊豆 지방으로 유배되었다.

호겐·헤이지의 난에 가담한 무사가 비록 수백 명에 지나지 않았지만, 조정 내부의 대립이 무사 세력을 동원한 전투에 의해 해결되었다는 것은 "무사의 세상"이 도래했다는 것을 의미하는 것이었다. 지엔滋円은 그의 저서 『구칸쇼愚管抄』에서 다음과 같이 말했다. "도바 법황이 사망하고 일본국에 난역亂逆이 일어난 후, 무사의 세상이 되었다."

헤이지의 난에서 승리한 다이라노 기요모리는 고시라카와 법황의 신임을 얻었다. 1167년에 다이조다이진太政大臣이 되었고, 그의 아들 다이라노 시게모리平重盛를 비롯한 다이라씨 일족이 고위 관직을 독점했다. 기요모리는 20여 명의 일족을 고쿠시에 임명했고, 전국 500여 곳의 장원을 소유했다.

다이라씨 발전의 기반이 되었던 것은 전국 각지에서 성장하던 무사단이었다. 다이라노 기요모리는 주로 서부 일본의 무사를 휘하에 편성하는데 성공했다. 기요모리는 장원 내에 사사로이 지토地頭를 두고, 그 자리에 자신의 게닌家人을 임명했다.

다이라노 기요모리는 지금의 효고현兵庫縣에 국제항 오와다노토마리大輪田泊를 수축했다. 항구의 전면에 교가시마経島를 축조해 선박이 안전하게 정박하도록 했다. 그리고 지금의 히로시마현廣島縣에 온도노세토音戶の瀨戶라는 운하를 개척했다. 온도노세토 운하의 개척으로 지금의 오사카인 나니와難波에서 서쪽 바다로 직행할 수 있게 되었다. 일송무역이 더욱 원활하게 이루어졌다. 다이라씨가 일송무역을 독점했다.

1171년 다이라노 기요모리는 자신의 차녀인 도쿠코德子를 다카쿠라 천황高倉天皇 비로 들여보냈다. 조정 내에서는 더 이상 기요모리의 위세에 대항할 자가 없게 되었다. 다이라씨 일족의 저택은 교토의 로쿠하라六波羅에 밀집해 있었다. 그래서 다이라씨 정권을 로쿠하라 정권이라고도 한다.

다이라씨 정권은 최초의 무사정권이었다. 하지만 정치 형태는 후지와라씨 정권과 다를 바 없었다. 특히 천황과 인척관계를 맺고, 외척의 지위를 배경으로 권력을 행사했던 방식이 후지와라씨 섭관가와 다르지 않았다. 일족 중에 공경公卿이 16명, 고급 관직에 오른 자가 30여 명이었던 것에서도 알 수 있듯이, 다이라씨는 점차로 귀족화되었다.

다이라씨 일족이 조정의 관직을 독점하면서 정치적·경제적 지위가 상대적으로 약화된 귀족과 사원은 다이라씨에 반감을 품게 되었다. 고시라카와 법황도 다이라씨의 전횡을 달갑지 않게 생각하고 있었다. 다이라노 기요모리는 이러한 분위기를 감지하고 상비군을 조직하고 밀정을 풀어서 반대파를 감시했다.

1177년 고시라카와 법황 측근들이 교토의 시시가타니鹿ヶ谷 산장에 모여서 다이라씨 타도계획을 세웠다. 그러나 음모는 사전에 발각되었다. 음모에 참가했던 자들은 사형에 처해지거나 유배형에 처해졌다. 그때 다이라노 기요모리는 고시라카와 법황도 유배시키려고 했지만, 아들인 다이라노 시게모리가 만류해 중지했다. 시시가타니 사건이 일어난 후, 그동안 친밀했던 다이라노 기요모리와 고시라카와 법황의 사이가 벌어졌다.

1179년 다이라노 시게모리가 사망하자, 고시라카와 법황은 그 영지를 몰수했다. 법황의 조치에 분개한 다이라노 기요모리는 수천 명의 군사를 이끌고 상경해 법황의 측근이었던 귀족들의 관직을 박탈하고 고시라카와 법황을 유폐했다. 그리고 1180년에 지금의 고베시神戸市 지역인 후쿠하라福原로 천도했다. 이 시점에서 다이라씨 정권이 확립되었다.

8. 새로운 지도자의 탄생과 명예관념의 형성

1120년경에 성립된 『곤자쿠모노가타리슈今昔物語集』라는 설화집이 성립되었다. 이 책에 천여 편의 이야기가 수록되었다. 그중에서 약 700편이 불교설화이고, 나머지는 무사, 도둑, 민중, 귀족 등 다양한 인간존재의 이야기가 등장한다.

『곤자쿠모노가타리슈』에 무사의 세상이 도래했다는 것을 상징적으로 표현한 이야기가 몇 편 소개되고 있다. 그중에서 가장 주목되는 것이 「사루가미타이지猿神退治」라는 이야기다. 그 대강의 줄거리는 다음과 같다.

한 떠돌이 승려가 여행 중에 산 속에서 길을 잃게 되었다. 산길을 따라 내려오던 승려는 우연히 어떤 마을에 다다랐다. 그 마을의 나이가 든 촌장은 승려를 부잣집에 머물게 했다. 부잣집 주인은 승려를 매우 융숭하게 대접했다. 며칠 후, 주인이 승려에게 뜻밖의 제안을 했다. 자신의 딸과 결혼해달라는 것이었다. 떠돌이 생활에 지친 승려는 그 집 딸과 결혼하고 환속했다. 그런데 그 마을에 큰 제사가 있는 날이 가까워졌을 때, 부잣집 주인이 승려를 사위로 삼은 이유가 밝혀졌다. 다가오는 제사에 그 부잣집 딸이 마을의 수호신에게 제물로 바쳐지는 순서가 되었던 것이다. 부잣집 주인은 이미 사위가 된 젊은이에게 매우 어려운 부탁을 했다. 자신의 딸을 대신해 수호신의 제물이 되어달라는 것이었다. 젊은이는 깊이 생각하고 그 제안을 받아들였다. 사랑스러운 아내를 살리기 위해서 자신의 목숨을 버리기로 결심했다. 그는 슬퍼하는 아내에게 은밀히 칼을 마련하도록 부탁했다. 제삿날, 마을 사람들은 젊은이를 발가벗겨 큰 널판에 뉘인 채 수호신이 있는 사당 앞에 놓아두고 서둘러 돌아갔다. 날이 어두워지자 수호신이 나타났다. 젊은이는 '정신을 차리고' 수호신을 '똑바로' 보았다. 놀랍게도 오랫동안 마을의 처녀를 제물로 받아먹던 수호신은 커다란 원숭이들이었다. 그중에 한 원숭이가 제물로 바쳐진 젊은이를 칼로 찌르려고 달려들었다. 그때 젊은이는 다리 사이에 숨겨두었던 칼을 꺼내서 원숭이들을 제압하고 밧줄로 묶었다. 다음날 아침 젊은이는 사로잡은 원숭이들을 끌고 마을로 돌아왔다. 그리고 무사의 복장을 갖추었다. 손에 활과 화살을 들었다. 그러자 마을 사람들이 모두 무사가 된 젊은이에게 경의를 표하며 머리를 조아렸다. "지금부터 당신을 신으로 받들고, 당신에게 모든 것을 맡기고, 당신의 명령에 따르겠습니다." 젊은이는 촌장의 저택으로 들어갔다. 늙은 촌장은 땅바닥에 엎드려 절하며 복종을 맹세했다. 무사가 된 젊은이가 새로운 촌장이 되었다. 새로운 지도자는 마을 사람들을 모아놓고 수호신에게 제사지내던 사당을 불태우도록 명령하고 마을을 잘 다스렸다.

위 이야기에서 주목되는 것은 주인공이 승리를 한 다음에 무사가 되었다는 점, 그러자 마을 사람들이 모두 그에게 경의를 표하고 절대적인 충성을 서약했다는 점, 주인공은 무사로서 기존의 권위를 부정하고 마을의 지도자가 되었다는 점 등이다. 낡은 질서의 붕괴와 새로운 질서의 도래, 낡은 시대 지도자의 퇴장과 새로운 시대 지도자의 등장 과정이 박력 있게 묘사되어 있는 이야기다.

『곤자쿠모노가타리슈』에는 「사루가미타이지」 외에도 원숭이신[猿神]으로부터 여자를 구하는 사냥꾼의 이야기라든지, 인간을 산 채로 잡아먹는 귀신에게 칼로 맞서는 용감한 젊은 무사의 이야기가 소개되어 있다. 그들 '싸우는 자'들은 한결같이 용감하고 합리적이며 지혜로운 자로 묘사되고 있다.

위에서 살펴본 '싸우는 자'들의 이야기는 일본 고대사회 후기의 특징 있는 요소를 그대로 보여주고 있다. 특히 「사루가미타이지」의 이야기에 보이는 무사가 되어 마을의 지도자로 등장하는 주인공, 그 주인공에게 절대적인 충성을 맹세하는 농민들의 모습은 무사정권 시대의 도래를 상징하는 것이라고 할 수 있을 것이다.

11세기 말에서 12세기 초가 되면, 무사들이 이미 일본사회의 중심세력으로 성장했다. 고대사회 후기에 무사계급이 정치적으로 성장하면서 무사의 정신세계도 한층 성숙되었다. 본래 전투원인 무사는 무엇보다도 육체적으로 강해야 하고, 또 전투 기술도 뛰어나야 했던 것은 두말 할 나위가 없었다. 그런데 그것만으로 만족하기에는 무사의 자존심이 허락하지 않았다. 육체적·기술적인 면에 정신적인 명예 관념이 더해지면서 진정으로 강한 무사상이 제시되었다.

일본에서 한반도와 중국 대륙에서는 찾아볼 수 없는 독특한 명예 문화가 뿌리를 내린 것은 무사사회의 성립과 깊은 관련이 있었다. 물론 당시에는 명예라는 말이 없었다. 엄밀한 의미에서 명예라는 말은 일본의 역사과정에서 생성된 말이 아니었다. 일본에서는 명예라는 말 대신에 이름·얼굴·체면이라는 말이 무사의 자존성과 결벽성을 표현하는 것이었다. 고대 말기의 문헌자료를 참고해 보면, 명예를 나타내는 말로

나名라는 말이 있다. 그것은 '이름'이라는 의미였다.

당시 무사는 '부끄러움을 아는 자'라고 일컬어지기도 했다는 점이 주목된다. 그것은 무사가 귀족이나 농민과 같은 다른 사회집단과 구별되는 존재로 인식되고 있었다는 것을 의미하기 때문이다. 무사가 가장 부끄러워했던 것 중의 하나는 가문의 '이름'을 더럽히는 것이었다. 그만큼 무사들은 '이름'을 소중하게 여겼다. 무사들은 가문의 '이름'을 드높이기 위해 경쟁했다.

한국의 가문을 의미하는 개념에 가장 근접한 일본어 중에 이에家라는 말이 있다. 한국의 가문은 혈족에 한정되어 있는 개념이지만, 일본의 이에는 혈족을 중심으로 하면서도 혈족 이외의 공동체 구성원까지를 포함하는 개념이다. 좀 더 구체적으로 말하면, 이에의 중핵은 혈족이지만 거기에는 가신家臣과 예속성이 강한 '아랫사람'까지 포함되어 있었다. 이에의 구성원은 통상 세습적으로 '주인'을 섬겼다. '주인'과 이에의 구성원은 끈끈한 인간관계를 맺고 있었고, 그러한 인간관계는 무사단을 결속시키는 접착제 역할을 했다.

이에는 무사 개인보다 상위의 개념으로 인식되었다. 무사들은 이에를 위해 목숨을 걸고 싸웠다. 이에의 재산, 즉 가산家産은 무사의 자손에게 상속되는 것이었다. 그런 의미에서 가산은 무사 개인의 것이 아니었다. 상속되는 것은 가산뿐만이 아니었다. 이에와 관련된 사회적 평판, 즉 가문의 명예도 상속되는 것이었다. 그것은 가산보다도 중요한 의미를 갖는 것이었다.

02

무사정권의 성립

1. 미나모토씨와 다이라씨의 싸움

 일본인들에게 무사정권이라고 할 때 가장 먼저 떠오르는 생각이 무엇이냐고 물으면, 아마도 십중팔구는 겐페이갓센源平合戰이라고 대답할 것이다. 겐페이갓센은 무사정권이 성립되기까지 미나모토씨源氏와 다이라씨平氏라는 무사사회의 동량 가문 사이에 벌어진 세력 다툼을 이르는 말이다. 실제로 11세기 일본에서 전개된 세력 다툼의 대부분이 이들 두 가문을 둘러싸고 일어난 것이었다.
 고대 후기를 배경으로 한 전쟁문학, 즉 군기물軍記物에서는 주로 두 가문 지도자의 활약상을 묘사했다. 영웅들의 활약상은 일본인들의 가슴을 벅차게 했으며, 지도자의 넉넉한 도량은 일본인들의 마음을 든든하게 했다. 이러한 역사성을 지닌 겐페이갓센은 이미 일본문화의 한 부분을 차지하고 있다.

 일본인들이 서로 팀을 나눠 경쟁할 때는 홍군紅軍과 백군白軍로 편을 갈라 겨룬다. 소학교 운동회도 홍군과 백군으로 나눠 경쟁하게 한다. 매년 그믐날 밤에는 NHK 방송에 유명 가수들이 총출연해 실력을 겨루는데, 그때도 홍백전이라고 한다. 홍백전은 다른 말로 겐페이시아이源平試合라고 한다. 뿐만이 아니라 몇 명씩 두 편으로 나눠서 놀이를 할 때 일본인들은 '겐페이로 하자.'고 말한다. 홍백전은 바로 겐페이 즉, 다이라씨와 미나모노씨의 세력 다툼을 의미하는 것이다. 다이라씨 편 무사들은 붉은 깃발을 등에 꽂고 싸웠고, 미나모토씨 편 무사들은 하얀 깃발을 등에 꽂고 싸운 데서 유래한다.

 겐페이갓센은 무사단이 본격적으로 활약하기 시작할 무렵부터 이미 시작되었다고 할 수 있을 것이다. 그러나 그 클라이맥스는 마치 바람 앞에 놓인 등불처럼 위태로웠던 미나모토씨가 기사회생해서 최고의 권력을 장악했던 다이라씨를 무너뜨리는 대역전 드라마일 것이다.

 1179년 11월, 이미 고시라카와 법황後白河法皇을 유폐시킬 정도로 무소불위의 권력을 휘둘렀던 다이라노 기요모리平清盛는 1180년 2월에 다카쿠라 천황高倉天皇도 물러나게 하고 자신의 외손인 안토쿠 천황安德天皇을 세웠다. 그리고 다이라씨 권력에 복종하지 않는 세력을 탄압했다.

 그러나 다이라씨의 영화도 영원할 수는 없었다. 중앙의 귀족들은 물론 지방의 무사들도 다이라노 기요모리의 전제정치에 불만을 품고 있었다. 이러한 분위기 속에서 고시라카와 법황의 아들인 모치히토오以仁 王가 미나모토노 요리마사源賴政와 함께 다이라씨 타도의 기치를 올리 자, 각지에서 다이라씨에게 불만을 품고 있던 무사들이 연이어 봉기했 다. 대사원의 승병들도 이에 동조해 봉기하면서 전국적인 내란으로 발 전했다. 훗날 가마쿠라 막부鎌倉幕府를 창건한 미나모토노 요리토모源賴 朝도 이때 거병했다.

미나모토노 요리토모는 첫 전투에서 패했으나 곧 전열을 가다듬어 관동 지방을 세력 하에 넣고, 가마쿠라에 근거를 두었다. 가마쿠라는 도카이도東海道 교통의 요지에 위치해 있을 뿐만 아니라 삼면이 산으 로 둘러싸인 전략적 요충지였다. 또 가마쿠라는 미나모토씨와 인연이 깊은 곳이기도 했다.

한편, 다이라노 기요모리는 미나모토노 요리토모군을 토벌하기 위해 손자인 다이라노 고레모리平維盛가 지휘하는 토벌군을 관동으로 파견 했다. 양편의 군대는 후지가와富士川를 사이에 두고 대진했으나 토벌군 은 전투다운 전투도 하지 못하고 스스로 괴멸했다. 다이라군은 야간에 물새가 나는 소리를 미나모토군이 기습하는 것으로 오인해 패주했던 것이다.

미나모토노 요리토모가 승기를 잡았다. 하지만 요리토모는 상경을 서 두르지 않았다. 그는 동생인 노리요리範賴와 요시쓰네義経에게 패주하 는 다이라군을 추격하게 하고, 자신은 다시 가마쿠라로 돌아와 동부 일 본의 무사단을 통제하기 위한 기구를 마련하는 등 권력기반을 공고히 하는 데 전념했다.

후지가와 전투 후, 다이라노 기요모리가 열병으로 병상에 눕게 되었다. 그의 병세는 호전되지 않았고, 결국 1181년 윤2월에 64세의 나이로 사망했다. 기요모리의 뒤를 이은 것은 다이라노 무네모리平宗盛였다. 누구의 눈에도 다이라씨의 쇠퇴가 분명하게 감지되었다. 기요모리 없는 다이라군은 미나모토군에게 연패하면서 급격하게 쇠퇴했다.

1180년 11월 다이라씨는 수도를 다시 후쿠하라福原에서 교토로 옮기고, 기나이畿內를 중심으로 하는 지배체제를 정비했다. 그러나 오미近江 지역에 근거하고 있던 미나모토씨는 물론 엔랴쿠지延曆寺·고후쿠지興福寺·도다이지東大寺 등의 승병도 다이라씨에 적대적이었다. 다이라군은 고후쿠지와 도다이지를 불태우고 미나모토씨의 공격에 대비했다.

1183년에는 미나모토노 요리토모가 도카이도東海道와 도산도東山道 일대의 지배권을 확립했다. 이보다 앞서 기소木曽에서 거병한 미나모토노 요시나카源義仲는 시나노信濃(지금의 나가노현長野縣)에서 호쿠리쿠로北陸路로 나아가 교토로 진군했다. 1183년 5월 다이라노 고레모리가 이끄는 다이라군이 엣추越中(지금의 도야마현富山縣)와 가가加賀(지금의 이시카와현石川縣 남부)의 접경 지역인 도나미야마砺波山에서 미나모토노 요시나카군을 맞아 싸웠으나 대패했다.

1183년경에는 미나모토노 요리토모가 도카이도와 도산도를 지배하고, 미나모토노 요시나카가 호쿠리쿠도北陸道와 산인도山陰道를 지배하고, 다이라씨가 산요도山陽道·난카이도南海道·사이카이도西海道를 지배하는 이른바 3자가 정립하는 형국이 되었다.

1183년 7월 미나모토노 요시나카가 다이라씨의 본거지인 교토로 입성하자, 다이라노 무네모리는 안토쿠 천황과 함께 서부 일본으로 달아났다. 안토쿠 천황이 교토를 떠나자, 고시라카와 법황은 고토바 천황後

鳥羽天皇을 세웠다. 그 후 1185년 다이라씨가 멸망하고, 안토쿠 천황이 사망할 때까지 서부 일본의 안토쿠 천황과 교토의 고토바 천황이 동시에 재위했다.

한편, 미나모토노 요시나카는 천황의 후계를 둘러싸고 고시라카와 법황과 대립했다. 더구나 군기가 문란한 요시나카군이 약탈을 일삼았다. 요시나카 자신도 귀족들의 반감을 샀다. 고시라카와 법황은 관동지방에 있는 미나모토노 요리토모에게 교토로 입성할 것을 종용했고, 1183년 10월에는 미나모토노 요리토모에게 도카이도·도산도 연변의 지배권을 부여했다. 이 시점에서 가마쿠라 막부의 권력이 사실상 성립되었다.

미나모토노 요시나카는 조정의 태도에 불만을 품었다. 요시나카는 고시라카와 법황에게 자신을 세이다이쇼군征夷大将軍에 임명하라고 강요했다. 그러나 고시라카와 법황은 이미 가마쿠라에 있는 미나모토노 요리토모에게 요시나카를 토벌하라는 명령을 내렸다. 미나모토노 요리토모가 군대를 보내 요시나카를 공격했다. 1184년 정월 요시나카는 교토의 북쪽에 있는 오미近江에서 전사했다. 요시나카의 사망으로 그때까지 다이라씨·요리토모·요시나카가 삼분三分했던 일본 열도는 다이라씨와 미나모토노 요리토모가 양분하는 형국이 되었다.

미나모토노 요시나카와 미나모토노 요리토모가 서로 싸우는 동안, 규슈로 물러났던 다이라씨가 다시 본거지인 후쿠하라福原로 돌아와 교토 회복의 기회를 엿보고 있었다. 그러나 고시라카와 법황이 미나모토노 요리토모에게 다이라씨를 토벌하라고 명령했다. 다이라씨는 매우 곤란한 지경에 처했다. 때마침 서부 일본에서는 대기근이 발생했다. 천재

지변은 서부 일본에 기반을 둔 다이라씨의 군사력이 약화되는 악조건이 되었다.

1184년 2월 초 미나모토군은 다이라씨가 방어진지를 수축하던 후쿠하라의 남쪽 이치노타니一の谷 부근을 기습했다. 혼란에 빠진 다이라군은 다이라노 미치모리通盛・타다노리忠度・쓰네토시経俊・아쓰모리敦盛 등 일족의 여러 장수가 전사하고, 시게히라重衡는 생포되는 타격을 입었다. 처음부터 병선에 머물렀던 무네모리宗盛는 안토쿠 천황을 데리고 도망했다.

미나모토군은 수세에 몰린 다이라군을 압박하기 시작했다. 1185년 2월 중순 미나모토군의 총대장 미나모토노 요시쓰네는 150여 명의 결사대를 이끌고 셋쓰摂津의 와타나베渡辺를 출발해 어둠속에서 아와阿波(지금의 도쿠시마현德島縣)의 가쓰우라勝浦로 건너갔다. 보통 때 같으면 3일 걸리는 뱃길을 폭풍우를 등지고 4시간 만에 야시마屋島로 진군해 다이라군을 후방에서 기습했다. 요시쓰네가 크게 승리했다. 요시쓰네는 지금의 에히메현愛媛縣 지역의 고노 미치노부河野通信와 구마노熊野(지금의 기이반도紀伊半島 남부)의 수군을 자기편으로 끌어들여 전력을 보강했다.

1185년 3월 24일 미나모토군은 나가토長門(지금의 야마구치현山口縣의 일부)의 단노우라壇浦로 몰린 다이라군을 총공격했다. 미나모토군의 총대장 미나모토노 요시쓰네는 이요伊予(지금의 에히메현愛媛縣)・구마노・스오周防(지금의 야마구치현 동남부)의 수군을 거느리고 다이라군을 포위했다. 다이라군은 규슈의 야마가 하데도오山鹿秀遠의 군대와 마쓰라당松浦党의 수군을 이끌고 결전에 임했다. 처음에는 바깥바다에서 안바다로 흐르는 조류를 탄 다이군이 유리한 형국이었다. 그러나 조류의 방향이 바뀌면서 미나모토군이 유리해졌다. 결국 이 전투에서 다이라씨가 전멸하면서 겐페이갓센이 막을 내렸다.

2. 가마쿠라 막부의 성립

다이라씨를 멸망시킨 미나모토노 요시쓰네源義経는 가마쿠라로 개선했다. 그러나 가마쿠라로 가는 길목인 고시고에腰越까지 진군했을 때, 미나모토노 요리토모는 요시쓰네의 행군을 저지했다. 요리토모는 동생이자 민중의 영웅으로 부각된 요시쓰네가 점점 위험해지고 있다고 판단했다. 요시쓰네는 형인 요리토모에 서한을 보내서 충성을 서약했으나 요리토모의 마음을 움직이지 못했다. 요시쓰네는 할 수 없이 교토로 철수했다.

한편, 고시라카와 법황은 미나모토노 요리토모의 세력이 강성해지자 불안감을 느꼈다. 그는 요시쓰네를 움직여 요리토모를 제거하려는 계획을 추진했다. 그 사실이 알려지자, 1185년 요리토모는 대군을 이끌고 상경했다. 요리토모는 고시라카와 법황을 협박해서 오히려 요시쓰네를 토벌하라는 조칙을 받아냈다. 그리고 전국 각지에 슈고守護와 지토地頭를 임명할 수 있는 권리와 군량미를 징수할 수 있는 권리를 확보했다. 요리토모가 군사 경찰권과 토지 관리권을 합법적으로 장악했다. 무사정권 확립을 위한 획기적인 사건이었다.

미나모토노 요리토모는 정권에 위협적인 존재였던 동생 요시쓰네를 체포하는데 주력했다. 당시 요시쓰네는 교토를 벗어나 오슈奧州의 후지와라노 히데히라藤原秀衡에게 몸을 의탁하고 있었다. 히데히라는 그의 아들 야스히라泰衡에게 요시쓰네를 받들어서 결속을 강화하라고 당부했다. 그러나 히데히라가 사망하자, 야스히라는 요시쓰네를 공격했다. 요시쓰네는 자결했다.

1190년 10월 미나모토노 요리토모는 고시라카와 법황에게 전국의 치안경찰권을 위임해 줄 것을 요구해 관철시켰다. 요리토모의 무사단이 국가의 군사력으로 공인되었다. 조정은 요리토모에게 관직을 주어 지배층의 일원으로 편입시키려고 했다. 그러나 같은 해 11월 요리토모는 관직을 사퇴하고 가마쿠라로 돌아와 지배기구를 정비했다.

1192년 3월 고시라카와 법황이 사망했다. 그러자 같은 해 7월 미나모토노 요리토모가 세이다이쇼군征夷大將軍에 취임했다. 이때부터 세이다이쇼군은 무사 가문으로서 천하의 실권을 장악한 자를 의미하게 되었다. 세이다이쇼군은 일반적으로 쇼군將軍이라고 불렸다. 가마쿠라 막부가 명실상부하게 성립되었다.

1180년 요리토모는 이미 미나모토씨와 주종관계를 맺은 무사를 통솔하기 위한 기관인 사무라이도코로侍所를 설립했다. 막부가 성립되면서 사무라이도코로는 고케닌御家人을 통제하고 군사·경찰의 임무를 담당하는 기관으로 발전했다. 1184년에는 정무 일반을 관장하는 구몬조公文所와 재판과 소송을 담당하는 몬추조問注所가 설립되었다.

가마쿠라 막부 중앙 정치기구는 군사·행정·사법의 3기관만으로 구성된 간단한 것이다. 이 기관은 각기 정무를 분담했지만, 중요한 문제는 3기관의 장관을 포함한 중신들이 합의해 결정하는 방식을 채택했다. 물론 최종적인 결정권은 쇼군에게 있었다.

전국 각지에 슈고를 두었다. 슈고는 관할 지역의 고케닌을 통솔하고, 쇼군의 명령에 따라서 군사권과 경찰권을 장악했다. 평시에는 반역자와 살인자를 단속하고, 전시에는 관할 지역의 무사를 지휘하는 것을 임무로 했다. 슈고는 하나의 구니國에 1명을 두는 것을 원칙으로 했다. 슈고직에는 주로 동부 일본 출신 고케닌이 임명되었다. 그 직위는 세습되었다.

장원이나 공령公領에는 지토를 두었다. 지토도 고케닌 중에서 임명하는 것이 원칙이었다. 원래 장원을 지배하던 고케닌을 그 지역의 지토로 임명하는 경우도 있었고, 전혀 다른 곳의 장원이나 공령의 지토로 임명하는 경우가 있었다. 지토는 장원의 조세를 징수하고, 경작지를 관리하고, 치안을 유지하는 것을 임무로 했다. 지토는 장원영주에게 연공을 납부하는 책임을 맡고 있었지만, 지토의 임명권은 막부에 있었다.

3. 쇼군과 고케닌

가마쿠라 막부는 주종관계를 근간으로 했다. 쇼군將軍은 고케닌에게 은혜를 베풀고 고케닌은 쇼군에게 충성하는 제도가 정착되었다.

고케닌 제도의 정점에는 막부의 쇼군이 위치해 있었다. 특히 미나모토씨는 가마쿠라 막부를 창설한 미나모토노 요리토모源賴朝의 선조들인 요리노부賴信, 요리요시賴義, 요시이에義家 등이 동부 일본에서 무사사회 동량棟梁으로서의 지위를 확립한 후, 동부 일본의 무사들과 누대에 걸쳐서 주종관계를 맺고 있었다. 즉, 동부 일본의 무사들이 미나모토씨의 고케닌들이었다. 이들은 미나모토씨가 몰락하고 다이라씨가 융성했을 때는 할 수 없이 다이라씨에게 복종했으나 미나모토노 요리토모가 거병을 하자 속속 그 휘하로 모여들었다.

그러나 요리토모가 거병을 했을 당시의 고케닌들은 소위 게닌형家人型 종자들은 아니었다. 요리토모가 유배생활을 할 때부터 측근으로 봉사하던 자들은 거의 없었다. 거병을 할 때 휘하로 들어온 자들이었기 때문에 언제든지 물러갈 수도 있었던 소위 가례형家禮型 종자들이었다. 요리토모로서는 그들에게 협력을 요청하는 입장이었다. 처음부터 그들을 절대적인 복종을 요구할 수 있는 게닌형 종자로 취급할 수 없었다. 그러나 요리토모가 가마쿠라를 근거지로 하면서 지배권을 확립하고, 정권의 기초로서 고케닌 제도를 정비할 때, 가례형 종자를 그대로 방치해 둘 수는 없었다. 고케닌들을 강력한 통제 하에 두려고 했다. 미나모토노 요리토모는 모든 고케닌들에게 절대적인 복종을 요구했다.

요리토모는 가이甲斐(지금의 야마나시현山梨縣), 시나노信濃, 도토미遠江(지금의 시즈오카현靜岡縣 서부) 등지에 분산되어 있던 일족들도 규합했다. 그러나 권력이 강화됨에 따라서 일족들도 주종관계의 틀 속에 편입되지 않으면 안 되었다. 미나모토씨 일족은 일반 고케닌보다는 우대를 받는 경우가 없지는 않았지만, 일족들도 어디까지나 고케닌 체제에 편입된 존재들이었다. 요리토모는 일족들도 고케닌에 준해 대우했다.

가마쿠라 막부가 창설된 후, 쇼군 요리토모는 고케닌 제도를 강화하기 위해 전국 각지의 명망 있는 토호들을 고케닌으로 받아들였다. 무용이 출중한 자들도 신분에 구애되지 않고 고케닌으로 발탁했다. 다이라 씨에 충성했던 무사들도 관대하게 맞아들여 고케닌으로 편성했다. 이렇게 형성된 고케닌의 총수는 1185년에 2,096가문이었다. 물론 그 후에도 계속해 전국 각지의 무사가 고케닌으로 편성되었다. 고케닌의 숫자는 꾸준히 증가했다.

4. 고온과 호코

고케닌 제도는 일본 고대의 게닌家人 제도와 밀접한 관련이 있었다. 무사사회 지도자가 거느리는 종자從者 중에서 이에노코家子는 일족의 자제들이었다. 즉, 가장을 주인으로 받드는 자들이었다. 게닌, 로토郞党, 쇼쥬所從 등은 주인과 혈연관계는 없으나 모두 주인 가문에 예속된 종자들이었다. 무사 공동체는 가장과 그 가족, 그리고 이에노코, 로토 등의 종자들로 구성된 무사단이었다. 작은 단위의 무사단이 모여서 더욱 큰 단위의 무사단을 형성했다. 큰 단위의 무사단은 종가宗家의 가장이 지휘권을 행사했다.

가마쿠라 막부는 이러한 무사의 계층조직을 흡수해 전국적인 제도로 정비했다. 가마쿠라 막부의 쇼군과 고케닌은 일종의 계약에 의한 주종관계를 맺고 있었다. 주종관계가 편무적 성격이 강했는가 아니면 쌍무적 성격이 강했는가는 더 깊이 탐구해야 할 문제이지만, 쇼군과 고케닌은 기본적으로 고온御恩과 호코奉公라는 관계를 맺고 있었다.

고케닌이 쇼군에 충성서약을 하면, 쇼군은 고케닌을 보호할 의무를 졌다. 쇼군은 고케닌의 본령本領을 안도安堵했다. 그것은 고케닌이 조상 대대로 경작하던 영지의 점유권을 승인하는 것을 말한다. 새로운 영지를 부여하는 경우도 있었다. 또 영지의 지배권을 둘러싸고 소송이 벌어지면 고케닌을 보호했다. 고케닌을 슈고守護나 지토地頭에 임명했다. 조정의 관위에 취임할 수 있도록 고케닌을 천거하기도 했다. 이와 같이 쇼군이 고케닌을 보호하고 보살피는 것을 고온이라고 했다.

고케닌은 쇼군의 은혜에 보답했다. 쇼군에게 충성하는 의무를 졌다. 이것을 호코, 또는 고케닌야쿠御家人役라고 했다. 중요한 호코의 의무로는 교토京都나 가마쿠라의 경비를 담당하는 것, 임시의 군역을 부담하는 것, 평시와 전시에 군사적으로 봉사하는 것 등이 있었다. 그 밖에도 정기적 또는 부정기적으로 경제적인 부담을 졌다. 그중에서 평시에 부담해야 하는 군역의 대표적인 것으로 다이리오반內裏大番이라는 것이 있었다. 이것은 주로 교토에 있는 천황 궁전을 경비하는 것이었다. 천황 궁전의 경비는 원래 11세기경부터 교토 인근의 무사들이 담당하기도 했고, 각 지역의 무사들이 교대로 근무하기도 하던 것이었다. 막부가 성립되면서 고케닌야쿠로 제도화되었다. 1225년에는 가마쿠라반야쿠鎌倉番役가 제도화되었다. 이것은 동부 일본의 무사들에게 부과되었는데, 주로 막부의 건물을 경비하는 것이었다.

이민족의 침략에 대비하기 위한 군역을 이코쿠케이고반야쿠異國警固番役라고 했다. 일본의 경우 최전선은 한반도를 건너다보는 규슈九州의 북부였다. 원나라가 일본을 침략할 때도 규슈를 먼저 공격했다. 국경선이라고 할 수 있는 규슈의 해안선에 대한 경계를 게을리 할 수 없었다. 국경선의 경계에는 주로 서부 일본의 무사들이 동원되었다. 동부 일본의 무사라도 서부 일본에 영지를 보유하고 있는 자는 동원의 대상이 되었다.

고케닌은 군역 외에도 경제적인 부담을 졌다. 부담에는 항상적인 것과 임시적인 것이 있었다. 내용은 가마쿠라 막부, 천황의 궁전, 막부가 지정한 사원 등을 건축하거나 수리하는 것, 대규모 토목공사, 도로공사 등 다양했다. 고케닌은 막부의 명령이 있을 때 인력과 자금을 부담했다.

5. 주종관계

무사사회는 주군과 종자, 즉 무사단의 수장과 그 신하인 무사와의 상하관계로 이루어진 사회였다. 다시 말하자면, 무사사회는 주종제主從制를 근간으로 하는 사회였다. 여기서 필자가 사용한 주군이라는 개념은 상대적인 개념이다.

무사 A가 쇼군將軍에게 충성을 서약했다면, 쇼군이 주군이 되고, 무사 A는 쇼군의 종자가 되는 것이다. 그런데 쇼군과 주종관계를 맺을 정도의 무사라면, 그는 독자적으로 무사단을 거느릴 수 있는 실력을 지닌 무사단의 수장이었다. 그 무사단은 A를 주군으로 받드는 다수의 무사들로 구성되어 있었다. 무사 A를 주군으로 받드는 자들을 무사 A'라고 한다면, 무사 A'는 무사 A의 종자가 된다. 같은 논리로 무사 A'는 보다 규모가 작은 무사단을 거느리는 수장이었다. 이러한 경우 무사 A'는 그 종자들의 주군이 되는 것이다. 요컨대, 주종제는 피라미드 조직이었다.

 통상 무사단은 가문의 지도자인 소료総領를 중심으로 단결한 조직이었다. 가문이라고 해도 겨우 기마 무사 한 사람이나 몇 사람으로 구성되어 있는 경우가 있는가 하면, 기마 무사 수백 수천 명을 거느린 가문도 있었다. 무사단의 규모는 천차만별이었다. 규모가 큰 무사단의 소료는 일족은 물론 가문과 직접 또는 간접으로 관계를 맺고 있는 존재까지 포함하고 있는 구성원 전체를 지배했다. 일족 이외의 구성원은 집단의 수장과 주종관계를 맺고 있었다. 소료 중에서 유력한 자가 쇼군과 직접 주종관계를 맺고 고케닌 신분이 되었다. 그러나 고케닌은 쇼군에 대해 상대적으로 자율성이 보장되어 있었다. 그렇기 때문에 고케닌을 주군으로 섬기는 무사들, 즉 배신陪臣들은 쇼군을 자신들의 주군이라고 생각하지 않았다. 일본에서도 서양과 마찬가지로 "내 주군의 주군은 내 주군이 아니다."라는 원칙이 성립되었던 것이다.

 주종제는 충성스러운 종자들을 핵심 무력으로 해서 유지되었다. 충성은 무사에게 요구되는 가장 중요한 덕목이었다. 물론 무사들 개개인의 자립성이 존중되었고, 그렇기 때문에 무사도는 독립적인 주체로서의 무사 개개인의 입장에서 전개되는 행동규범이라는 측면이 있었다. 그러나 무사들에게 자립성이 용인되었다고 해서, 충성이라는 가치가 무사사회의 중심가치가 아니라고 감히 말 할 수 있는 사람은 아무도 없었다.

가마쿠라 시대 무사의 나들이

　주종관계는 무사가 주군을 알현하는 것으로 성립했다. 주군과 종자는 구체적인 계약을 맺지는 않았다. 그렇다고 해서 주군과 무사의 '만남'이 단지 상견례를 의미하는 것은 아니었다. 그 자리는 종자가 주군에게 절대적인 충성을 다짐하고, 주군은 종자를 보호하겠다는 약속을 하는 자리였다. 서양에서는 대영주, 즉 왕은 영주를 보호하고, 영주는 대영주에게 충성을 선서하는 것이 관행이었다. 아주 구체적인 내용을 기록한 문서를 교환하기도 했다. 일본과 서양의 주종관계를 비교해 보았을 때, 서양의 주종관계가 이성적이고 구체적이었다면, 일본의 그것은 정적이고 포괄적이었다고 할 수 있을 것이다.

　일본사회에서는 정적이고 포괄적인 인간관계가 중시되었다. 주종관계가 성립됨과 동시에 부하 무사의 충성심을 이끌어 낸다는 보장이 없었다. 진정한 충성은 주군과 부하 무사 사이의 끈끈한 인간관계, 신뢰관계 속에서 자연스럽게 분출되는 '사나이'의 정에 그 뿌리를 두고 있었기 때문이다. 그래서 주군과 종자는 오랜 시간을 두고 상호간의 신뢰를 쌓아 가는 시간이 필요했다.

인간의 됨됨이는 일상생활 속에서보다도 전쟁이라는 극한상황 속에서 더욱 생생하게 드러난다. 생사를 가르는 전장戰場에서 주군의 지혜, 능력, 포용력, 인간적인 매력 등이 꾸밈없이 드러난다. 부하의 기량과 용기도 가감 없이 드러난다. 아군이 유리한 때에 전쟁의 실마리를 열고, 적의 기선을 제압한 부하가 주군의 각별한 신뢰를 얻게 된다. 주군은 부하의 기량과 충성심을 확인하고, 그 가문이 대를 이어서 충성하기를 기대했을 때, 그 부하를 신뢰하게 된다. 부하는 주군의 카리스마와 도량을 확인하고, 자신의 목숨과 가문의 안위를 맡길 수 있다고 판단했을 때, 스스로 주군에게 충성할 것을 다짐하게 된다.

흔히 일본의 주종관계는 서양의 주종관계보다 강력하다고 하는데, 이러한 주종관계는 보호와 복종의 관계만으로는 설명할 수 없을 것이다. 일본의 경우, 주군과 종자 사이의 혈연관계, 그리고 일상생활을 통해 형성된 도덕적 감정이 주종관계를 더욱 공고하게 하는 요인이었다. 이러한 관계는 무사사회가 동족 조직을 근간으로 하고 있었기 때문에 가능한 것이었다. 즉 족장의 권위가 곧 주군의 권위로 군림하면서 무사조직을 결속하는 힘으로 작용했던 것이다.

쇼군과 고케닌의 관계에 초점을 맞춰 살펴보면, 고케닌은 각자의 동족집단을 일사불란하게 이끌고, 쇼군은 이러한 고케닌 조직의 위에 군림하며 고케닌을 지배했다. 그러니까 쇼군은 족장 중의 족장, 즉 대족장의 권위와 함께 고케닌의 주군으로서의 권위를 한 몸에 지니고 무사사회를 지배했던 것이다. 요컨대, 일본의 절대적인 주종관계는 권력이 가족적 성격을 갖는 것에서 기인했던 것이다.

03

가마쿠라 시대 무사와 무사도

1. 무사의 일상생활

무사는 대부분이 농촌에 투착해 생활했다. 그들은 지배지역 내 교통의 중심지에 저택을 마련했다. 그 저택을 야카타館라고 했다. 야카타는 대개 부케즈쿠리武家造라고 일컬어지는 양식이었다. 야카타의 지붕은 널판으로 덮었고, 마루에는 다타미疊도 깔지 않았을 만큼 간소했다. 야카타는 무사 가족의 거주지였을 뿐만이 아니라 방어진지이기도 했다. 일반적으로 무사의 저택은 주변보다 약간 높은 곳에 위치했다.

야카타는 수천 평에서 수만 평에 이르는 광대한 면적을 차지했고, 담장으로 둘러싸여 있었다. 야카타의 외곽으로 담장을 따라 해자인 호리堀을 파고, 하천에서 물을 끌어들여 흐르게 했다. 집안으로 출입하려면

무사의 저택

도랑을 건너야 했다. 그래서 무사의 저택은 호리노우치堀內로 불렸다.

야카타의 주인과 그 가족은 모야母屋라는 장소에 거주했다. 모야를 중심으로, 주인을 섬기는 게라이家來의 거주 장소인 도오자무라이遠侍, 마구간, 보초가 근무하는 망대, 훈련장 등이 배치되어 있었다. 창고에는 갑옷인 요로이鎧, 도검인 가타나刀, 활과 화살인 유미야弓矢, 그리고 전투에 필요한 각종 무기, 소모품 등이 보관되어 있었다. 훈련장에서는 무사의 자제와 게닌들이 군사훈련을 실시했다.

야카타의 전면에는 가도타門田라고 불렸던 논과 가도하타門畠라고 불렸던 밭이 자리했다. 가도타를 비롯한 직영지는 게닌下人・쇼주所從라고 불리는 예속 농민을 동원해 경작했고, 그 밖의 다른 경작지는 하급 묘슈名主나 사쿠닌作人이라고 불리는 농민이 경작하도록 하고 수확물의 일부를 수취했다. 무사는 하급 묘슈나 사쿠닌을 부역에 동원하기도 했다. 예속 농민 중에서 무사의 게닌이나 로토郞党가 되는 자들이 있었다. 이들은 무사의 일족인 이에노코家子를 중심으로 무사단을 형성했다.

야카타와 그 주변의 직영지는 조정이나 장원영주로부터 조세가 면제되었고, 아무런 간섭도 받지 않는 완전한 사유권이 인정되는 경우도 있었다. 무사는 이곳을 중심

가사카케 - 말을 타고 활을 쏘는 무사

으로 주변의 토지를 개발해 사유지를 확대했다. 가마쿠라 막부의 쇼군과 주종관계를 맺고, 공령公領과 장원의 지토地頭에 임명되면서 새로이 영지를 획득한 무사들도 있었다. 그들은 영지에 야카타를 세우고 그곳을 지배의 거점으로 삼았다.

무사의 자제는 10살 전에 활을 쏘고 말을 타는 훈련을 시작했다. 무사의 자제들은 말을 타고 활을 쏘는 이누오우모노犬追物·가사가케笠懸·야부사메流鏑馬·마키가리巻狩 등 훈련을 겸한 놀이를 했다. 이누오우모노는 대나무 울타리를 친 장소에 개를 풀어 놓고 말을 타면서 그 개를 활로 쏘아 맞히는 연습을 하는 것이었다. 가사가케는 말을 타고 달리면서 활을 쏘아 갓 모양의 과녁을 맞히는 연습을 하는 것이었다. 야부사메는 길을 따라서 적당한 간격으로 여러 개의 과녁을 설치해 놓고 말을 타고 달리면서 활을 쏘아 과녁을 맞추는 연습을 하는 것이었다. 마키가리는 실전 훈련을 겸해 산야에서 동물을 한 곳으로 몰면서 사냥을 하는 것이었다.

한가한 시간을 보내는 가마쿠라 시대 무사들

무사의 생활은 검소했다. 의복도 실용적인 것을 선호했고, 사치스러운 것을 경계했다. 고케닌이 막부에 출사할 때는 히타타레直垂라는 평상복을 착용했다. 격식을 차려야 할 때에는 스이칸水干이라는 예복을 착용했다. 스이칸은 웃옷의 길이가 히타타레보다 길었다. 또 원래 속옷이었던 고소데小袖를 웃옷으로 입기도 했다. 남성은 주름이 잡힌 바지인 하카마袴를 입었고, 여성은 고소데에 가는 허리띠를 맸다.

식단은 매우 간소했다. 시루에 찐 밥인 고와이強飯는 특별한 기념일이 아니면 일상적으로 먹지 않았다. 주식으로는 밥이나 죽을 먹었다. 죽은 쌀에다 팥이나 조와 같은 잡곡을 섞어서 끓이거나 쌀에다 각종 채소나 미역 등을 넣고 끓여서 먹는 경우가 많았다. 부식으로는 채소 이외에 닭고기나 토끼고기 등을 먹었다. 무사는 평소부터 최악의 상황에 대비하기 위해 매우 거친 음식을 먹는 것도 훈련의 일환이라고 생각했다.

무사는 전투원으로서의 기량만이 강조되는 생활을 했기 때문에 책을 가까이 하지 않았다. 이러한 독특한 생활방식 속에서 독자적인 무사의 도덕이 형성되기 시작했다. 그것은 무사라면 마땅히 지켜야 할 무용, 예절, 정직, 검약 등의 덕목이었다. 이러한 도덕은 무사가 싸움터를 전전하며 주군과 생사를 같이하고, 또 평상시에도 전투태세를 갖추고 긴장감을 늦추지 않는 생활 속에서 자연히 형성된 것이었다. 이렇게 형성된 무사의 도덕은 훗날 무사도의 기원이 되었다.

　무사의 일족은 씨족의 조상신인 우지가미氏神를 중심으로 단결했다. 무사들이 서약할 일이 있을 때 우지가미를 모신 신사 앞에 모여서 의식을 거행했다. 일족의 지도자인 소료惣領는 우지가미를 제사하는 제사장으로서의 권한을 가졌다. 무사들은 일족의 우지가미뿐만이 아니라 다른 신사神社에도 경의를 표했다. 특히 이세 신궁伊勢神宮, 가스가 신사春日神社, 가모 신사賀茂神社, 이나리 신사稲荷神社 등이 그들의 신앙 대상이 되었다.

2. 무사와 전투

　무사가 평상시 훈련하는 것은 전투에 대비하기 위해서였다. 전투가 일어나면 소료가 일족을 거느리고 출진했다. 평상시에 훈련을 같이 하던 일족들이 전장에서 생사를 같이 했던 것이다. 일본어에 '이자가마쿠라いざ鎌倉'라는 말이 있는데, 이것은 가마쿠라 시대 고케닌御家人들이 평상시에도 출동할 준비를 하고 생활하다가 쇼군의 명령이 하달되면 잠시도 지체하지 않고 가마쿠라로 달려간 데서 유래했다. 특히 동부

일본의 고케닌들은 비상이 걸리면 전용도로를 달려 가마쿠라에 집결했다.

일본 중세의 무사는 농촌에 토착하면서 직접 또는 간접으로 생산에 종사하다가 출동 명령이 떨어지면 무사단을 이끌고 출진했다. 편성된 군단은 무사가 거느린 규모가 크고 작은 부대의 집합체였다. 통상 무사단은 소료를 중심으로 편성되었다. 조선이나 중국과 비교해 보았을 때, 동원방식이나 지휘체계가 매우 달랐다.

중세 무사는 전쟁의 경비를 전적으로 자신이 부담했다. 백성을 전쟁에 동원하는 대신에 국가가 무기와 식량을 지급했던 조선이나 중국과는 사뭇 달랐다. 일본에서는 주군이 무사에게 영지를 하사하거나 원래 보유하던 영지의 지배권을 승인했는데, 그것은 전쟁 비용을 부담하는 조건이었다.

일본 중세에서는 종자를 거느린 기마무사가 전투의 주역이었다. 전형적인 전투방식은 기마무사가 일대일로 싸우는 잇키우치一騎打ち였다. 무사는 본격적인 전투를 시작하기 전에 나노리名乗り라는 의식을 행했다. 이것은 무사가 서로

서둘러 출진하는 무사들

자기가 누구인지, 얼마나 용감한 전투원인지를 외치는 일종의 기 싸움이었다. 무사는 자기가 어느 가문 누구의 자손인지, 어느 전투에서 어떤 공훈을 세웠는지 외쳐서 적의 기세를 꺾으려고 했다. 상대편도 뒤질세라 가문의 내력이나 자신의 전적을 큰 소리로 외쳤다. 상대방의 말을 받아서 야유를 보내기도 했다.

『다이헤이키太平記』 29권에 전형적인 잇키우키 장면이 소개되어 있다. 1338년 8월 아시카가 다카우지足利尊氏가 가마쿠라 막부를 무너뜨리고 무로마치 막부室町幕府를 세웠다. 그런데 무로마치 막부 초기에 쇼군 아시카가 다카우지와 그의 동생 타다요시忠義가 대립하는 상황이 되었다. 1351년 쇼군 아시카가 다카우지의 부장이었던 고노 모로나오高師直의 군대와 아시카가 타다요시의 부장이었던 모모노이 타다쓰네桃井直常 군대가 교토의 가모가와鴨川 일대에서 대진했을 때의 일이었다.

먼저 모노노이군에서 키가 일곱 자나 되는 아키야마 미쓰마사秋山光政라는 용사가 앞으로 나섰다. 그는 검은 구레나룻이 얼굴을 덮었고 핏발이 선 눈을 치켜뜨고 있었다. 매우 크고 화려한 투구를 쓴 그는 3미터가 넘는 떡갈나무 몽둥이를 손에 들고 있었다. 그는 정렬해 있는 동료들을 뒤로 하고 말을 박차고 나서며 외쳤다. "나는 어릴 때부터 병법을 배웠다. 그래서 신이 미나모토노 요시쓰네源義経에게 가르쳐 준 병법을 모두 알고 있다. 자신 있는 자는 앞으로 나와라. 멋지게 겨뤄서 구경하는 자들의 정신을 번쩍 들게 하지 않겠는가?"

고노 모로나오 진영이 잠시 술렁였다. 그때 모로나오 진영에서 아보 타다자네阿保忠実가 천천히 말을 몰고 앞으로 나왔다. 그는 넉자 여섯

무사의 잇키우치, 『다이헤이키』 부분

치나 되는 큰 칼을 손에 들고 있었다. 그는 큰 소리로 외쳤다. "병법을 알고 있다고 지껄여도 방바닥에서 헤엄치는 연습을 해서는 아무 소용이 없다. 진정한 용사는 경험에서 배운다. 나는 책은 읽지 않았으나 300번이 넘는 전투를 경험했노라." 아보 타다자네의 일성에 모로나오 진영에서 환호성이 올랐다.

　기 싸움을 마친 두 용사는 싱긋 웃으면서 말을 달려 나아가 싸우기 시작했다. 4만 명이 넘은 양편 진영 군사들은 마른 침을 삼키면서 그 광경을 지켜보고 있었다. 두 용사는 사력을 다해 싸웠으나 끝내 무승부를 기록했다. 아키야마 미쓰마사와 아보 타다자네의 용호상박 잇키우치는 명승부라는 평판을 얻었고, 두 용사는 역사에 그 이름을 남기게 되었다.

　무사는 공훈을 세우기 위해 전쟁터를 누볐다. 주군에게 은상恩賞을 받

으면 자신은 물론 가문의 명예를 높이는 일이었다. 무사는 누구보다도 먼저 적진으로 돌진해 전쟁의 실마리를 열고 싶어 했다. 이것을 이치반노리一番乘り라고 했다. 이치반노리를 하는 자는 전투의 실마리를 만드는 자였다. 유리한 입장에서 전투의 실마리를 만드는 편이 승리할 확률이 높았다. 그래서 이치반노리는 가장 명예로운 전투 행위로 여겨졌다. 또 무사는 가장 먼저 적의 수급을 올리고 싶어 했다. 전투에서 가장 먼저 올린 수급을 이치반구비一番首라고 했다. 무사는 가능하면 신분이 높은 적과 싸우기를 희망했다. 신분이 높은 적의 수급은 요키구비良首라고 했다.

무사가 말을 타고 전장을 누빌 때, 전투 경험이 있는 하인이 말 옆에 바짝 붙어서 달렸다. 그들 중의 한 명은 가문을 상징하는 깃발을 들고 달렸다. 그들의 주된 임무는 적의 공격으로부터 주인을 보호하는 것이었다. 불행히도 주인이 전사했을 경우, 주인의 시신을 수습하고, 주인이 얼마나 용감하게 싸웠는지 생생하게 증언하는 일도 하인들에게 맡겨진 임무였다.

전투가 끝나면 총대장인 주군이 구비짓켄首実檢이라는 행사를 주관했다. 무사가 올린 수급을 검사하는 마무리 행사였다. 무사는 자기가 벤 적의 목을 쟁반에 받쳐 들고 주군 앞으로 나아가 바쳤다. 수급은 이미 깨끗하게 손질되어 있었다. 시체를 관리하는 여성들이 수급의 머리를 단정하게 묶고 얼굴에 화장을 했던 것이다. 주군은 무사의 활약상을 일일이 거론하면서 노고를 치하하고 은상을 내렸다. 주군으로부터 직접 칭찬을 받은 무사는 그 순간에 주군이 한 말을 평생 잊지 못했다.

3. 정신세계

명예

　가마쿠라 시대의 무사는 자율성이 보장된 존재였다. 그래서 무사가 주군과 대립할 수 있는 가능성이 항상 열려 있었다. 하다케야마 시게타다畠山重忠는 가마쿠라 막부의 중신이었는데, 그는 자신이 반란을 획책하고 있다는 소문이 돈다는 소리를 듣고 말했다. "무사가 모반을 꾸미고 있다는 풍문이 도는 것은 오히려 명예라고 해야 할 것이다." 시게타다는 모반의 중심인물이 자기라는 소리가 결코 싫지 않았던 것이다. 전투원인 무사가 무력행사의 가능성이 있는 인물로 지목되었다는 것은 명예가 될지언정 결코 불명예는 아니라고 그는 생각하고 있었던 것이다.

　『아즈마카가미吾妻鏡』에 소개된 다음과 같은 구마가이 나오자네熊谷直実의 일화는 무사에게 명예가 무엇인가를 분명하게 보여주고 있다.

　1187년 막부의 공식 신사인 쓰루오카하치반 신사鶴岡八幡神社에서 활을 쏘는 의식이 거행되고 있을 때, 구마가이 나오자네는 쇼군 미나모토노 요리토모源頼朝로부터 과녁을 들고 서 있으라는 명령을 받았다. 그러자 나오자네는 매우 화를 내면서 항의했다. "고케닌은 모두 동료입니다. 그런데 활을 쏘는 자는 모두 기마무사이고, 과녁을 들고 서 있는 자는 보병입니다. 다른 사람이 볼 때 상하의 분별이 있는 것처럼 보입니다. 나는 주군의 명령에 따를 수 없습니다." 나오자네는 기마무사야말로 진정한 무사라고 생각하고 있었던 것이다. 당황한 쇼군 미나모토노 요리토모는 나오자네를 달래면서 과녁을 들고 서 있는 것은 활을 쏘는 것에 비해 결코 비천한 일이 아니라고 말했다. 그러나 나오자네는 끝까지 명령에 복종하지 않았고, 결국은 고케닌의 지위를 버리고 출가하고 말았다. 그는 불명예를 감수하고 명령에 따르느니 차라리 명령에 복종하지 않고 명예를 지키는 길을 택했던 것이다.

무사에게 명예는 목숨보다 중요한 가치였다. 목숨은 죽으면 끝나는 것이지만 명예는 영원한 것이었다. 가마쿠라 시대에는 '이름을 중히 여긴다.'라는 정신이 이미 보편적으로 수용되어 있었다. 가마쿠라 시대의 무사는 비겁하거나 삶에 미련을 갖는 것을 가장 수치스럽게 여겼다. 당시의 설화집에 등장하는 이야기는 명예를 소중히 여기는 무사에 초점이 맞춰져 있었다.

『곤자쿠모노가타리슈今昔物語集』에도 명예를 소중히 여기는 무사들의 이야기가 소개되어 있다. 라이벌 관계였던 미나모토노 미쓰루源充와 다이라노 요시부미平良文의 결투 장면이 그것인데, 그 이야기는 대략 다음과 같다.

두 무사는 서로 경쟁적으로 무사로서의 기량을 뽐내면서 상대편을 업신여겼다. 그러다보니 두 무사는 점점 사이가 나빠지게 되었다. 이윽고 두 무사는 넓은 벌판에서 기량을 겨루어 결판을 내기로 했

다. 약속한 날에 두 무사는 각각 5~6백 명의 무사단을 거느리고 지정된 들판에 모습을 드러냈다. 양 부대는 거리를 두고 대치해 전열을 정비하고, 서로 사자를 내보내 선전포고를 했다. 전투는 통상 양편의 사자가 무사히 자기편 진영으로 돌아옴과 동시에 활을 쏘면서 시작되었다. 그런데, 양편 사자가 각각 자기 진영으로 돌아온 후, 전투를 개시하려는 순간, 요시부미가 미쓰루를 향해 큰 소리로 다음과 같이 제안했다. "오늘의 싸움이 양편의 부대가 서로 활을 쏘는 것으로 끝나서는 안 될 것이다. 우리의 의도는 단지 두 사람의 기량을 시험하기 위함이다. 부대를 거느리고 싸우는 방식의 싸움을 피하고, 두 사람이 활로 기량을 겨루는 것이 어떠한가." 그러자 미쓰루는 즉석에서 요시부미의 제안을 받아 들였다. 두 무사는 자기편의 군사들을 뒤로 하고, 천천히 넓은 들판의 한 가운데로 나아갔다. 특히 요시부미는 부하들에게 어떠한 경우라도 절대로 군사 행동을 하지 말라고 엄명했다. 부하들이 지켜보는 가운데 두 무사는 말을 타고 싸웠다. 싸움은 일대 일로 승부를 겨루는 잇키우치—騎打ち 방식이었다. 두 무사는 말을 달려 접근해 서로 활을 쏘며 스쳐 지나쳤고, 다시 말 머리를 돌려 달리면서 접근해 활을 쏘았다. 요시부미가 미쓰루의 가슴을 겨냥해 활을 쏘면 미쓰루는 말을 달리면서 곡예 하듯이 몸을 굽혀 화살을 피했다. 한편 미쓰루가 요시부미의 가슴을 겨냥해 활을 쏘면 요시부미는 교묘하게 화살을 피했다. 이렇게 몇 차례나 겨루었으나 승부가 나지 않았다. 그러자 요시부미가 큰 소리로 미쓰루에게 말을 걸었다. "서로의 기량은 충분히 알았다. 서로 훌륭했다. 이제 그만두는 것은 어떤가? 우리들은 선조 대대로 원수지간도 아니고, 서로 죽일 필요도 없지 않은가." 마침 미쓰루도 그렇게 생각하고 있던 참이었다. 미쓰루는 요시부미의 제안을 흔쾌히 응낙했다. 그러자 손에 땀을 쥐고 결투를 지켜보고 있던 양편의 병사들이 환호성

을 올렸다. 이 싸움이 있고 나서 두 무사는 매우 친하게 지냈다.

『곤자쿠모노가타리슈』는 12세기 초에 성립되었다. 이 책의 내용의 대부분은 실제로 있었던 사실을 소재로 하고 있다. 요시부미와 미쓰루도 10세기 중반에 동부 일본에 실제로 존재했던 인물이었다. 하지만 『곤자쿠모노가타리슈』는 어디까지나 설화집이다. 역사상의 사건을 정확하게 기록하고 있다고 볼 수는 없다. 특히 위의 사건은 기록으로 남겨지기까지 150여년의 세월이 흘렀다. 그동안 많이 왜곡되고 과장되었을 것이다. 그럼에도 불구하고 위의 이야기를 가마쿠라 시대 무사의 명예관념을 엿볼 수 있는 자료로 손색이 없다. 위의 이야기가 설화의 중요한 소재로 선별되었다는 것 자체가 가마쿠라 시대 무사사회에 이미 사나이다운 싸움을 '아름답다'고 느끼는 가치관이 정립되어 있었다는 것을 말해주기 때문이다.

『곤자쿠모노가타리슈』에 실려있는 다이라노 고레모치平維茂의 일화는 무사가 나약하거나 비겁하다는 소리를 듣는 것을 얼마나 수치스럽게 생각하고 있었는지 말해준다.

어느 날 다이라노 고레모치는 길을 가다가 기습을 당해 거의 손을 쓰지 못하고 죽을 지경에 이르렀다. 사태가 불리하자 고레모치의 하인은 주인에게 산으로 피신하는 것이 좋겠다고 충고했다. 그러나 고레모치는 하인의 충고를 일축하고 "내가 그런 행동을 하면 내 자손에게 수치스러운 일이다."라고 말하며 혼신을 다해 일어나 적을 향해 돌진했다. 생각지도 않았던 고레모치의 반격에 적은 뒷걸음질 쳤고, 승기를 잡은 고레모치는 기어이 적을 물리쳤다.

  전투에서 적에게 등을 보인 무사는 나약하고 비겁하다는 낙인이 찍혔다. 그런 무사는 수치스러워서 고개를 들고 다닐 수 없었다. 뭇사람들의 존경을 받을 수 없었을 뿐만이 아니라 자손들에게까지 수치심을 안겨주었다. 고레모치가 하인의 충고를 받아들여 산속으로 도망했다면 목숨을 연명할 수 있었을지도 모른다. 그러나 그의 명예는 회복하기 어려울 정도로 실추했을 것이다. 수치스럽게 목숨을 지키느니 차라리 죽겠다는 각오로 적과 맞선 고레모치는 결과적으로 목숨을 부지했을 뿐만이 아니라 절대적으로 불리한 싸움에서 승리했다. 그리하여 동부 일본에서 가장 강한 무사라는 명예로운 평판을 얻었다.

  가마쿠라 막부의 고위 관료로서 교토京都에 있는 천황天皇과, 귀족을 감시하는 한편, 서부 일본의 정치를 감독하는 로쿠하라탄다이六波羅探題라는 직책을 맡았던 호조 시게토키北条重時는 자손들에게 남긴 교훈서에서 명예의 중요성을 강조했다. 그는 무사에게 명예야말로 가장 중요한 가치라는 신념을 가지고 있었다. 그는 자손들에게 어떠한 경우라도 세상 사람들 앞에서 수치스러운 행동을 하지 말 것이며, 좋은 평판을 얻을 수 있도록 깊이 생각해 행동하라고 당부했다. 세상 사람들, 특히 무사사회에서 좋은 평판을 얻는다는 것은 곧 무사의 명예를 드높이는 일이기도 했다. 그와 반대로 세상 사람들의 손가락질을 받는다는 것은 매우 수치스러운 일이었다.

명예를 중시했던 무사들은 전투원으로서의 '이름'을 더럽히지 않기 위해 언제, 어느 때, 어느 곳에서도 방심하지 않고, 명예라는 두 글자를 가슴에 새기고 살아야 했다. 무사사회의 정신문화 중에서 특히 전투원으로서 불명예스럽지 않게 살겠다고 서약한 무사들의 강렬한 명예관념은 일반 민중의 눈에 가장 인상적으로 비쳐졌을 것이다.

 설화집이나 군기물에는 가문의 명예를 지키기 위해 목숨을 돌보지 않고 전장을 누빈 무사들의 이야기가 자주 등장한다. 그러한 인물상은 전투를 가업으로 하는 자들의 이상이었고, 가장 바람직한 무사상이었다.

 가마쿠라 시대의 무사들은 전장에서 싸우다 죽는 것이 자신의 이름을 빛내고, 가문의 명예를 드높이는 일이라고 굳게 믿고 있었다. 그들의 믿음은 결코 헛되지 않았다. '살아남은 자'는 '죽은 자'의 전공을 기렸고, 최고 권력자는 '죽은 자'의 아들에게 출세할 수 있는 길을 열어주었다. 미나모토노 요리토모의 장인이며 가마쿠라 막부의 최고 실력자였던 호조 도키마사北条時政가 어느 날, 이치노타니一ノ谷의 전투를 회상한 적이 있었다. 그때 도키마사는 전장에서 목숨을 돌보지 않고 싸우다가 죽은 무사들의 이름을 일일이 부르며 눈물을 흘렸다. 도키마사의 전공자 추도는 유가족의 원호 사업으로 이어졌다.

 가마쿠라 시대의 무사들은 명예를 중히 여겼던 만큼 명예롭지 못한 것을 가장 부끄럽게 여겼다. 불명예는 비난의 대상이 되었다. 다이라씨와 미나모토씨가 패권을 다투었을 때, 다이라씨의 총대장이었던 다이라노 무네모리平宗盛가 다이라씨가 멸망한 단노우라壇の浦의 전투에서 포로가 되어 가마쿠라로 연행되었다. 가마쿠라로 연행된 무네모리는

미나모토 요리토모源賴朝에게 목숨을 살려줄 것을 간청했다. 다이라 노 무네모리의 태도는 비겁했다. 그는 여전히 삶에 대한 미련을 버리지 못하고 있었다. 미나모토 요리토모의 측근들은 당당하지 못한 무네 모리를 경멸했다. 『겐페이조스이키源平盛衰記』는 그런 무네모리의 태도 를 다음과 같이 매도했다. "무네모리는 무사사회 동량의 몸으로 필부 의 손에 붙잡혀 영원히 그 비난이 만인의 입에 회자되게 되었다. 수치 를 역대 조상의 행적에 남겼다."

명예에 대한 결벽성이 강한 무사일수록 전쟁에 임해 비겁하지 않게 싸울 수 있었다. 그런 무사만이 주군을 위해 충성할 수 있었다. 무사의 자율성과 충성은 상충되는 개념이 아니었다. 명예관념에 뿌리를 둔 자 율성과 주군에 대한 충성은 동전의 앞뒷면과 같은 것이었다.

충성

충성은 주종관계를 근간으로 하는 무사사회에서 가장 중요한 덕목으 로 강조되었다. 무사를 대상으로 한 문학작품이 한결같이 주군에게 충 성을 다한 무사를 감동적으로 묘사하고 있는 것에서도 알 수 있다.

전쟁을 소재로 한 문학작품인 군기물軍記物의 선구라고 할 수 있는 『무쓰와키陸奧話記』는 11세기 중반에 일어난 전9년 전쟁의 전말을 그 린 작품이다. 이 작품의 말미에 전9년 전쟁에서 패배한 아베씨安倍氏와 관련된 이야기가 등장하는데, 그 중에서도 끝까지 주군에게 충성을 다하는 하인의 이야기가 일본인들의 눈시울을 적셨다.

아베씨의 총대장이었던 아베노 사다토安倍貞任의 종자가 있었다. 그는 비천한 신분이었다. 그런데 그에게 사타토의 수급을 교토까지 운반하는 임무가 주어졌다. 아베씨 토벌에 성공하고 교토로 개선하는 미나모토노 요리요시源賴義 일행이 교토로 입성하기 바로 전이었다. 아베노 사다토의 종자는 흐트러진 사다토의 머리를 빗기려고, 호송 책임자에게 빗을 구해 달라고 요청했다. 그러자 호송 책임자는 퉁명스럽게 말했다. "네가 가지고 있는 빗이 있지 않느냐? 그것을 사용하면 되지 않느냐?" 사다토의 종자는 할 수 없이 사다토의 수급을 꺼내놓고 자기의 빗으로 머리를 빗기면서 통곡했다. "주군께서 살아계실 때, 저는 하늘을 우러러보는 것 같이 주군을 우러러보았습니다. 저의 이 때 묻은 더러운 빗으로 주군의 머리를 빗기는 날이 있을 줄은 꿈에도 생각하지 못했습니다." 끝까지 충성을 다하는 종자의 모습을 지켜본 주위 사람들은 감동어린 눈물을 흘렸다.

무사사회 성립기를 배경으로 한 『곤자쿠모노가타리슈』에도 주군을 위해 충성을 다하는 무사들의 이야기가 많이 소개되고 있다. 특히 패색이 짙은 전투 현장에서 주군을 향해 "주군이 생애의 최후를 맞이하는데 어떻게 우리가 함께 멸망하지 않을 수 있겠습니까."라고 외치며 적진으로 돌진하는 늙은 무사의 뒷모습은 일본 무사의 기골을 느끼게 한다.

『헤이케모노가타리平家物語』의 내용도 주군을 위해 목숨을 초개같이 버리는 충성스러운 무사들의 이야기로 구성되어 있다. 무사들은 평상시에 주군 앞에서 '죽으려면 한 장소에서 죽기를' 서약했고, 실제로 전투에서 패한 주군이 최후를 맞이할 때 기꺼이 주군과 함께 장렬한 최후를 마쳤다.

충성과 주종제는 불가분의 관계를 가진다. 주군의 은혜와 그 반대급부로서 충성이라는 가치는 다분히 계약적이다. 이러한 반대급부의 논리는 주군의 은혜를 입은 자는 마땅히 주군에게 충성으로 보답해야 하는 것이 주군에 대한 신하로서의 의리라는 생각으로 정착되었을 것이다. 이러한 논리는 배반자를 가혹하게 응징할 수 있는 근거가 되기도 했다.

가마쿠라 막부를 세운 미나모토노 요리토모도 가끔 무사들에게 무사의 본분에 대해 훈시했다. 미나모토노 요리토모는 송곳을 꽂을 정도의 땅을 가진 무사나 광대한 영토를 보유한 무사나 지조에서는 차별이 없다고 강조했다. 무사가 주군과 대면하는 순간 목숨은 이미 자신의 것이 아니었다. 그러므로 몸을 소중하게 여기고 마음을 온전히 간수해 주군의 큰일에 목숨을 바치는 것이 곧 충성이라고 강조했다.

주군의 은혜에 대해 헌신적인 충성이 가마쿠라 무사의 가장 중요한 덕목으로 강조되었다. 평소에 주어진 임무를 성실하게 수행하는 것도 충성이었다. 그러나 전시에 목숨을 바치는 것은 그 무엇보다도 중요한 충성이었다. 무사의 정신이 있는 그대로 발휘되는 곳도 전장이고, 본래의 인간성이 적나라하게 표출되는 곳도 역시 전장이었다. 가마쿠라 시대의 무사들은 삶과 죽음이 갈리는 싸움터에서 주군을 위해 목숨을 바치는 것이 진정한 충성이라고 생각하고 있었다.

주군인 미나모토노 요시쓰네源義経를 구하기 위해 스스로 희생의 길을 선택한 사토 쓰구노부佐藤継信의 최후는 충성이란 무엇인가를 보여준다. 그는 "무사의 몸으로 태어나 적의 화살을 맞고 주군의 목숨을 대신해 죽는 것은 당연한 것"이라고 말하며 장렬한 최후를 맞이했다.

무사의 소원은 주군이 전사하면 따라 죽는 것이었다. 미나모토노 요리토모는 거병한 후 첫 번째 전투인 이시바시야마石橋山의 전투에서 대패했다. 그때 선봉장은 사나다 요시타다佐奈田義忠였는데, 그는 분투했으나 고립되어 전사했다. 그때 요시타다의 가신으로 57세였던 종자 분조文三가 있었다. 분조는 주군이 전사에 직면했을 때 "최후의 전투에서 주군을 버리고 도망했다는 말을 듣는 것은 분한 일입니다. 죽으려면 같은 곳에서 싸우다 죽겠습니다."고 말하며 장렬한 최후를 맞이했다. 그는 결코 높은 신분의 무사는 아니었으나 그의 충성심은 훗날 무사들의 귀감이 되었다.

출진하는 사사키 다카쓰나佐々木高綱가 미나모토노 요리토모에게 충성을 서약하며 말했다. "무사는 목숨을 주군에게 바쳐 전장에 나가는 몸이라면 다시 돌아와 뵙겠다고 말하는 것이 아닙니다." 하타노 요시카게波多野義景는 1189년 요리토모가 동북 지방을 공략할 때 출진하면서 자신의 영지를 아들에게 물려주었다. 미우라 요시아키三浦義明는 1180년 요리토모가 거병할 때 이미 89세의 노인이었다. 그런데 미우라 요시아키는 "무사의 가문에 태어난 자는 싸우는 것이 법이다. 적진 앞에서 목숨을 아까워하는 것은 무사가 아니다."라고 외치며 적진을 향해 돌진했다. 다카쓰나, 요시카게, 요시아키는 죽음의 각오야말로 진정한 충성이라는 것을 행동으로 보여준 충신이었다.

출진하는 일본무사「蒙古襲来絵詞」속의 그림

 충성이 강조되었던 만큼 충성스럽지 못한 행위는 비난의 대상이었다. 특히 주군을 배반한 자는 용서하지 않았다. 미나모토노 요리토모는 자기 주군의 목을 베어 항복하거나 은상을 청하는 적을 경멸했다. 그 자를 가장 가혹한 형벌로 다스렸다. 부하로서 주군의 은혜를 저버리는 자의 최후가 어떻게 된다는 것을 보여주기 위함이었다.
 민중들도 주군에게 불충한 무사를 비난했다. 주군이 위급한 상황에 처했을 때 주군을 버리고 달아난 고토 모리나가後藤守長의 이야기는 유명하다. 그는 다이라노 시게히라平重衡의 가신이었다. 1184년 이치노타니一ノ谷의 전투에서 시게히라가 패주할 때, 그가 타고 있는 말이 적의 화살에 맞았다. 다급한 시게히라는 고토 모리나가 타고 있는 말을 빌려 타려고 했다. 그러나 모리나가는 주군을 버리고 그대로 달아났다.
 고토 모리나가는 훗날 승려의 몸이 되어 교토로 돌아왔는데, 교토의 민중들은 그를 사람이 아니라고 비난했다. 모리나가는 슬그머니 피신하지 않을 수 없었다. 충성이라는 덕목은 단지 무사에게만 강조되는 덕목이 아니었다. 무사사회의 가치가 하향적으로 침투되어 일본인의 가치로 정착되었던 것이다.

4. 무사와 선의 만남

니토베 이나조新渡戶稻造는 무사도의 연원을 불교에서 찾고 있다. 운명에 맡긴다고 하는 평정한 감각, 불가피한 것에 대한 차분한 복종, 위험한 상황에 직면해서도 침착함을 잃지 않는 태도, 삶을 가벼이 여기고 죽음을 두려워하지 않는 마음 자세 등 무사도의 핵심적인 내용이 불교의 영향을 받았다는 것이다. 그러나 니토베 이나조는 불교의 여러 종파 중에서도 무사도와 특히 관련이 깊었던 것은 선종禪宗이었다는 말을 덧붙이는 것을 간과했다.

선종이 일본에 소개되어 하나의 독립된 종파로서 인정되게 된 것은 임제종臨濟宗과 조동종曹洞宗이었다. 임제종은 1191년 에이사이榮西에 의해 중국에서 전래되었다. 에이사이는 규슈 하카타博多의 쇼후쿠지聖福寺에 본거지를 두고, 교토를 왕래하면서 임제선을 전파했다. 조동종은 1227년 도겐道元에 의해 중국에서 전래되었다. 도겐은 교토 인근의 후시미伏見에 관음도리원觀音導利院을 세우고 엄격한 수행의 전통을 세웠다.

선종은 부처가 자기 자신이라는 청천벽력과 같은 사실=진리를 깨닫는 수행법인데, 주로 자기 자신의 마음을 탐구하거나 관조하는 것을 중요시한다. 일본 조동종의 창시자 도겐은 말했다. "만법은 일심一心이고 일심 이외에 법이 없다. 일념도 일어나지 않는 마음 이것이 부처다." 이어서 도겐은 다음과 같이 설파했다. "법신法身, 보신報身, 응신応身은 삼신의 부처인데, 이 삼신은 단지 일심이다. 마음 밖에 부처라고 할 수 있는 부처는 없다. 정토라고 할 수 있는 정토도 없다." 요컨대 선종은 마음을 맑게 가지면서 그 마음에 감지되는 보이는 세계와 보이지 않는 세계를 모두 거스르지 않고 다스리면서 관조하는 수행법인 것이다. 처음에 선에 입문한 수행자에게는 그야말로 은산철벽과 같이 앞을 가로막는 '현재'라는 시간과 공간을 극복한다는 불굴의 정신이 요구된다. 그리고 생사를 돌보지 않는 정신이 요구된다.

선종의 본질은 자력주의를 기조로 하는 현실주의 정신이며, 불굴의 정신이고, 생사초탈의 정신이다. 그러면 이와 같은 선종의 정신과 무사의 정신이 어떻게 결합하게 되었을까? 무사가 선에 매력을 느꼈기 때문에 그것을 수용했다고 보는 것이 타당하다면, 무사의 어떤 정신이 선종의 사상과 공통되는 것일까?

무사 정신의 본질을 돌아볼 때, 무사는 전투원으로서의 기량을 다지기 위해 열심히 단련하는 과정에서, 진정으로 강한 무사가 되기 위해서는 육체를 단련하고 무기를 다루는 기술을 몸에 익히는 것만으로는 부족하고, 마음의 수양이 중요하다는 것을 깨달았다는 점이 주목된다. 무사들은 경험을 통해, 진정한 무사는 전투에 임해서도 마음에서 동요가 일어나지 않아야 하고, 또 그런 무사야말로 전투에서 승리할 수 있다는 것을 깨달았다.

사에키 고레노리佐伯維教의 부장 다카하타 산가高畑参河는 일본 중세의 전설적인 용사였다. 그는 하루에 13번이나 적의 수급을 올린 적이 있었다. 아무리 기골이 장대한 무사라도 적과 창을 한 번 부딪치는 것만으로 기진맥진하는 것이 보통이었다. 목숨이 경각에 달려 있는 전쟁터에서 극도로 긴장하지 않을 수 없었기 때문일 것이다. 긴장감은 공포심의 다른 표현일 것이다.

그런데 다카하타 산가는 아무리 싸워도 지치지 않았다. 동료 무사들이 그를 경외하면서 신기하게 여겼다. 어느 날, 한 무사가 다카하타에게 "그렇게 싸워도 지치지 않는 비결이 무엇이냐."고 물었다. 다카하타는 다음과 같이 말했다.

> 싸움하러 나갈 때 모든 생각을 잊어버린다. 그러면 마음이 고요해진다. 다른 사람이 소란을 떨어도 창을 서서히 거머쥔다. 적과 창을 맞대도 처음부터 혼신을 다하지 않는다. 적이 죽을지 내가 죽을지 이미 하늘의 뜻에 따라 정해졌다고 생각하고 있다. 그래서 처음에는 천천히 싸우다가 기회가 왔다 싶으면 힘을 내어 싸운다. 그러면 순식간에 승부가 난다.

다카하타는 항상 무념의 경지에서 싸웠고, 그래서 항상 이겼다고 말했던 것이다. 무념의 경지는 전쟁터에서 적과 마주쳤을 때 더욱 요구되는 경지다. 대적했을 때, 내가 죽을 수도 있다는 생각이 스쳐 지나가면 두려움이 엄습한다. 또 내가 살아야 한다는 생각을 떨칠 수 없으면 비겁한 행동을 하게 된다. 무사가 '나'라는 생각에서 벗어날 수 없고, 죽음과 삶 어느 한쪽에 치우치기 때문에 오히려 목숨을 잃는 것이다. 다카하

출진하는 무사

타는 '나'를 초월했기 때문에, 즉 죽느냐 사느냐 하는 상념에서 자유로울 수 있었기 때문에 항상 승리할 수 있었던 것이다.

다카하타에게 무한의 힘을 준 것은 무념의 경지였다. 그 경지는 두려움에서 자유롭고, 이기려는 마음에서도 자유로운, 그냥 그러한 경지였다. 무념의 경지에 모든 것을 맡겨두고 다만 '현재'에 충실히 머물면서 진지하게 대응할 때, 승리는 항상 다케하타와 함께했다. 다케하타는 이미 경험을 통해 선의 경지에 들어가 있었던 것이다. 단지 그것에 이름을 붙일 수 없었을 뿐이었다.

무사는 무사단의 일원으로서 활동하면서 자기 자신이라는 소아小我의 세계와 주군을 중심으로 하는 공동체인 대아大我의 세계가 있음을 발견했다. 무사는 대아가 소아, 즉 무사 자신과 자신의 가문이 존립할 수 있는 근원이라는 점도 명확하게 인식하고 있었다. 주군을 중심으로 하는 무사단이 승리를 달성했을 때, 즉 대아가 온전하게 유지되었을 때 비로소 무사 자신과 자신의 가문, 즉 소아도 안전하게 보전할 수 있었다. 그리하여 과거와는 다른 새로운 관점에서 세상을 보려고 하는 마음

이 열리게 되었던 것이다. 그러한 자각이 바로 선의 관점과 상통했다고 할 수 있을 것이다.

무엇보다도 중요한 점은 전투원인 무사가 적과 마주했을 때의 순간은 그야말로 무념무상의 순간이라는 사실이다. 적과 마주했

적에게 돌진하는 무사들

을 때는 순간의 방심이 삶과 죽음을 가른다. 사람의 목숨이 호흡과 호흡 사이에 있음을, 무기를 들고 목숨을 담보로 적과 마주해 본 사람은 누구나 경험하는 일이다. 대개 공격은 날숨에서 이루어진다. 방심을 하는 순간, 잡념이 드는 순간, 호흡은 거칠어진다. 그 호흡이 거칠어진 순간이 가장 위험한 순간이다. 노련한 적이라면 그 호흡과 호흡 사이를 결코 놓칠 리가 없기 때문이다. 그러한 절체절명의 순간에는 기도도 잡념일 뿐이다. 오직 현재 적이 있고 내가 있을 뿐이다. 내가 최후까지 목숨을 의지하는 것은 내가 손에 들고 있는 무기일 뿐이다. 이와 같이 철저히 현재에 집중하고 감지하는 자만이 승리할 수 있다는 것을 무사들은 경험을 통해서 알고 있었다. 물론 전투원인 무사들은 그것이 선의 경지인지 아닌지 알 턱이 없었을 것이다. 그러나 무엇인지 몰랐지만, 현재에 온전히 머물면서 모든 대상을 예민하게 감지하는 것, 즉 찰나적

순간의 생생한 자각이야말로 선의 출발점이었던 것이다.

　무사는 또한 삶과 죽음의 경계가 애매하다는 것을 경험을 통해 알고 있었다. 전투에 임해 칼바람 한 번 불면 삶과 죽음이 갈린다. 전장에서 무사가 살아 돌아온다는 기약이 없었다. 무사에게는 미래가 없는 것이다. 그래서 무사들은 "갔다가 온다."는 말을 하지 않게 되었다. 즉 미래를 이야기하지 않게 되었다. 대신에 "간다"라고 말했다. 즉 현재만을 이야기했다. 선에는 과거도 없고, 미래도 없다. 오로지 현재와 마주하는 것이다. 현재적 자각이야말로 선의 가장 기본적인 관점인 것이다.

　전장을 누비면서, 무수하게 죽음에 직면하면서, 무사는 살아있다는 것이 우연이라는 것을 알았다. 즉 무상함을 몸으로 체험했던 것이다. 무사에게 생사일여生死一如는 결코 책에 나오는 상투어가 아니었다. 그들의 삶이 곧 생사일여였다. 선의 관점에서 보면, 즉 진리의 눈으로 보면, 삶과 죽음이 다른 것이 아니다. 생사일여인 것이다. 생사의 관문을 초월하는 것이야말로 선이 지향하는 것이었다.

　무사는 스스로 인식했든 그렇지 않았든 간에 이미 선의 문턱을 무수히 넘나들었던 것이다. 필자는 그러한 경험이 무사로 하여금 무의식중에 선의 태도와 방법에 매료되게 했다고 생각하고 있다.

04

무로마치 시대의 정치와 사회

1. 무로마치 막부의 성립

　1333년 5월 가마쿠라 막부가 멸망하고, 고다이고 천황後醍醐天皇이 약 2년 간 정권을 장악했다. 그런데 고다이고 천황은 가마쿠라 막부를 멸망시키는 데 결정적인 역할을 했던 아시카가 다카우지足利尊氏를 특별하게 대우하지 않았다. 그러자 1336년 11월 아시카가 다카우지가 고다이고 천황을 몰아내고 무로마치 막부室町幕府를 세웠다.

　아사카가 다카우지는 교토의 치안을 안정시키는 일에 주력했다. 다카우지는 「겐무시키모쿠建武式目」17개조를 제정했다. 거기에는 새로운 무사정권의 시정방침이 제시되어 있었다. 그런 의미에서 「겐무시키모쿠」의 제정은 다카우지가 실질적으로 막부의 개설을 선언했다는 의미를 지니는 것이었다. 다카우지가 「겐무시키모쿠」를 공포했지만 가마쿠라 막부가 제정한 「고세바이시키모쿠御成敗式目」를 폐지한 것은 아니었다. 다카우지는 「고세바이시키모쿠」를 무로마치 막부의 법규로 계승했다.

아시카가 다카우지는 심복인 고노 모로나오高師直를 무로마치씨 일족과 무사단의 정무를 총괄하는 최고책임자인 시쓰지執事에 임명하고, 호조씨北条氏의

무로마치 막부를 세운 아시카가 다카우지

본거지였던 로쿠하라六波羅에 부교쇼奉行所를 설치했다. 1338년 8월 아시카가 다카우지는 고묘 천황光明天皇으로부터 세이다이쇼군征夷大將軍에 임명되었다. 다카우지가 무사계급에 의한 정치를 부활시켰던 것이다.

아시카가 다카우지가 쇼군에 취임하면서 명실상부한 막부의 수장이 되었다. 하지만 막부 초창기의 정치는 쇼군 아시카가 다카우지와 그 동생인 아시카가 타다요시足利直義가 권력을 나누어 가진 체제였다. 쇼군 다카우지는 스스로 무사에 대한 군사지휘권과 인사권을 장악해 무사

에 대한 주종제적인 지배권을 확립했다. 하지만 쇼군 다카우지의 동생이며 막부 창업 공신인 타다요시에게 행정권과 재판권을 통괄할 수 있는 권한이 주어졌다. 막부의 권력은 일종의 이원집정제 형태를 띠게 되었다.

막부의 정치는 실질적으로 아시카가 타다요시가 관장했다. 타다요시는 가마쿠라 시대의 질서를 유지하려고 했다. 이에 대해 가마쿠라 시대의 질서를 개혁하려는 일파는 쇼군 다카우지의 지배권을 통해 자신들의 이익을 관철하려고 했다. 타다요시를 중심으로 하는 소위 가마쿠라 막부식 체제의 재건을 목표로 하는 점진파와 고노 모로나오 중심으로 하는 소위 신체제 구축을 주장하는 급진파가 정책면에서 대립했다. 급기야 아시카가 타다요시와 고노 모로나오가 충돌했다.

1349년 윤6월 타다요시는 모로나오를 자택으로 유인해 살해하려고 했으나 실패했다. 타다요시는 권좌에서 쫓겨났다. 타다요시는 가마쿠라로 물러나 전열을 가다듬었다. 1352년 정월 쇼군 아시카가 다카우지가 가마쿠라로 진격해 타다요시 일파를 제압했다. 2월 26일 타다요시가 급사했다. 쇼군 다카우지·고노 모로나오 일파와 타다요시 일파의 대립으로 격화된 막부의 내분이 일단락되었다. 하지만 무로마치 막부의 정치는 불안정했다. 고다이고 천황이 요시노吉野로 도망해 정통성을 주장하고 있었고, 무사사회는 여전히 분열되어 있었다.

2. 남북조 시대

1336년 12월 고다이고 천황이 은밀히 교토를 탈출해 요시노로 도망했다. 그는 여전히 자신의 정통성을 주장했다. 교토의 조정과 요시노의 조정이 대립하는 모양이 되었다. 요시노의 조정을 남조, 교토의 조정을 북조라고 했다. 그 후 일본에서는 반세기에 걸친 내란이 지속되었다. 남조와 북조가 대립하고, 사회가 분열되었던 약 60년간의 역사를 남북조 시대라고 한다.

고다이고 천황은 여러 아들을 각지로 파견해 자신이 친정을 수립했을 때 우대했던 무사, 자신과 친분이 있는 사원의 병력, 스스로 남조를 섬기는 무사 등을 병력으로 활용하면서 무로마치 막부와 싸웠다. 고다이고 천황이 가장 믿었던 인물은 호쿠리쿠北陸 지방으로 진출한 닛타 요시사다新田義貞였다. 닛타 요시사다가 호쿠리쿠 지방에서 싸우는 동안 기타바타케 아키이에北畠顕家는 노리나가 친왕義良親王과 함께 동북 지방에서 세력을 넓혔다. 1338년 정월 아키이에는 노리나가 친왕을 앞세우고 가마쿠라를 거쳐 나라奈良・이즈미和泉 지방으로 진출했으나 막부군과 싸우다 전사했다. 같은 해 7월에는 닛타 요시사다가 에치젠越前에서 전사했다. 1339년 8월에는 고다이고 천황이 파란만장한 삶을 마감했다. 고무라카미 천황後村上天皇이 그 뒤를 이었으나 남조 세력은 점점 약화되었다.

노리나가 친왕이 기타바타케 아키이에와 함께 관동 지방으로 진출할 때 고다이고 천황의 측근인 기타바타케 지카후사北畠親房도 동행했다. 지카후사는 한때 관동 지방에 거점을 확보할 계획이었다. 하지만 막부군의 공격으로 오다와라성小田原城을 버리고 후퇴했다. 남조 측은 관동 지방의 거점을 상실했다.

기타바타케 지카후사는 요시노로 돌아와 고무라카미 천황을 섬겼다. 기나이畿內에서는 구스노키 마사시게의 아들인 구스노키 마사쓰라楠木正行가 거점을 확보했다. 1347년 8월 마사쓰라는 기이紀伊의 막부군을 공격하면서 기세를 올렸다. 하지만 1348년 정월 마사쓰라는 가와치河內의 전투에서 패배해 자결했다. 마사쓰라의 사망으로 남조는 최후의 무력을 상실했(지금의 와카야마현和歌山縣과 미에현三重縣의 일부)다. 단지 규슈에서 가네나가 친왕懷良親王이 세력을 유지했을 뿐이다. 남조 측의 세력을 크게 위축되었다. 하지만 남북조 내란은 쉽게 끝나지 않았다.

3. 슈고다이묘의 성장

무로마치 막부 초창기의 정세는 매우 불안했다. 내분에 시달렸을 뿐만 아니라 남조군의 집요한 공격에 시달렸다. 한때 남조군이 교토를 점령하기도 했다. 아시카가 다카우지 일족이 교토를 버리고 피난하는 일촉즉발의 상황이 전개되었다. 다카우지는 어쩌면 멸망할 수도 있다는 위기감을 느꼈다. 권력을 지키기 위해서는 슈고守護들을 자기편으로 끌어들여야 했다.

1352년 7월 아시카가 다카우지는 격전 지역인 오미近江 · 미노美濃 ·

오와리尾張(지금의 아이치현愛知縣의 서반부)에 한제이령半濟令을 내렸다. 그 후 한제이령은 5개 구니国로 확대되었다. 한제이령은 무사가 장원이나 공령公領의 연공의 2분의 1을 군량미로 징수하는 것을 허락하는 것이었다. 원래는 1년으로 한정된 임시조치였다. 하지만 슈고들은 지속적으로 군량

아시카가 요시미쓰

미를 징수했다. 군량미를 관리하고 지급하는 슈고의 권한이 크게 강화되었다.

한제이령은 점차로 제도화되었고, 장원이나 공령의 연공뿐만이 아니라 토지도 2분의 1을 빼앗는 슈고도 있었다. 대상 지역도 확대되어 3대 쇼군 아시카가 요시미쓰足利義滿 시대에는 전국적으로 시행되기에 이르렀다. 군사력을 보유한 슈고는 영지를 둘러싼 분쟁이나 상속을 둘러싼 분쟁이 발생했을 때 실력을 행사하기도 했다. 슈고는 원래 장원영주가 보유하던 권익을 탈취해서 장원을 완전히 지배하게 되었다. 슈고는 지배지역 내의 지토地頭와 토착무사인 고쿠진国人을 거느리게 되었다. 즉 슈고는 단지 토지만 지배하게 된 것이 아니라 토지에 속해 있는 무사와 농민도 지배하게 되었다.

슈고는 다양한 방법으로 장원과 공령을 침탈했다. 새로 획득한 지역

에는 신임하는 가신을 슈고다이守護代로 파견하고, 장원에도 가신을 파견해 지배했다. 경우에 따라서는 획득한 토지를 이미 가신이 된 고쿠진에게 분배해 그들을 통제하기도 했다. 이렇게 지배지역 전체를 사실상 자신의 영지로 확보한 슈고를 가마쿠라 시대의 슈고와 구별해 슈고다이묘守護大名라고 한다.

슈고다이묘의 권력은 세습되었다. 막부의 쇼군조차도 슈고다이묘의 실력에 압도되어 눈치를 살피지 않을 수 없는 상황이었다. 이와 같이 장원과 공령을 지배하에 두고 가신단을 거느린 독립성향이 강한 슈고다이묘의 지배체제를 슈고영국제守護領國制라고 한다.

슈고다이묘들 중에는 여러 구니国의 슈고시키守護職를 겸하는 경우도 있었다. 예를 들면, 도키씨土岐氏는 미노美濃·오와리·이세伊勢의 슈고시키를 겸임했다. 야마나씨 일족은 산요山陽·산인山陰 지방을 중심으로 11개 구니의 슈고시키를 차지했다. 이는 일본 전체 66개국의 6분의 1에 해당했다. 강성해진 슈고다이묘들은 막부에 위협적인 존재였다.

4. 무사사회의 변용

무사사회 내부에서는 일족간의 대립이 표면화되었다. 대립은 주로 소료惣領와 형제간의 싸움으로 전개되었다. 지방의 무사들이 막부의 법을 무력화시키면서 활동했고, 도잇키土一揆, 즉 토착 무사들과 농민이 연합해 지배 권력인 장원영주와 슈고守護에 저항하는 세력이 증가했다.

내란기의 사회는 구질서의 존속을 원하는 세력과 구질서를 파괴하고 새로운 변화를 희망하는 세력이 양분되어 대립했던 것이다.

원의 침입이 있었던 13세기 후반부터 막부와 장원영주에 공공연하게 저항하는 지토地頭와 묘슈名主의 활약이 두드러졌다. 그들은 아쿠토悪党 라고 불렸다. 아쿠토는 본래 사회질서를 어지럽히는 산적이나 도적과 같은 범법자를 일컫는 말이었다. 그런데 가마쿠라 시대 후반부터 장원의 지배에 반항하는 지토나 묘슈도 아쿠토라고 일컫게 되었고, 이윽고 막부에 대항하는 모든 존재들이 아쿠토라고 불리게 되었다. 가마쿠라 시대 말기 아쿠토에 대해 기록한『미네아이키峰相記』에 의하면, 그들은 기존의 가치에 구애되지 않고, 10~20명씩 무리를 지어 다니면서 도박을 일삼고 도둑질을 생업으로 하는 자들이었으며, 전투가 벌어지면 산성으로 들어가 저항하고, 토벌군에 협조하는 체 하며 거짓으로 유인한 후 습격을 감행하는 파렴치한 존재들로 묘사되었다.

가마쿠라 막부는 법령을 내려서 사회질서를 문란하게 하는 아쿠토를 진압하려고 했으나 성과를 거두지 못했다. 토벌에 나선 슈고나 무사들도 아쿠토의 위세에 눌려 후퇴할 정도였다. 막부가 아무리 아쿠토의 토벌을 명령해도 효과가 거의 없었다. 많은 무사나 농민이 아쿠토의 편을 드는 상황이었다. 아쿠토의 활약은 무로마치 막부의 정치를 더욱 동요하게 하는 요인이었다.

아쿠토 중에는 무사단을 이끌고 장원에 난입해 행정소를 습격하는 자도 있었다. 또 성곽을 쌓고, 초소를 세우는 자들도 출현했다. 그들의 세력은 막부와 슈고에 정면으로 대항할 정도로 성장했다. 그들 중에서 유력한 자는 무로마치 시대에 이르러 고쿠진층의 일원으로 발전하기도 했다. 고다이고 천황이 가마쿠라 막부에 쫓기는 신세가 되었을 때, 제일 먼저 달려간 구스노키 마사시게楠木正成도 아쿠토 출신이었다. 고다이고 천황은 아쿠토 세력을 적극적으로 이용해 막부군을 후방에서 교란하는 작전을 전개했다.

남북조 내란이 장기화되면서 아쿠토의 활동이 질적으로 변화했다. 전투와 내란을 거치면서 아쿠토 조직은 점차로 지역에 기반을 둔 무사단으로 변화했다. 슈고와 주종관계를 맺는 경우도 있었다. 실제로 남북조 시대 중기 이후, 아쿠토라는 말이 사료에서 거의 자취를 감추고, 그 대신에 고쿠진国人이라는 말이 많이 등장했다. 남북조 내란 시대는 이미 당시의 기록에 묘사된 무사들만을 아쿠토라고 지칭할 수 없었다. 거의 모든 무사들이 아쿠토였다고 할 수밖에 없는 시대였다.

『미네아이키』는 아쿠토를 배반을 일삼는 파렴치한 존재라고 매도했다. 그런데 남북조 내란기의 무사들이야말로 배반을 손바닥 뒤집듯이 하는 존재들이었다. 극단적인 경우에는 일족이 두 편으로 나뉘어 각각 북조와 남조의 편에 서서 싸우기도 했다. 오로지 주군을 섬기는 것이 마땅하다고 생각하는 무사는 거의 없었다. 주군에 대한 충성심이 있었던 것은 대대로 주군 가문에 예속된 존재, 즉 후다이譜代 무사들뿐이었다고 해도 과언이 아니다. 전투가 있을 때 참가해 가신이 된 존재, 즉 도자마外様는 주군에 충성해야 한다는 의식이 희박했고, 스스로 이반하고 거취를 결정할 권리가 있었다.

남북조 내란 시대의 무사는 북조군과 남조군의 활약을 눈여겨보면서 어느 쪽이 우세한지 판단하고, 우세한 쪽에 가담하는 것이 일반적이었다. 자기가 속했던 편이 조금이라도 열세라고 판단되면 이반하는 것이 당연한 권리였다. 이러한 상황 하에서 슈고守護와 고쿠진 사이의 영원한 주종관계는 기대하기 어려웠다. 일단 주종관계를 맺었어도 전투의 상황에 따라 아무렇지도 않게 배반하는 경우가 많았다. 이러한 슈고와 고쿠진의 관계는 당연히 슈고의 영국지배에도 반영되었다. 슈고는 각지의 부하나 고쿠진의 협력 없이는 막부가 부여한 고유한 권한조차 행사할 수 없는 경우도 있었다.

05

무로마치 시대 무사와 무사도

1. 『다이헤이키』의 시대

상식을 파괴하는 무사들

 일본 중세의 대표적인 군기물인 『다이헤이키太平記』는 1370년대 초반에 성립되었다. 작자는 고지마小島라는 법사로 알려져 있지만 확실하지 않다. 남북조 시대에 남조와 깊은 인연이 있었던 승려가 저술하고, 그 후에 많은 사람들의 손을 거쳐서 완성되었을 것으로 여겨진다. 『다이헤이키』에는 남북조 시대와 무로마치 시대에 활약한 무사들의 세계가 치밀하게 묘사되었다고 할 수 있다.

남북조 시대가 열리면서 간단명료하고 실질을 숭상하는 가마쿠라 시대의 정신이 힘을 잃게 된다. 검약하고 질소한 무사사회의 기풍도 쇠퇴한다. 그 대신에 기존의 가치와 권위를 부정하는 풍조가 만연하게 된다. 무사사회가 질적으로 변화하기 시작했던 것이다.

이러한 시대에 기존의 도덕관념에 구애되지 않고 자유분방하게 행동하는 사사키 도요佐々木道譽와 같은 인물이 등장했다. 사사키는 처음에 가마쿠라 막부의 싯켄執權인 호조씨北条氏에 충성하면서 고다이고 천황을 유배하는 임무를 수행했다. 그러나 가마쿠라 막부가 멸망하고, 호조씨가 몰락하자, 곧 새로운 실력자로 부상한 아시카가씨에게 충성을 서약했다. 그리고 아시카가 다카우지足利尊氏의 선봉이 되어 남조군의 맹장 닛타 요시사다新田義貞와 싸웠다. 그런데 한때 아시카가 다카우지의 형세가 불리해지자, 이번에는 닛타 요시사다에게 항복했다. 그러나 다시 아시카가 다카우지와 내통했고, 급기야 닛타 요시사다가 방심한 틈을 노려 닛타군을 배후에서 공격해 치명적인 타격을 입혔다. 이와 같이 사사키 도요는 가마쿠라 시대 무사의 일반적인 무사와는 사뭇 다른 행동을 아무 거리낌 없이 했던 무사였다. 그는 머릿속에는 자존심과 수치심이라는 관념이 아예 존재하지 않았다고 할 수 있다.

사사키 도요의 상식을 벗어난 행위는 여기에서 그치지 않았다. 한 번은 이런 일도 있었다. 그의 부하가 천황과 특별한 관련이 있는 묘호인妙法院 경내에서 단풍나무를 꺾다가 그 사원의 승려에게 발각되었다. 승려는 당연히 무례한 침입자를 사원에서 쫓아냈다. 그 소식을 들은 사사키는 휘하 무사들을 시켜서 묘호인을 불태워버렸다.

천황의 권위를 배경으로 하는 묘호인 측에서도 가만히 있을 리가 없었다. 묘호인 측은 막부에 사사키를 극형에 처해줄 것을 요구했다. 그러나 막부 내에 사사키를 후원하는 세력이 있었다. 사사키는 가벼운 처벌을 받았을 뿐이다. 더구나 사사키는 전혀 후회하거나 반성하는 기색이 없었다. 오히려 유예를 탐닉하고 사치스러운 생활을 하면서 법질서를 어지럽혔다.

당시 상식에 벗어난 행동을 하고, 화려하게 몸을 단장하고, 멋을 부리는 행위를 바사라婆娑羅라고 했다. 무로마치 막부의 쇼군 아시카가 다카우지의 가신이며, 막부의 실력자였던 고노 모로나오高師直와 그의 동생 모로야스師泰도 상식을 벗어난 행동을 거리낌 없이 하는 것으로 유명했다. 그들은 권력을 배경으로 온갖 악행을 저질렀다. 고노 모로나오는 여러 가신들의 처를 성폭행했고, 천황 궁전에 침입해 천황의 측실들을 납치하기도 했다. 고노 모로나오의 엽기적인 행각이 문제가 되어 무사사회 내부의 분위기가 흉흉해졌고, 세상 사람들이 그를 손가락질 했다. 그러나 고노 모로나오는 눈 하나 깜짝하지 않았다.

고노 모로야스도 상식적으로 도저히 용납할 수 없는 행위를 서슴지 않았던 인물이었다. 한 번은 모로야스가 교토의 히가시야마東山 산기슭에 별장을 지으려고 했다. 그런데 바로 그곳에 묘지가 있었다. 모로야스는 묘지의 주인에게 그 땅을 내놓으라고 협박했다. 묘지의 주인은 정중하게 이장해 주는 조건으로 땅을 양도했다. 그러나 모로야스는 그 약속을 지키지 않았다. 묘지를 파헤치고 유해를 주변에 던져 버렸다. 세상 사람들이 모로야스의 악행을 성토하며 수군거렸다. 그 소문을 들은 모로야스는 묘지의 주인이 자기에게 앙심을 품고 나쁜 소문을 퍼뜨렸다고 노발대발했다. 모로야스는 끝내 부하에게 묘지의 주인을 살해하도록 했다.

『다이헤이키』에는 위와 같이 상식을 벗어난 행동을 서슴지 않았던 자들의 이야기가 적지 않게 등장한다. 『다이헤이키』의 세계에는 가마쿠라 막부가 중시했던 가치가 이미 그 효력을 상실하고 있었다.

물론 필자는 위에 열거한 몇 가지 사례를 내세워 무로마치 시대의 무사들이 모두 상식을 벗어난 행동을 하는 자들이었다고 주장하는 것이 아니다. 하지만 오로지 자신의 실력만 믿고 폭력을 앞세워 상식을 기반으로 하는 인간관계를 파괴하는 경향성이 있었다는 것을 부정할 수는 없을 것이다. 무로마치 시대 후반에는 그 시대 내부에서 이미 하극상 풍조가 싹을 내밀고 있었던 것이다.

불교에 귀의하는 무사들

무로마치 시대에는 생사일여生死一如라든지 상재전장常在戰場이라는 말이 무사사회 내부에서 많이 사용되고 있었다. 무로마치 시대 무사들은 가마쿠라 시대를 지나면서 형식적인 무사도를 부정하고, 불교에 귀의해서 정신의 안정을 찾으려는 경향이 두드러졌다. 무사들은 불교의 여러 종파 중에서도 특히 선종禪宗에 매력을 느꼈다.

무로마치 막부는 선종을 보호했다. 특히 쇼군 가문이 선종에 각별한 관심을 갖고 있었다. 막부의 3대 쇼군으로 남북조의 통일이라는 위업을 달성한 아시카가 요시미쓰足利義滿도 일찍이 선종에 귀의했다. 그는 자주 교토 인근의 선종 사원을 방문해 홀로 좌선에 들었다. 쇼군 요시미쓰의 행적은 『구게닛쿠슈空華日工集』에 상세히 기록되어 있는데, 당시 사람들이 쇼군 요시미쓰의 선에 대한 진지한 태도에 깊은 감명을 받고 있었다는 것을 실감할 수 있다. 쇼군 요시미쓰는 선의 길을 묵묵히 걸어간 성실한 구도자였다.

불교가 무사들의 일상에 자리 잡으면서, 무사들은 속세의 주종관계를 넘어서, 더운 심오한 곳에 절대적인 그 무엇이 있다는 생각을 하게 되었다. 특히 불교의 평등사상에 눈을 뜨게 되었다. 불교는 자유와 평등을 구하는 자들을 구별하지 않고 품에 안았다. 남자나 여자나, 똑똑한 사람이나 미련한 사람이나, 재산이 많은 사람이나 가난한 사람이나 차별하지 않고 포용했다.

무사가 경험하고 있는 현실세계는 신분사회였다. 신분사회는 불평등한 사회였다. 단지 관습적인 차원에서 불평등했던 것이 아니었다. 불평등한 질서를 법이 보장하는 사회였다. 그러한 불평등의 체계는 학문에 의해 이론적으로 뒷받침되었다. 유학사상도 이러한 불평등한 질서를 당연하고 '아름다운' 질서로 설명하는 데 힘을 보탰다. 유학은 주군은 하늘이고 부하는 땅이라고 가르쳤다. 높은 곳에 있는 하늘은 당연히 우러러보아야 하는 대상이었다. 따라서 하늘과 같은 주군은 존귀한 존재였고, 땅과 같은 존재는 비천한 존재라고 설명했다. 부하의 관점에서 보았을 때 주군은 영원히 극복할 수 없는 대상으로 인식될 수밖에 없었다.

불교의 평등사상은 너무도 당연하게 인식되던 불평등의 질서 너머에 있는 세계로 무사들을 안내했다. 하지만 무사들이 현실세계의 저편에 있는 절대평등의 세계를 의심하지 않고 믿었다고 해서 현실세계가 갑자기 평등한 세계로 바뀌는 것은 아니었다. 눈을 뜨고 바라본 현실세계는 여전히 주종관계를 절대적인 질서로 인정할 수밖에 없는 불평등한 세계였다. 무사들은 현실과 이상 사이의 '거리'를 극복하지 않으면 안 되었다.

무사들은 현실세계를 무상한 것이라고 생각하고, 현실세계 저 편에 있는 세계를 진리의 세계라고 봄으로써 그들이 직면한 모순을 해결했다. 현실이 무상한 세계라면, 현실 속의 질서인 주종관계 또한 무상한 것에 불과한 것이었다.

1488년에 가가加賀(지금의 이시카와현石川縣 남부)에서 잇코잇키一向一揆가 발생했다. 잇코잇키는 잇코종, 즉 정토진종淨土眞宗 혼간지파本願寺派 신도들이 단결해서 일으킨 반란이었다. 당시 가가에서는 슈고다이묘 토가시씨富樫氏가 양편으로 나뉘어서 대립했다. 잇코종의 신도들이 예기치 않게 분쟁에 휘말리게 되었다. 처음에 정토진종의 종교지도자 렌뇨蓮如는 신도가 전투에 참가하는 것에 반대했지만, 평소에 토가시 마사치카富樫政親의 가혹한 지배에 불만을 품었던 민중이 봉기했다. 20여만 명의 신

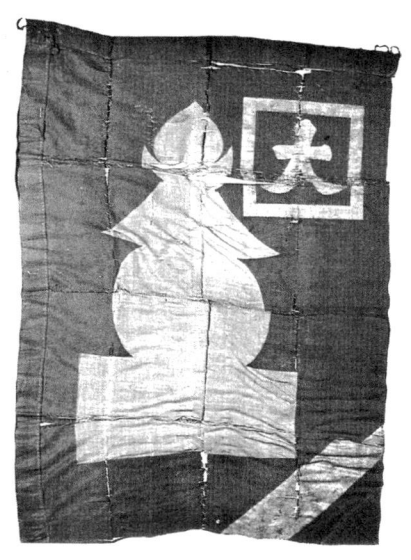

잇코잇키 깃발

도가 단결해 토가시씨와 전면전쟁을 감행했다. 이 전쟁에서 토가시씨가 멸망하고, 가가 지역은 혼간지의 지배지가 되었다. 이 지역은 그 후 1세기 동안 잇코종의 신도가 자치적으로 지배했다. 잇코잇키 세력이 토가시씨가 지배했던 광대한 지역을 '신도들의 나라'로 선언했던 배경에는 주종관계를 영원한 질서로 인정하지 않는다는 생각이 자리하고 있었다. 잇코잇키 세력의 내부에 토가시씨의 가신들도 많이 포함되어 있었다. 그들은 주군의 명령보다도 불교의 사상을 선택했던 것이다.

그 후에도 잇코잇키 세력은 다이묘大名들의 지배에 정면으로 대항했다. 무사사회의 주종관계가 충효를 근간으로 하는 수직적 질서였다면, 잇코잇키 세력의 종교결사는 수평적 연대였다. 잇코잇키 세력의 도전에는 중세 봉건사회의 근본 질서인 주종관계를 부정하는 정신이 내포되어 있었다. 잇코잇키의 지도자들은 대부분이 무사들이었다.

오다 노부나가織田信長도 잇코잇키 세력의 도전을 두려워했다. 도쿠가와 이에야스德川家康도 잇코잇키 세력의 공격에 궁지에 몰린 적이 한 두 번이 아니었다. 특히 이에야스는 잇코잇키 세력의 선봉에 서서 싸우는 가신들을 발견하고 큰 충격을 받았다. 도쿠가와씨에게 절대적인 충성을 바쳐야 마땅한 가신들이 창을 비껴들고 이에야스를 공격했기 때문이다.

무로마치 시대 후반을 하극상 시대라고 한다. 하극상의 시대는 곧 무법천지의 시대였다고 단정할 수는 없을 것이다. 관점에 따라 전혀 다른 해석이 가능할 것이기 때문이다. '위'에서 보았을 때는 '아랫것들'이 준동해서 기존의 권위·가치·질서를 파괴하는 불쾌한 도전으로 비춰졌을 것이다. 그런 의미에서 기득권을 일거에 날려버리는 공포이기도 했을 것이다. 하지만 '밑'에서 보았을 때는 새로운 권위 · 가치 · 질서를 창조하는 것이었다. 그런 의미에서 새로운 시대를 여는 희망이기도 했을 것이다. 그것은 또한 민중 속에 뿌리를 내리기 시작한 불교의 가르침이 그 진가를 발휘하기 시작한 출발점이라고 말할 수 있을 것이다.

2. 가훈에 담겨진 무사도

무로마치 시대의 무사들은 단지 전장에서의 기량에만 관심이 있었던 것이 아니다. 마음의 중요성을 강조했다. 특히 무사로서의 성실한 마음가짐이 요구되었다. 무사는 무사사회 내부에서 원만한 인간관계를 맺고, 또 성심을 다해 막부에 봉사해야 하는 존재였기 때문이다. 무사가 마땅히 가야 할 길, 즉 무사도의 내용은 무로마치 시대에 더 구체화되었다.

이러한 무사도의 추이를 민감하게 반영하고 있는 것은 다름이 아닌 무사사회의 가훈이었다. 여러 무사 가문에서 가훈을 남겼다. 하지만 포괄적이고도 자세한 내용을 담고 있는 것은 의외로 많지 않다. 그중에서 무로마치 시대의 정신을 충실히 반영하고 있다고 평가되고 있는 것은 『요시사다키義貞記』, 『치쿠바쇼竹馬抄』, 『이세사다치카교쿤조伊勢貞親教訓狀』 등이다.

시간의 변화를 담은 교훈서

『요시사다키』의 편자가 누구인지는 확실히 알려져 있지 않지만, 다만 성립 시기가 1467년에 일어난 오닌의 난応仁の乱 이전에 편찬되었다는 점은 확실하다. 『요시사다키』가 무로마치 시대 전기에 출판된 것인 만큼, 그 시대의 정신이 충실하게 반영되어 있다고 보아도 무방하다.

『요시사다키』는 "문무의 덕 중에서 하나라도 소홀히 하면 국가를 안정시키지 못한다."는 문장으로 시작된다. 즉, 문무양도의 중요성을 강조하고 있다. 여기에서 문은 귀족인 공가公家를 상징하고, 무는 무가武家를 상징하는 것이다. 문무의 중요성을 언급했던 것은 공가와 무가가 각기 고유의 직분에 충실할 때 정치도 안정된다는 의미였다. 이것을 보면 당시에는 아직 문무를 겸비한 무사상武士像이 정립되지 않았다는 것을 의미한다.

그러나 무로마치 막부 쇼군將軍의 경우는 특별했다. 쇼군은 무사사회의 동량이었다. 그런 만큼 전투원으로서의 기량도 중요시되었다. 하지만 무로마치 시대가 되면, 막부의 쇼군은 전투의 선봉에 서는 무장의 이미지보다는 통치자로서의 이미지가 부각되게 되었다. 통치자로서의 덕이 강조되었다. 이런 시대적의 분위기가 『요시사다키』에 충실히 반영되었다. "운은 하늘에 맡기고, 백성에게 인정을 베풀고, 모든 사람을 아비와 자식처럼 생각해 자비심을 품고 마음을 크게 가져야 한다. 군주가 군주다울 때 신하가 신하답지 않을 수 없고, 군주가 군주답지 않을 때 신하가 신하다울 수 없는 것이다."라고 말하고 있는 대목은 마치 유교 경전을 보고 있는 것이 아닌가 하는 생각이 들 정도다.

하지만 무사에게는 여전히 전투원으로서의 기량이 강조되는 분위기였다. 『요시사다키』도 무사는 오로지 무사로서의 길을 잠시도 잊지 말 것을 당부하고 있다. 무사들에게 남긴 충고는 구체적이었다. 예를 들면 병장기에 대해 언급하면서 깃발의 길이는 어떠한지, 가문의 문장은 어떠한지, 말은 어떻게 골라야 하는지, 도검의 길이는 어느 정도가 좋고 무게는 어느 정도가 좋은지 등에 대해 세심하게 주의를 기울이고, 그 득실에 대해서도 깊이 생각하라고 충고하고 있다. 시대가 변하면서 점차로 실전을 위한 마음가짐이라는 측면보다도 의례와 형식을 중요시하는 분위기가 반영되어 있다는 것을 알 수 있다.

전투에 임하는 자세에 대해서도 변화가 감지된다. 원래 무사사회에는 '나아가도 죽지 않고 물러나도 목숨을 부지하지 못한다.'는 말이 있었다. 말하자면 임전무퇴의 정신이 강조되었던 것이다. 무로마치 시대에는 이러한 정신에도 수정이 가해지기 시작했다. 『요시사다키』에 다음과 같은 말이 있다.

> 나아가도 죽지 않는다고 해서 나아가지 않아야 할 때에 나아가서 죽었다면 무슨 도움이 되겠는가? 목숨을 가벼이 여겨서는 안 된다. 사무라이의 길이라고 해서 함부로 목숨을 버려서는 안 된다. 사무라이가 목숨을 버릴 때는 먼저 주군의 큰일, 즉 전투에 나아갔을 때이고, 다음으로 사사로운 일일 경우에는 명예가 심각하게 손상될 지경에 처했을 때에 한하는 것이다.

깊이 생각하고 무겁게 처신하는 무사상이 제시되었던 것이다.

『요시사다키』는 가마쿠라 시대에 제시된 무사도를 비판 없이 수용한 것이 아니었다. 시대의 변화와 그에 따른 역사내용의 변화를 분명하게 의식하고 있었다. 무사도의 전통을 중요시하면서도 가마쿠라 시대에서 무로마치 시대로 발전하며 변화한 역사의 내용을 염두에 두었다. 그리하여 무로마치 시대에 적합한 무사도의 내용을 제시하려고 했다.

전쟁터에서 무사가 정정당당하게 싸워 가문의 명예를 드높이는 일은 칭찬받아 마땅한 일이다. 그러나 무사 개인이 아무리 명예롭게 싸웠어도 무사단이 전투에서 패배했다면 무사의 명예는 빛을 잃는 것이다. 무사단이 승리했을 때 비로소 무사의 가문이 유지되는 것이고, 또 무사의 가문이 유지되었을 때 비로소 명예도 지켜지는 것이다. 무로마치 시대의 무사들은 이렇게 생각하고 있었던 것이다.

무로마치 시대 무사의 생각은 가마쿠라 시대 그것과는 많이 달라져 있었다. 세월이 무사들의 생각을 변하게 했을 것이다. 그렇다면 무사는 전투에서 무사단의 전략보다는 이치반노리一番乘り를 하고, 이치반구비一番首·요키구비良首를 올려 가문의 명예를 드높이는 것을 우선으로 했던 가마쿠라 시대의 우직한 무사도의 내용도 수정되지 않으면 안 되었던 것이다.

인간미 넘치는 충고

무로마치 시대 무사도에 대한 기록 중에서 가장 주목되는 것은 역시 『치쿠바쇼』다. 『치쿠바쇼』는 1383년 무로마치 막부 간레이管領의 지위에 있던 시바 요시마사斯波義将가 편찬한 것으로 알려져 있다.

시바 요시마사는 1350년에 태어나서 1410년에 사망했다. 그는 무로마치 막부의 3대 쇼군이었던 아시카가 요시미쓰足利義満와 4대 쇼군인 요시모치義持를 섬겼다. 특히 요시미쓰 시대는 무로마치 막부의 권력이 가장 강성했던 시기였다. 그런 만큼 시바 요시마사는 권력의 핵심에서 무로마치 막부의 정치체제를 공고히 하는 데 큰 역할을 했던 인물이었다.

『치쿠바쇼』는 당시의 무사들에게 반성을 촉구하는 내용을 담고 있는 교훈서였다. 요시마사의 눈으로 보았을 때, 당시의 무사들은 대의명분이 없을 뿐만이 아니라, 무사로서 마땅히 지녀야 할 혼魂과 근성이 결여되어 있었다. 요시마사는 그런 무사들에게 무사가 존재하는 목적은 무엇인가? 무사의 가치판단 기준은 무엇인가? 무사는 어떠한 태도와 정신을 갖추어야 하는가? 등에 대해 이야기하고 있다.

요시마사는 젊은 무사들에게 다음과 같이 충고했다.

> 무사는 자신은 말할 것도 없고, 후손의 명예도 생각해서 행동해야 한다. 목숨이 아까워서 후대에 떳떳하지 못한 이름을 남겨서는 안 된다. 하지만 둘도 없는 목숨을 티끌과 같이 생각해서도 안 될 것이다. 마땅히 죽어야 할 때가 아닌 때에 목숨을 버리는 것은 오히려 수

치스러운 일이다. 하늘과 같은 주군을 위해 목숨을 버린다면 그것은 지극히 당연한 일이다. 그러나 저잣거리에서 죽어서는 가문에 불명예가 될 뿐 조금도 명예로운 일이 아니다. 무사들은 가볍게 마음을 쓰지 말고, 언제나 신중하게 처신해야 한다.

    신중한 처신을 강조하고 있다는 점에 있어서는 『요시사다키』와 같다. 그러나 『치쿠바쇼』에서는 방심하지 않는 태도, 빈틈이 없는 처신을 강조하고 있다. 사람은 그 처신에서 인품의 정도, 생각의 깊이가 그대로 드러난다. 다른 사람이 없는 곳에서도 담이나 벽을 눈이라고 생각해 방심하지 말고, 다른 사람과 같이 있을 때는 행동 하나 말 한 마디도 신중하게 해서 허물이 드러나게 해서는 안 된다고 강조했다.
    요시마사는 또 다음과 같이 말했다.

    무사가 갖추어야 할 덕목 중에서 충의忠義보다 중요한 것은 없다. 주군에 대한 충의라고 하면 사람들은 먼저 은혜를 입고 그 대가로 주군에게 봉사하는 것이라고 생각한다. 그러나 이러한 생각은 논리가 전도된 것이다. 무사가 이 세상에 존재하는 것 자체가 주군의 은혜다. 그러한 사실을 잊어버리고, 욕심을 부려, 세상을 원망하고 주군을 원망하는 자들만 이 세상에 가득하다. 매우 개탄스러운 일이다.

시바 요시마사는 무사라면 먼저 주군에게 사심 없이 충성을 하는 것이 중요하다고 말하고 있다. 말하자면 요시마사는 고온御恩과 호코奉公의 윤리에 대한 재해석을 시도했던 것이다.

시대가 변화하면서 무사는 교양의 필요성을 자각하게 되었다. 무사는 단지 전투원이 아니고 무사정권 시대의 위정자였다. 무사 상호간의 교류가 어느 때보다 요구되었던 시대였다. 무사도 시를 짓는 모임에 초대되는 경우도 있었고, 때로는 연극을 감상할 필요도 있었다. 그런데 시를 짓는 장소에 가서 잡담만 할 수 없는 일이고, 연극을 보면서 멋쩍게 앉아 있는 것도 부끄러운 일이었다. 이미 세상은 가마쿠라 시대가 아니었다. 무사는 적어도 남과 어울리기에 부끄럽지 않을 정도의 교양을 몸에 익혀야 하는 시대가 된 것이다. 시바 요시마사는 젊은 무사들에게 마음이 내키지 않아도 어느 정도의 교양을 몸에 익혀 두는 것이 좋다고 충고했다.

시바 요시마사는 무사들에게 말 한 마디 행동거지 하나하나에 신중할 것을 강조하면서도 무조건 긴장감을 불어넣지는 않았다. 단지 무사사회의 일원으로서 매끄러운 인간관계를 유지할 것과 바람직한 신하로서의 마음자세에 대해 말했을 뿐이다. 그는 다음과 같이 말하고 있다.

무사도 인간이다. 화가 날 때는 화를 내고, 하고 싶은 말은 해야 한다. 침묵은 중요하지만 그렇다고 침묵이 항상 좋은 것은 아니다. 아무 이유 없이 화가 나지 않도록 마음을 잘 다스리는 것은 매우 중요하다. 그러나 도리를 안다면 오히려 화를 낼 필요가 있을 때 화를 내지 않으면 안 된다. 그렇지 않으면 오히려 생각이 없는 사람인 것이다.

시바 요시마사의 말에는 인간미가 녹아 있다. 가마쿠라 시대의 경직된 무사도와 비교가 되지 않을 정도로 유연하다. 그런 여유는 한정된 목숨을 가진 인간에 대한 연민의 정에서 기인한다고 할 수 있다. 그것은 또한 인간으로서의 한계성을 인식했을 때 나오는 넉넉함이기도 했다. 요시마사는 또 말한다.

마음대로 되지 않는 것이 이 세상의 일이다. 열에 하나도 자기 마음대로 되지 않는다. 세상의 이치가 그런 것을, 반드시 자기 마음대로 되게 하려고 하니까 망념이 생기고 아집을 버리지 못하는 것이다. 만사를 다른 사람의 입장에서 생각하며, 다른 사람에게 도움을 주는 사람이 되어라. 그런 사람이야말로 가장 강한 자라는 점을 알라.

이와 같은 충고는 비단 무사에게만 해당하는 말은 아닐 것이다. 하지만 투쟁심에 불타고 앞만 보고 전진하는 무사들에게 옆도 보고 때로는 뒤도 돌아볼 수 있는 여유를 권고하고 있다는 점에서 시바 요시마사의 깊은 생각이 담겨져 있는 대목이다. 그것은 가장 강한 자만이 누릴 수 있는 여유라고 할 수 있을 것이다. 시바 요시마사의 넉넉함은 다음의 말에서 더욱 빛을 발한다.

무서운 적이라고 해서 꽁무니를 빼지 마라. 상대가 약하다고 해서 명분 없는 싸움을 걸어서는 안 된다. 이길 수 있는 싸움에는 다른 사람을 앞에 세우고, 지는 싸움에는 언제나 자기의 책임을 생각하라.

이 말은 『치쿠바쇼』의 내용 중에서 가장 무게가 실린 말일 것이다. 진정으로 강한 무사만이 이 말을 실천할 수 있을 것이기 때문이다. 시바 요시마사는 전투원으로서의 자존심에다가 중후한 인간미를 더해 무사도를 완성하려고 했다고 필자는 생각하고 있다.

태평시대 무사를 위한 처세 요령

『이세사다치카교쿤조』는 무사도의 정신을 담고 있는 교훈서라기보다는 인간관계를 원만하게 유지하기 위한 구체적인 방법을 제시하고 있는 요령집에 가깝다. 전투원으로서의 자세나 마음가짐에 대해 말하고 있는 다른 무사도 관련 서적들과 비교해 보았을 때, 너무 세속적이고 속물적이라는 인상을 주고 있다고 말하지 않을 수 없다.

이세 사다치카伊勢貞親는 1417년에 태어나서 1473년에 사망했다. 무로마치 막부의 8대 쇼군 아시카가 요시마사足利義政를 섬기면서 정치 전반을 관장했던 실력자였으며, 막부의 의식儀式과 전례를 정한 인물이었다. 일생을 정치의 중심에서 조정자로서의 역할을 담당하면서 인간관계의 중요성을 누구보다도 절실하게 느꼈던 인물이었다.

『치쿠바쇼』와 비교해 보았을 때, 『이세사다치카교쿤조』는 주로 무사 사회의 인간관계, 특히 관행과 예절 그리고 요령에 초점을 맞춰 서술한 것이다. 이 책에는 이세 사다치카의 인생 경험이 오롯이 녹아있다고 말할 수 있다. 정신자세보다는 형식적인 면이 강조되고 있다는 점도 이 책의 특징이다.

이세 사다치카는 점점 전투원으로서의 투혼을 상실해가고 있는 후손들에게 씨름, 힘겨루기, 매사냥 등을 권하면서 사기의 향상을 기대하고 있었다. 그는 다음과 같이 말하고 있다.

> 무사의 길이란 즉 활쏘기와 말타기를 의미하는 것이다. 이 두 길을 조석으로 마음에 새기면서 매일 훈련을 게을리 하지 말라. 비록 재능이 없는 무사라도 연습을 게을리 하지 않으면 훈련에 임해서 실수는 하지 않을 것이다.

무사가 활을 잘 쏘지 못하고 말을 잘 다루지 못한다면 그는 이미 무사로서 자격을 상실했다고 할 수 있는데, 이세 사다치카의 충고는 처음부터 활을 쏘고 말을 타는 것을 게을리 하거나 재능이 없는 무사가 일반적으로 존재하고 있다는 것을 전제로 하고 있다는 점이 주목된다. 충격적인 것은 그런 자격 미달 무사가 겨우 훈련에 참가해서 실수를 하지 않을 정도까지는 노력을 해야 하지 않느냐고 '용기'를 북돋우고 있다는 점이다. 『이세사다치카교쿤조』의 내용이 주로 형식적인 면에 초점이 맞추어져 있는 것은 바로 이러한 시대적 분위기를 배경으로 하고 있기 때문이었던 것이다.

이세 사다치카는 가도歌道, 즉 일본의 전통적인 시가인 와카和歌를 짓거나 연구하는 일을 궁마양도弓馬兩道, 즉 무사가 활을 쏘고 말을 타면서 전투원으로서의 능력을 향상시키는 것 다음으로 중요하게 여기고 있었다. 그런데 사다치카는 가도의 정신보다도 오로지 형식을 배우라고 권하고 있다. 가도란 다른 사람에게 보이기 위해 몸에 익히는 것이지 정말로 그 길에 입문해서는 안 된다는 뜻일 것이다.

이세 사다치카는 무사가 집안일, 목숨, 여자 등에 관심을 기울여서는 안 된다고 충고하고 있는 점이 매우 흥미롭다. 『요시사다키』와 『치쿠바쇼』에도 무사란 마땅히 목숨을 가볍게 여겨야 한다는 말이 여러 곳에 등장한다. 하지만 목숨을 집안일이나 여자와 같이 나열하지는 않았다. 무사의 목숨이 집안일과 여자와 같은 일과 같이 취급되어도 아무도 이상하다고 생각하는 무사가 없었다니, 그 무감각함에 놀랄 뿐이다.

이세 사다치카는 후손들에게 평화시대의 무사가 처신하는 요령에 대해 친절하게 가르쳐주고 있다.

> 주군을 모실 때는 주군의 심리상태를 살피는 것이 중요하고, 하인들을 부릴 때는 하인의 마음을 잘 살펴서 적절하게 부려야 한다. 윗사람은 말 할 필요도 없고 동료 사이에도 때를 놓치지 않고 선물을 하도록 해야 한다. 상대방을 기쁘게 하는 것이 가장 중요한 처세법이다. 손님을 접대할 때도 마찬가지다. 조금도 소홀함이 없이 정성을 다하도록 해야 한다.

사다치카는 또 다음과 같이 당부하고 있다.

가문을 일으키고 자손의 영광을 기원하는 자는 신심이 없어서는 안 된다. 깊은 신심은 마치 물과 같아서 달도 맑게 비친다. 호소카와 노리유키細川賴之는 16세 때 단식을 하고, 불경 1천권을 독송하고, 가문의 번창을 하늘에 기도했다. 그 공덕이 지금까지 영향을 미치고 있다. 우리 이세伊勢 가문은 천하의 귀감이 될 가문이다. 자손들의 능력이 출중해야 한다. 가문을 계승한 자는 무엇보다도 일심一心이 중요하다. 설령 모든 면에서 재능이 뛰어나지 못하더라도 가장 중요한 일심이 뒤져서는 안 되는 것이다.

무로마치 시대 후기에 들어서면, 무사의 길은 전투원으로서의 명예가 아니라 가문의 번창이었던 것이다. 가문을 번창하게 하기 위해서는 신심이 가장 중요하나, 그에 못지않게 중요한 것은 인심을 얻는 것이다. 특히 주군의 인심을 얻는 것이 중요하지만, 세상 사람들의 인심을 얻는 것도 중요하다. 인심을 얻기 위해서는 사람들을 기쁘고 편안하게 해야 한다. 그러기 위해서는 요령이 필요하다. 이세 사다치카는 후손들에게 이렇게 말하고 있는 것 같다.

06

전국시대의 정치와 사회

1. 무로마치 막부의 쇠퇴

　일본사에서 전국시대戰国時代라고 하면 오닌의 난応仁の乱부터 약 100여 년 간을 말한다. 오닌의 난은 1467년에 일어나서 1477년까지 주로 교토京都 지방을 중심으로 전개되었다. 슈고다이묘守護大名들이 두 편으로 나뉘어져 싸웠다. 호소카와씨細川氏 편에 서서 싸웠던 세력은 동군이라고 불렸고, 야마나씨山名氏 편에 섰던 세력은 서군이라고 불렸다. 싸움의 무대는 주로 교토와 그 인근 지역이었다.

　전쟁터로 변한 교토는 약탈과 방화로 황폐화되었다. 무로마치 막부室町幕府는 지배력을 거의 상실했다. 막부의 영향력이 미치는 지역은 겨우 교토 일대에 불과하게 되었다. 전란 중에 귀족은 물론 사원이나 신사도 몰락했다. 전란의 영향은 지방에까지 파급되었다. 장원과 공령公領은 슈고다이묘의 부하인 슈고다이守護代나 고쿠진国人에 의해 탈취되어 교토에 거주하는 지배층의 경제기반이 완전히 무너졌다. 남북조의 내란으로 커다란 타격을 입은 장원제도는 이 시점에서 거의 붕괴되었다.

오닌의 난은 무로마치 막부가 붕괴의 길로 접어드는 출발점이 되었다. 막부는 일본사회를 통괄하는 공권력으로서의 역할을 수행하지 못했다. 1487년 10월 막부의 9대 쇼군 아시카가 요시히사足利義尚가 롯카쿠씨六角氏 정벌에 나섰다가 전장에서 사망하면서 쇼군의 권위가 급격하게 쇠퇴했다.

쇼군의 지위는 호소카와씨를 비롯한 간레이管領 가문에 의해 좌지우지되었다. 쇼군 요시히사에게는 후사가 없었기 때문에 후계자 문제가 대두되었다. 우여곡절 끝에 1490년 7월 9대 쇼군 요시히사의 사촌인 아시카가 요시타네足利義稙가 10대 쇼군에 취임했다. 하지만 10대 쇼군 요시타네는 쇼군에 취임한 지 3년도 안 되어서 호소카와 마사모토細川政元에 의해 추방되었다. 1494년 12월 호소카와 마사모토는 8대 쇼군 요시마사의 양자였던 아시카가 요시즈미足利義澄를 11대 쇼군으로 옹립했다. 그런데 추방된 요시타네는 11대 쇼군 요시즈미를 인정하지 않았다. 요시타네는 서부 일본 지역을 방랑하면서 쇼군의 지위를 회복하기 위한 '투쟁'을 전개했다. 전 쇼군이 지방의 슈고다이묘에게 머리를 조아리며 도움을 요청했던 것이다.

1508년 4월 서부 일본의 실력자 오우치 요시오키大内義興가 전 쇼군

오닌의 난 때 전투하는 무사들,「真如堂縁起絵巻」

요시타네를 앞세우고 교토로 입성했다. 그러자 11대 쇼군 요시즈미는 오미 지역으로 도망했다. 아시카가 요시타네는 오우치 요시오키의 무력을 배경으로 다시 쇼군의 지위에 올랐다. 그러나 쇼군 요시타네는 1521년 3월 호소카와 다카쿠니細川高国의 압박을 견디지 못하고 아와지淡路로 도망했다. 그러자 같은 해 12월 호소카와 다카쿠니는 11대 쇼군 요시즈미의 아들 아시카가 요시하루足利義晴를 12대 쇼군으로 옹립했다. 그러나 1546년 요시하루 역시 호소카와씨에 의해 추방되고, 그의 아들 아시카가 요시테루足利義輝가 13대 쇼군이 되었다. 그런데 13대 쇼군 요시테루는 1565년 5월에 마쓰나가 히사히데松永久秀에게 암살되었다. 막부의 권위가 실추하면서 하극상 풍조가 만연했다.

2. 센고쿠다이묘의 출현

　전국시대에 강력한 무력을 구비하고 영국의 토지와 농민을 일원적으로 지배하는 권력자가 출현했다. 그들은 스스로 쟁취한 영토의 지배를 위해 상위 권력을 반드시 필요로 하지 않았다. 이와 같이 일본 여러 지역을 분할해 지배하던 군웅을 센고쿠다이묘戰國大名라고 한다.

　센고쿠다이묘는 장원체제를 완전히 부정했다. 센고쿠다이묘가 지배하는 지역을 분국分國이라고 했다. 센고쿠다이묘 중에는 다테씨伊達氏·시마즈씨島津氏·오토모씨大友氏·이마가와씨今川氏·다케다씨武田氏 등과 같이 슈고다이묘에서 성장한 경우도 있었으나, 우에스기씨上杉氏·아사쿠라씨朝倉氏·오다씨織田氏·마쓰다이라씨松平氏·모리씨毛利氏 등과 같이 각 지역의 토호나 슈고다이묘의 가신이 주군을 몰아내고 센고쿠다이묘로 성장한 경우가 대부분이었다.

　선진지역인 기나이畿內에서는 고쿠진國人들이 항쟁을 되풀이했기 때문에 센고쿠다이묘가 출현하지 못했다. 그러나 후진 지역에서는 유력한 센고쿠다이묘들이 힘을 축적했다. 동북 지방에서는 다테씨伊達氏를 비롯해 아이즈會津의 아시나씨芦名氏, 데와出羽의 모가미씨最上氏, 무쓰陸奧의 난부씨南部氏 등이 할거했다. 16세기에 들어와서 다테 다네무네伊達稙宗가 새로운 영국 지배의 기초를 구축했고, 그 아들 마사무네正宗가 아시나씨를 멸망시키고 세력을 확장했다.

　규슈의 북부에서는 류조지씨竜造寺氏·아리마씨有馬氏·오무라씨大村氏 등이 대두했다. 슈고에서 성장한 오토모씨大友氏는 분고豊後(지금의 오이타현大分縣)를 중심으로 규슈 북부를 통일했다. 오토모씨와 같은 구세력으로 사쓰마薩摩·오스미大隅(지금의 가고시마현鹿兒島縣) 지방을 지배하던 시마즈씨島津氏도 여전히 강성했다. 시코쿠四國의 도사土佐(지금의 고치현高知縣)에서 조소카베씨長宗我部氏가 성장해 시코쿠를 통일했다.

주고쿠中國 지방에서는 아마코씨尼子氏가 이즈모出雲(지금의 시마네현島根縣 동반부)·이와미石見(지금의 시마네현 서반부) 지역을 지배했다. 아마코씨는 산인山陰에서 아키安芸(지금의 히로시마현廣島縣 서반부)·빈고備後(지금의 히로시마현 동부)에 걸치는 거대한 영국을 형성했다. 오우치씨大內氏는 스오周防·나가토長門 지역을 지배했다. 16세기 중반에 오우치씨가 가신인 스에 하루카타陶晴賢에게 멸망하자, 아키의 고쿠진에서 성장한 모리 모토나리毛利元就가 다시 스에 하루카타를 멸망시키고 스오·나가토 지역을 장악했다. 모리 모토나리는 이윽고 아마코씨의 지배 지역도 손에 넣었다.

관동 지방에서는 호조씨北条氏가 대두했다. 본래 이세씨伊勢氏라고 알려져 있으나 신분도 확실하지 않은 호조 소운北条早雲이 이즈伊豆 아시카가씨의 내분을 교묘히 이용해 그 지역을 쟁취했다. 그리고 사가미相模(지금의 가나가와현神奈川縣)로 진출해 오다와라小田原에 본거지를 두고 강대한 영국을 건설했다.

중부 일본 지역에서는 에치고越後(지금의 니이가타현新潟縣)의 우에스기 겐신上杉謙信이 두각을 나타냈다. 그는 가이甲斐(지금의 야마나시현山梨縣)를 통일하고 세력을 확대하던 다케다 신겐武田信玄과 대립했다. 남북조 시대 말기 이래 시바씨斯波氏가 지배하던 영토는 아사쿠라씨朝倉氏·이마가와씨今川氏·오다씨織田氏에 의해 분할되었다. 에치젠은 아사쿠라씨, 오와리尾張는 오다씨, 도토우미遠江는 이마가와씨가 차지했다. 16세기에 들어와서 이마가와씨가 슨푸駿府에 근거지를 두고 도토오미와 미카와에 이르는 광대한 영국을 형성했다. 그리고 신원도 확실하지 않은 사이토 도산斎藤道三은 미노美濃(지금의 기후현岐阜縣 남부)의 슈고였던 도키씨土岐氏을 몰아내고 그 지역을 차지했다. 오미近江의 아자이씨浅井氏는 주군인 교고쿠씨京極氏의 실권을 빼앗은 후 성장했다.

센고쿠다이묘는 분권적인 봉건제 영주로서의 성격을 강화했다. 그들은 부국강병을 기치로 내걸고 영국의 지배를 강화하는 데 힘썼다. 농업생산력을 높이기 위해 농민을 통제하고, 실전에서 승리할 수 있는 전투력을 갖춘 가신단을 편성하고, 농민과 가신단을 효율적으로 통제하기 위해 분국법分國法을 제정했다. 이러한 영국 지배체제를 다이묘영국제大名領國制라고 한다.

센고쿠다이묘는 이미 무로마치 막부의 통제에 따르지 않았다. 그들은 독립된 소국가의 지도자였다. 센고쿠다이묘는 장원영주와 토착 영주가 지배하던 토지를 빼앗아 그것을 가신들에게 나누어주는 정책을 추진했다. 분국은 센고쿠다이묘가 독자적으로 지배하는 영역이었다. 센고쿠다이묘는 각 촌락의 무사를 직접 생산에서 분리해 가신단에 편성했다. 센고쿠다이묘는 가신들을 성곽 주변에 거주하도록 했다. 이런 정책을 병농분리兵農分離라고 한다.

가신들은 다이묘의 일족으로 구성된 이치조쿠슈一族衆, 남북조 내란 때부터 가신단에 편입된 후다이譜代·구니슈国衆, 그 후 새로이 가신단에 편성된 도자마外様·신산슈新参衆 등으로 분류되었다. 가신단의 휘하에는 로토郎党 · 주겐仲間 · 고모노小者 등이 있었다. 그 밖에 경보병으로 적진의 정찰 · 방화 · 매복 등의 임무를 수행했던 아시가루足軽가 있었다.

가신들은 메쓰케目付라는 관리에 의해 통제되었다. 가신 상호간의 사적인 동맹은 금지되었다. 영주가 무사의 가문에 분배한 영지인 지교치知行地는 자유롭게 처분할 수 없었다. 지교치는 원칙적으로 분할상속이 금지되고 장자 단독상속이 장려되었다. 혼인도 주군의 허가를 받아야 했다. 형벌은 가혹했으며 사사로이 다투었을 경우에는 시비를 논하지 않고 양편을 함께 처벌했다. 복수의 근원을 없애기 위해서였다. 이와 같은 처벌 방식을 겐카료세이바이喧嘩両成敗라고 했다. 법을 범한 자는 엄벌에 처해졌다. 개인의 죄를 일족에게도 책임을 묻는 연좌법이 적용되었다.

3. 오다 노부나가와 도요토미 히데요시

전국시대 후기부터 통일의 기운이 조성되기 시작했다. 센고쿠다이묘 중에서 통일의 선두 주자로 두각을 나타내기 시작한 것은 오와리尾張 지방의 오다 노부나가織田信長였다. 그의 이름이 천하에 알려지게 된 것은 1560년 5월 오케하자마桶狭間 전투에서 승리하면서부터였다.

노부나가는 당시 일본에서 가장 강력한 다이묘로 알려져 있던 스루가駿河(지금의 시즈오카현静岡縣 중부) 지방의 다이묘 이마가와 요시모토今川義元의 대군을 오케하자마에서 물리쳤다. 3,000명도 안 되는 오다군이 3만 명이 넘는 이마가와군과 싸워 크게 이겼다. 소수의 병력으로 대군을 격파하면서 오다 노부나가가 일약 유명해졌다.

이때 이마가와 요시모토에게 인질로 잡혀있던 도쿠가와 이에야스德川家康가 이마가와씨의 지배에서 해방되어 미카와三河(지금의 아이치현愛知縣 동부) 지역을 탈환했다. 오다 노부나가는 도쿠가와 이에야스와 동맹을 맺어 배후의 우환을 없앤 다음, 서부 일본 지역 공략에 전념했다. 1567년에는 사이토씨斎藤氏가 지배하던 미노美濃 지역을 정복하고 본거지를 기후岐阜로 옮겼다. 1568년에는 오미近江 지역의 롯카쿠씨六角氏를 멸망시키고 교토로 입성했다.

노부나가는 조카마치城下町에 상공업자를 유치하고, 상업을 촉진시키는 정책을 추진해 도시를 번영시켰다. 독점 상인의 특권을 폐지하고, 시장세를 면제하기도 했다. 훗날 도요토미 히데요시豊臣秀吉도 조카마치를 건설하면서 이러한 제도를 계승했다.

노부나가는 교토 지역의 사원과 신사, 그리고 기나이畿内의 여러 도시를 지배 하에 두었다. 특히 경제와 기술의 선진 지역이며 국제 항구였던 사카이堺를 장악했다. 노부나가는 천황天皇의 권위를 배경으로 여러 다이묘들을 차례로 굴복

오다 노부나가 초상

시켰다. 경제·정치면에서 유리한 입장에 선 노부나가는 통일 사업을 박차를 가했다.

노부나가는 자신이 옹립한 무로마치 막부의 15대 쇼군 아시카가 요시아키足利義昭와 사이가 벌어지자, 1573년에 쇼군 요시아키를 교토에서 추방했다. 그동안 형식적으로나마 명맥을 유지하던 무로마치 막부가 멸망했다. 그 사이에 노부나가가 가장 두려워했던 다이묘 다케다 신겐武田信玄과 우에스기 겐신上杉謙信이 연이어 병사하는 우연도 일어났다.

노부나가의 통일 사업에 끝까지 걸림돌이 되었던 것은 정토진종淨土眞宗 신도들, 즉 잇코잇키一向一揆 세력이었다. 잇코잇키의 지도자인 겐뇨顯如는 지금의 오사카 지역인 이시야마혼간지石山本願寺에서 각지의 신도 조직을 통솔하면서 10여 년간이나 오다군과 싸웠다. 노부나가는 각 지역의 잇코잇키 세력을 제압한 후, 1580년 이시야마혼간지 공격을 개시했다. 노부나가는 천황의 중재로 혼간지 측과 강화를 맺는 형식으로 전쟁을 종결지었다.

1582년 6월 소수의 병력을 이끌고 서부 일본의 모리씨毛利氏를 공략하던 도요토미 히데요시를 격려하러 가던 노부나가가 도중에 교토의 혼노지本能寺에서 숙박했다. 그날 밤 노부나가의 가신 아케치

오다 노부나가 묘 - 다이토쿠지 소재

미쓰히데明智光秀가 혼노지를 기습했다. 노부나가는 스스로 활을 쏘면서 대항하다가 장렬한 최후를 맞이했다. 노부나가의 큰아들 노부타다信忠도 전투 중 사망했다.

노부나가가 급사한 후, 도요토미 히데요시豊臣秀吉가 후계자의 지위를 쟁취했다. 도요토미 히데요시의 원래 성명은 기노시타 도키치로木下藤吉郎였다. 그는 1570년부터 무장으로 두각을 나타내면서 다이묘의 반열에 올랐다. 성명도 하시바 히데요시羽柴秀吉라고 바꿨다. 히데요시 38세 때의 일이었다. 히데요시는 1581년의 돗토리성鳥取城 포위작전과 다음 해의 다카마쓰성高松城 포위작전으로 일약 유명해졌다.

다카마쓰성에서 모리군毛利軍과 대치하고 있을 때, 오다 노부나가가 사망했다는 소식을 들은 히데요시는 즉시 강화를 맺고 회군했다. 그리고 교토 서쪽의 야마자키山崎 전투에서 아케치 미쓰히데 군대를 무찔렀다. 1583년에는 상관이었던 시바타 가쓰이에柴田勝家를 오미 지역의 시스가타케賤ヶ岳 전투에서 물리치고 최고 실력자가 되었다. 히데요시는 오사카성大坂城을 건설하고 전국 통일의 거점으로 삼았다.

히데요시는 정적 노부가와 이에야스德川家康를 외교로 복속시키는 수완을 발휘했다. 1585년에는 시코쿠의 조소카베 모토치카長宗我部元親를 굴복시켰고, 이어서 주고쿠中國 지방의 모리씨毛利氏와 에치고越後에 본거지를 둔 우에스기씨上杉氏를 굴복시켰다.

1585년 7월 히데요시는 간파쿠関白의 지위에 오르고, 다음 해 12월에는 다이조다이진太政大臣이 되었다. 천황은 히데요시에게 도요토미豊臣라는 성을 하사했다. 이윽고 히데요시는 간파쿠의 지위를 조카인 도요토미 히데쓰구豊臣秀次에게 물려주고, 스스로 다이코太閤라 칭했다.

1587년부터 1590년까지 규슈·관동·동북 지방의 여러 다이묘들을 차례로 복속시켰다. 히데요시는 먼저 규슈의 시마즈씨島津氏를 공략했다. 시마즈씨는 히데요시가 25만의 병력을 동원해 공격하자 순순히 항복했다. 이어서 관동 지방을 지배하던 호조씨北条氏를 멸망시켰다. 호조씨를 공략하는 중에 동북 지방의 실력자 다테 마사무네伊達政宗가 복속했다. 도요토미 정권에 끝까지 저항했던 잇코잇키 세력도 진압되었다. 전국이 통일되었다.

도요토미 히데요시 초상

 도요토미 히데요시는 오다 노부나가가 실시한 것보다 더욱 철저한 겐치検地, 즉 토지조사 사업을 실시했다. 히데요시의 겐치는 1582년에 시작되어 1598년까지 계속되었다. 중앙에서 관리가 파견되었고, 전국적으로 거의 동일한 기준이 적용되었다. 겐치에 저항하는 자들은 가혹한 처벌을 받았다.

 겐치의 목적은 경작지의 면적과 생산량을 파악하는 것이었다. 먼저 경작지의 면적을 측정하고, 그 다음에 생산량을 산출했다. 겐치의 결과 전국의 경작지와 생산량이 산술적으로 파악되었다. 경작자도 함께 파악되었다. 농민의 숫자는 물론, 특정 농민의 성별, 나이, 신체상태 등이 파악되었다. 예를 들면, 어떤 마을의 경작지가 몇 평, 생산량이 몇 석, 경작자가 몇 명, 이런 식으로 세밀하게 파악되어 장부에 기재되었다. 도요토미 히데요시는 전국의 경작지·생산량·경작자를 장악할 수 있었다. 이와 같이 철저한 토지조사 사업은 어떤 다이묘도 시도하지 못한 것이었다.

병농분리가 보다 명확한 형태로 드러난 것이 가타나가리刀狩 정책이었다. 가타나가리는 서민이 소지하는 무기를 몰수해 무장해제 시키는 것이었다. 히데요시는 서민이 무기를 소지하면 무장 봉기를 일으키는 원인이 된다고 생각해서 가타나가리령을 내렸다.

가타나가리라고 하면 일반적으로 1588년 7월에 시행된 히데요시의 가타나가리령을 가리킨다. 히데요시는 가타나가리를 통해 병농분리를 완성하려고 했다. 농민은 농구를 소지하고 농업에 종사해야 마땅하고, 무기를 손에 들고 싸우는 것은 바람직하지 않다는 점을 강조했다. 이 말은 결국 무기는 본래 전투원인 무사가 독점해야 한다는 말이었다.

4. 천도사상과 무사의 도리

전국시대 일본인들은 천도天道란 인간의 운명을 좌우하는 보이지 않는 힘이라고 생각하고 있었다. 센고쿠다이묘들도 선과 악이라는 윤리적 기준으로 측정할 수 없는 운명이 있다는 것을 믿고 있었다. 우에스기 사다마사上杉定正, 아사쿠라 다카카게朝倉孝景, 사가라 나가쿠니相良長

国, 모리 모토나리毛利元就 등 유력한 센고쿠다이묘들은 자신들이 생존해 있는 것 자체가 신기한 일이라고 고백하고 있다. 특히 모리 모토나리는 운명의 신비함을 절절하게 느끼고 있었다. 어느 날, 모리 모토나리는 자기가 살아온 지난날을 다음과 같이 회상하며 감회에 젖었다.

내가 생각해도 인생 역정이 신기하고 이상했다. 40여 년 동안 수많은 위기를 극복하고 살아남았다. 생각해보면 내가 지략이 남보다 뛰어났던 것도 아니고, 용기가 출중했던 것도 아니었다. 특출한 재능이 있었던 것도 아니었다. 그렇다고 마음이 정직하지도 않았고, 당당하게 정도를 걸어온 인생도 아니었다. 인물이 출중하거나 신앙심이 깊어 신불神仏의 가호를 입을 만한 인간도 아니었다. 그런데 내가 어떻게 해서 이렇게 성공한 인간이 될 수 있었는지 정말 나도 알 수가 없는 일이다.

천도의 이러한 신비적 측면은 오히려 센고쿠다이묘들에게 현상타개의 활력을 제공했다. 그들은 위기에 직면해서도 절망하지 않았다. 천도의 보살핌을 기대했고, 기회가 도래하면 모든 것을 천도에 맡기고 전쟁을 감행했다. 전쟁에서 승리하면 천도가 자기편이라고 기뻐했고, 패배해도 천도의 뜻이라고 믿고 체념했다. 어느 편이 승리하거나 패배해도 그 결과는 천도에 의해 긍정되었다.

센고쿠다이묘들은 전쟁에 임할 때 적의 도덕성이나 윤리성을 공격하면서 적이 천도에 역행한 자라는 점을 강조했다. 그리고 자신은 천도를 위배한 자를 정벌한다는 논리를 내세우며 침략을 정당화했다. 다케다 신겐武田信玄은 무로마치 막부 15대 쇼군 아시카가 요시아키足利義昭의 밀명을 받고 오다 노부나가를 치기 위해 군사를 일으켰다. 신겐은 노부나가를 "성현의 도에 의한 정치의 실현을 꿈에도 생각하려고 하지 않는 자"라고 매도하고, 그것은 곧 천도에 역행하는 것이라고 비난했다. 신겐은 노부나가의 도덕적 흠결을 부각시켜 자신의 군사행동을 정당화시켰던 것이다.

전국시대 일본인들은 승리가 곧 천도의 소재를 파악할 수 있는 유일한 증거라고 생각하고 있었다. 이러한 생각은 승리하는 자가 곧 천도에 의해 선택된 자라는 생각으로 발전했다. 센고쿠다이묘들은 전력을 강화하는 데 온 힘을 기울였다. 승리는 그들의 목표였다. 백전노장인 아사쿠라 노리카게朝倉教景는 다음과 같이 단언했다. "전투에 임하는 자는 개라고 불리던, 짐승이라고 불리던, 어쨌든 이기는 것이 가장 중요하다." 그는 또 인품의 여하를 막론하고 전투원으로서의 자질이 있는 무사가 천도의 보살핌을 받아야 한다고 주장하기도 했다.

천도사상은 무사도의 근원이었다. 오다 노부나가의 가신이었던 하야시 미치카쓰林道勝는 노부나가와 원만한 관계를 유지하지 못했다. 항간에는 미치카쓰가 반역을 꾀하고 있다는 풍문이 돌았다. 이러한 풍문이 노부나가의 귀에 들어가면 미치카쓰 자신뿐만이 아니라 그의 가문은 안전하다고 장담할 수는 없었다. 이러한 분위기 속에서 노부나가가 미치카쓰의 세력 하에 있는 나고야성那古野城을 방문하게 되었다. 이때 미치카쓰의 동생이 노부나가를 구금해 죽이려고 했다. 그러자 미치카쓰는 다음과 같이 말하며 동생을 만류했다. "3대에 걸쳐 은혜를 입은 주

제6장 전국시대의 정치와 사회 133

군을 불공하게도 여기서 공격해 죽게 할 수 없다. 천도가 두렵다."

도쿠가와 이에야스德川家康도 천도사상의 영향을 받고 있었다. 어느 날, 이에야스는 측근들과 이야기를 나누던 중에 다케다씨武田氏에 대해 평가하면서 다음과 같이 말했다. "다케다 신겐은 훌륭한 무장이었지만 친부인 노부토라信虎를 추방한 적이 있었다. 그의 아들 가쓰요리勝頼는 걸출한 맹장이었지만 운이 따라주지 않았고, 가신마저 이반해 허무하게 멸망했다. 그것은 천도가 신겐의 무도함을 미워했기 때문이다."

일찍이 다케다 신겐은 포악하기 그지없었던 아버지 노부토라를 유폐하고 영국을 경영했다. 신겐은 인간관계의 달인이었을 뿐만이 아니라, 전술·전략에도 능해 센고쿠다이묘들 중에서 천하를 쟁취할 수 있는 가장 유력한 무장 중의 한 사람이었다. 노부나가도 신겐을 무척 두려워할 만큼 강력한 군단을 거느리고 있었다. 신겐은 노부나가와 천하를 놓고 한판 승부를 벌이려고 출진했는데, 행군 중에 병으로 쓰러지고 말았다. 신겐이 사망한 후, 그의 아들인 가쓰요리가 가신단을 단합시키기 위해 혼신의 노력을 다했으나 결국 멸망하고 말았다. 도쿠가와 이에야스는 강력했던 다케다씨가 멸망한 원인을 다케다 신겐의 천도에 반한 행위에서 찾고 있었던 것이다.

이에야스는 1614년과 15년, 두 번에 걸쳐서 오사카성을 공격했다. 도요토미 히데요시의 아들인 히데요리秀頼가 자결하면서 도요토미씨가 멸망했다. 숙원을 달성한 이에야스는 슨푸駿府에서 실로 오랜만에 편안한 시간을 보내고 있었다. 이에야스는 도요토미 히데요시가 자신의 주군인 오다 노부나가의 가족들과 자손들에게 행한 행위를 회고한 적이 있었다.

히데요시는 비천한 신분임에도 불구하고 오다 노부나가의 각별한 은혜를 입고 출세해 종국에는 일본 최고의 실력자가 되었다. 그러나 히데요시는 평생을 주군과 그 가족들에게 머리를 조아린 것이 한이 되었던지, 권력을 장악하고 나서는 노부나가의 자손들을 죽게 하거나 치욕스럽게 했다. 이에야스는 이러한 사정을 소상하게 알고 있었다. 히데요시는 특히 오다 노부나가의 3남인 노부다카信孝를 비정하게 죽게 만들었다. 정권을 장악하는 데 걸림돌이 되었기 때문이었다. 이에야스는 이 사건을 돌아보면서 측근들에게 다음과 같이 말했다.

주군의 자손에게 도리에 어긋난 짓을 하는 것은, 그때의 권세에 의해 무사한 것같이 보이지만, 자손 대에 이르러서는 반드시 그 응보가 있다. 이번 오사카에서 도요토미씨는 5월 7일에 멸망했다. 오다 노부다카가 자결한 것도 5월 7일이었다. 천도는 이렇게 두려운 것이다.

07

전국시대 무사와 무사도

1. 죽음에 직면한 나날

난세

 전국시대는 자위自衛의 시대였다. 이 시대는 자신과 가족의 생명 그리고 재산을 스스로 지키지 않으면 안 되는 무법천지의 세상이었다. 당시 사람들도 자신이 살고 있는 세상을 난세亂世로 인식하고 있었다.
 전국시대의 삶은 긴장의 연속이었다. 저녁에 잠들면 아침에 살아서 일어난다는 보장이 없었다. 당시 사람들은 집을 나서면 모두가 자신의 목숨을 노리는 적이라고 생각하며 살았다. 잠시도 방심할 수 없었다.

다른 집에서 식사를 할 때는 정신을 바짝 차려야 했다. 혹시 음식에 독이 들어있을 수도 있고, 그 집의 주인이 불시에 공격을 감행할 수도 있었기 때문이다.

전국시대부터 무사들은 몸에서 도검을 잠시도 떼어 놓지 않게 되었다. 크고 작은 두 자루의 도검을 차고 다니게 되었다. 큰 도검을 가타나刀라고 했고, 작은 도검을 와키자시脇差라고 했다. 무사들이 외출할 때는 왼편 허리에 찬 두 자루의 도검에 목숨을 의탁했다. 집안에서도 와키자시는 항상 몸에 지니고 있었다. 부하들과 대화를 할 때는 말할 것도 없었고, 가족들과 식사를 할 때도 도검을 휴대했다. 그냥 가지고 있었던 것이 아니라 즉시 사용할 수 있는 상태로 칼집에서 칼을 약간 빼어서 칼날이 밖을 향하도록 놓아두고 식사를 했다. 변소에 갈 때도 도검을 휴대했다. 잠자리에 들어서도 도검을 이불 밑에 넣어두거나 머리맡에 있는 칼걸이에 즉시 뺄 수 있는 상태로 걸어두었다. 불시의 사태에 즉시 대응하기 위해서였다.

전국시대는 불신의 시대였다. 가족 이외에는 모두가 적이라고 생각하며 살았다. 친속도 부하도 믿을 수 없었다. 이니 가족도 믿을 수 없었는지 모른다. 실제로 동북 지방의 다이묘 다테 마사무네伊達正宗는 어머니에게 독살당할 뻔 한 적이 있었다. 다행히 음식물을 즉시 토해내어 목숨은 건졌지만 후유증에 시달렸다. 마사무네를 더욱 슬프게 했던 것은 음모의 배경에 친동생이 있었다는 사실이었다. 결국은 자기 손으로 어머니를 유폐하고 동생을 죽이지 않을 수 없었고, 그 마음의 상처를 평생 가슴에 담고 살아야 했다.

난세인 전국시대를 누구보다도 긴장하고 살았던 것은 센고쿠다이묘들이었다. 센고쿠다이묘는 작전을 잘 세우고, 전장에 나아가서 승리를 쟁취해야만 가문을 지킬 수 있었고, 자신이 이끄는 무사단 조직도 보전할 수 있었다. '일승일패는 병가의 상사[一勝一敗兵家常事]'라는 말이 있지만, 센고쿠다이묘에게는 단 한 번의 실패도 용납될 수 없었다. 한 번의 실패가 멸망의 원인이 될 수도 있었기 때문이다.

센고쿠다이묘들은 승리를 쟁취하기 위해 군사력을 증강했다. 그런데 군사력을 증강하려면 경제력이 튼튼해야 했다. 경제력을 튼튼히 하려면 농업 생산력을 높이지 않으면 안 되었다. 세수의 대부분을 농업 생산력에 의존할 수밖에 없는 시대였기 때문이다. 국부의 창출 방법의 하나로서 광산이 개발되었고, 특산품이 장려되었다. 부국강병 정책이 추진되었다. 다이묘는 통치자이며, 외교 담당자이며, 군사 지도자였다. 그중에서 뛰어난 능력과 강운을 타고 난 센고쿠다이묘만이 승리를 쟁취하면서 살아남을 수 있었다.

난세가 인간을 살기등등하게 만들었다. 아무리 다이묘라고 해도 처음부터 살육을 좋아하는 사람이 어디 있었겠는가? 패전은 엄청난 부담감을 다이묘에게 안겨 주었다. 한 번의 패전이 원인이 되어 다이묘와 그가 이끄는 무사단이 역사에서 흔적도 없이 사라질 수 있는 가능성이 항상 존재했다. 실제로 동부 일본의 최고 실력자였던 이마가와 요시모토今川義元는 1560년 5월 오케하자마桶狹間 전투에서 오다 노부나가의 기습으로 사망했고, 그날의 패배가 원인이 되어 이마가와 가문이 멸망했다. 이것이 난세의 실상이었다. 난세가 다이묘들을 비정한 인간성의 소유자로 만들었다.

다이묘의 인간성이라고 하면 막연하지만, 그것을 구체적으로 표현하면 인간으로서 자기의 생활에 얼마만큼 충실했고, 그것을 향상시키려는 욕구가 얼마나 강렬했는가에 초점을 맞추어 보아야 할 것이다.

다이묘들은 승려나 귀족과는 다른 존재였다. 난세의 현실에서 벗어날 수 없는 무사단의 수장이었다. 그런 의미에서 난세의 주역이었다. 그들은 피비린내 나는 전장을 누비면서 생사의 갈림길에서 인생의 가치를 발견하고, 언제 끝날지 모르는 인생을 충실하게 살려고 노력했다. 그런 진지한 삶의 방식은 상상을 초월하는 긴장감 속에서 숙성된 것이었다.

전국시대는 다이묘조차도 타국에 발걸음하면 그곳에서 죽임을 당해도 하소연할 수 없었다. 자기가 지배하는 지역에 있을 때에도 안심할 수 없었다. 언제 반역자가 나와서 목을 베어갈지 알 수 없었다. 실력이 있으면 다른 사람의 목숨도 쉽게 빼앗을 수 있었지만, 자신의 목숨도 항상 위험에 노출되어 있었다. 실력이 있으면 주군을 몰아내고 그 자리를 차지할 수 있었던 반면, 그 자리에 앉자마자 '아래 것들'의 반역 가능성을 봉쇄하기 위해 노심초사했던 것이 센고쿠다이묘들이었다.

전국시대는 명분도 도리도 없는 세상이었다. 오로지 강한 자가 승리하고 약한 자가 패배하는 세상이었으니, 승리하기 위해서는 수단과 방법을 가리지 않는 세상이었다. 그것은 이기느냐 지느냐, 사느냐 죽느냐의 양자택일만이 있는 세상이었다. 적당히 살아갈 수 있는 세상이 아니었다. 일촉즉발, 긴장감이 팽팽한 나날이었다. 삶과 죽음이 멀리 있지 않았다. 삶과 죽음의 경계가 백지 한 장보다도 얇았던 시대였다.

무상

　전국시대 다이묘들은 생사일여生死一如의 의미를 몸으로 체득하고 있었다. 센고쿠다이묘들은 사람의 목숨이 새털처럼 가볍다는 것을 경험을 통해 알고 있었다. 누구나 인생은 한 바탕 꿈과 같다는 말을 한다. 하지만 그 의미를 세포 하나하나에 새기면서 사는 사람은 거의 없을 것이다. 그런데 전국시대 사람들에게 인생무상이라는 말은 결코 지식 차원의 말이 아니었다. 생생한 체험에서 얻은 살아 있는 말이었다. 인생은 한 순간 일어나는 바람과 같은 것이고, 영화는 그야말로 뜬구름 같은 것이라는 것을 그들은 알고 있었다.

　우에스기 겐신上杉謙信이 죽음을 맞이하며 다음과 같이 인생을 회상했다. "사십구 년이 한순간의 꿈이더라. 생을 모르고 죽음 또한 모르노라. 한 시기의 영화는 한 잔의 술이더라." 겐신이 죽음에 임박해 돌아본 자신의 뒤에는 정말 아무 것도 남겨져 있지 않았다. 결혼을 하지 않았으니 자식도 없었다. 의리와 인정을 저버린 적이 없었으니 후회도 없었고, 애써 바라지도 않았으니 미련도 없었다. 영화 또한 허망한 것이니 애써 기억할 만한 것이 못되었다. 삶이 한순간의 꿈이었으니 남길만한 말도 없었다. 단지 불꽃처럼 타오르는 삶을 살다가 스러진 자리에는 삶의 궤적만이 바람처럼 공허할 뿐이었다. 그래서 겐신은 "모르겠노라."라는 말만 남기고 알 수 없는 곳으로 갔다.

　1560년 5월 19일 아침, 오다 노부나가織田信長는 자신의 영지를 침입한 이마가와 요시모토의 대군을 오케하자마에서 맞아 싸우기로 결심했다. 부채를 들고 춤을 추며 다음과 같이 노래했다. "인생은 오십 년,

하늘 아래를 둘러보건대, 한 바탕 꿈이어라. 한 번 목숨을 얻어, 멸망하지 않는 것이 있을 손가." 노래를 마친 노부나가는 군장을 갖추고, 선 채로 밥 한 술 물에 말아먹고, 성큼 말에 올라 죽음을 향해 돌진했다.

노부나가는 오케하자마 전투에서 크게 이겼다. 그는 3,000명 정도의 군대를 직접 이끌고 이마

아케치 미쓰히데 大阪府 本德寺 소장

가와 요시모토의 본진을 기습해서 총대장 요시모토의 목을 베었다. 그러자 4만에 가까운 이마가와군이 순식간에 궤멸되었다. 노부나가는 일본 전쟁사에 길이 남을 승리를 거두었던 것이다. 그 후 노부나가는 전국시대라는 싸움판에 혜성처럼 등장했다. 세상 사람들이 모두 놀랐다.

그런데 노부나가는 죽을 때도 세상을 놀라게 했다. 노부나가는 예상치도 못했던 부하의 반란으로 비참한 최후를 마쳤다. 잠자리에 들었다가 반란이 일어났다는 보고를 받은 노부나가는 직접 활을 쏘며 항전하기도 했으나 이미 대세가 기울었다는 것을 직감했다. 노부나가는 불타는 사원의 건물로 들어가 안에서 문을 걸어 잠그고 죽었다. 시신은 재가 되었다. 1582년 6월 21일 밤, 그의 나이 49세 때의 일이었다.

오다 노부나가는 꿈같은 49년을 살고 불꽃이 되어 하늘로 올라갔다. 젊은 시절, 오케하자마 전투에 출진하며 불렀던 노래가 자신의 운명을 예언하는 것이었음을 그는 알고 있었을까?

도요토미 히데요시豊臣秀吉는 62세까지 목숨을 연명했다. 그는 죽음에 임박해 다음과 같은 시 한 수를 읊었다고 전한다. "이슬처럼 떨어져 이슬처럼 지는 물방울이 이 몸이던가, 나니와難波에서의 일도 꿈속에 꿈이더라." 히데요시는 파란만장했던 자신의 삶이 단지 꿈이 아니라 꿈속에서 꾸는 꿈이라고 말하고 있다.

오사카성

나니와는 오사카성大坂城을 가리키는 말이다. 오사카성은 도요토미 히데요시가 직접 건설한 난공불락의 요새로 그의 권력을 상징하는 것이었다. '나니와에서의 일'이란 일본에서 가장 견고하고 아름답던 오사카성에서 있었던 가지가지 영화로운 일들을 말하는 것이었다.

히데요시의 성공담은 비참한 삶을 살았던 민중들의 꿈 그 자체였다. 히데요시도 자신의 성공담을 자랑삼아 이야기하곤 했다. 그의 권세는 하늘을 찔렀다. 그의 생각이 일어나서 임진왜란이 일어났다. 17만이 넘는 일본군이 바다를 건너와 7년 동안이나 한반도를 죽음의 세계로 몰아넣었다. 그의 말 한마디로 일본 열도가 발칵 뒤집혔고, 그의 싸늘

한 눈길 한 번으로 무사가 스스로 목숨을 끊어야 했다. 히데요시는 지엄한 법을 내세워 단 한 푼의 돈이라도 훔친 자는 사형에 처했다. 자신의 권력에 도전하는 자는 너무 가혹해서 차마 입에 올릴 수 없는 형벌로 다스려 목숨을 거두었다.

일찍이 역사상 그가 누린 것보다 더 큰 권세를 누린 사람은 많지 않았다. 그가 누린 것보다 더 사치스러운 삶을 산 사람은 많지 않았다. 그는 끊임없이 더 큰 것을, 더 많은 것을 갖고 싶어 했다. 걱정도 많은 사람이었다. 특히 병석에 누워서 죽어가면서도 어린 아들 히데요리秀頼의 앞날을 생각하느라 잠도 제대로 이루지 못했다. 도쿠가와 이에야스를 비롯한 측근들의 손을 잡고 눈물을 흘리며 히데요리의 뒷일을 부탁한 것이 한두 번이 아니었다. 그만큼 그는 미련이 많은 사람이었다. 그러나 병석에 누운 히데요시는 이미 천하를 호령하던 권력자가 아니었다. 늙고 추한 늙은이에 불과했다. 한때 생사여탈권을 한 손에 쥔 최고 권력자였던 지난날의 자신과 병석에 누워서 죽음을 기다리는 초라한 '지금'의 자신을 비교해 보면서 그는 어떤 생각을 했을까? 다른 사람보다 더 큰 허망감을 느꼈을 것이다. 그것은 절망에 가까운 무상함이었을 것이다.

전국시대 사람들이 느꼈던 무상함은 오다 노부나가의 일대기인『신초코키信長公記』를 저술한 무사이며 소설가인 오타 규이치太田牛一가 남긴 다음과 같은 노래 속에 그대로 담겨져 있다. "늙은이를 남겨두고 젊은이가 먼저 가는 세상이여, 나팔꽃이 저녁까지 기다리지 못하는구나."

도쿄대학東京大学 사료편찬소에 보관되어 있는 규슈九州 가고시마鹿兒

島의 다이묘 시마즈씨島津氏 가문에 속한 가신들의 가계보를 분석해 보면, 전국시대 무사들의 삶이 한눈에 들어온다. 시마즈 가문의 무사들은 대개 18세를 전후해서 전사하고 있다. 전사하지 않고 집에서 죽은 사람은 백 명에 한 명 정도라고 할 수 있다. 역사의 표면으로 나오지 못한 무수한 무사들의 죽음을 딛고 시마즈씨 가문은 역사에 그 이름을 전할 수 있었던 것이다. 이와 같은 사정은 다른 다이묘 가문도 마찬가지였을 것이다. 전국시대 무사의 일생은 그야말로 저녁때까지 기다리지 못하고 한 낮의 더위에 시들어 버리는 나팔꽃과 같은 운명이었던 것이다.

향내음

『오안모노가타리おあん物語』라는 기록이 있다. 이 기록은 이시다 미쓰나리石田三成를 섬겼던 무사의 딸로 훗날 아메노모리 기에몬雨森義右衛門의 처가 된 여인이 1600년에 일어난 세키가하라関ヶ原 전투에 참전해 직접 보고 경험한 것을 기록한 것이다. 이 기록에는 전쟁터의 풍경이 실감나게 묘사되어 있다.

여성들은 전쟁에 나아가 주로 허드렛일을 했다. 전쟁터에서 여성들이 담당했던 일은 의외로 많았는데, 이야기의 주인공인 오안은 적의 머리, 즉 수급을 관리하는 일을 담당하고 있었다.

전쟁이 시작되면, 무사들은 자신들이 벤 적의 수급을 들고 본진으로 돌아와 사무를 담당하는 관리에게 넘겼다. 그러면 사무 담당자는 그 수급에 번호표를 붙이고, 구비초首帳라는 장부에 적의 수급을 취한 무사의 이름과 수급의 특징을 기록했다. 자신의 수급이 장부에 등재되는 것을 지켜본 무사는 다시 전쟁터로 말머리를 돌려 적의 목을 베러 갔다.

번호표가 붙여진 채 땅바닥에 나뒹구는 적의 수급은 그야말로 피범벅이었다. 대부분이 눈을 부릅뜨고 이를 악물고 있었다. 머리카락도 흩어져 있었다. 혼신을 다해 싸우다 죽으면서 베어진 머리였다. 그 처절했던 순간이 죽은 무사의 얼굴 표정에 그대로 응축되어 있었다.

전투가 격렬해질수록 적의 수급이 산처럼 쌓였다. 자연히 여성들의 손놀림도 바빠졌다. 여성들은 수급을 본진의 후방으로 옮기고, 번호표 순서대로 정리했다. 일단 빨래대 같은 막대에다 수급을 매달아 요령 있게 보관했다.

일단 수급이 정리되면, 이번에는 수급의 얼굴에서 피를 닦아내고, 부릅뜬 눈을 감기고, 일그러져 굳어진 근육을 펴주는 작업을 하고, 헝클어진 머리를 빗겼다. 그런 다음 수급의 얼굴에 분을 칠했다. 무사의 아내는 아무리 적의 수급이라도 소홀히 다루지 않았다. 자기 남편도 목이 베어져 직진의 시체 창고에 보관되는 날이 있을 수 있기 때문이었다.

이렇게 수급을 정성스럽게 단장하는 이유는 전투가 끝나면 수급을 벤 무사가 직접 그것을 쟁반에다 받쳐 들고 주군 앞으로 나아가 대면하는 의식이 기다리고 있었고, 그때 총대장인 주군에게 혐오감을 주어서는 안 되었기 때문이다. 수급을 단장하는 또 하나의 이유는 비록 적이지만 죽은 무사의 얼굴을 치욕스럽게 하지 않기 위함도 있었다.

야전에서의 생활은 남성인 무사들보다도 여성들이 더 불편했을 것임에 틀림없다. 적과 대치하며 지루한 공방전이 계속되면 싸우는 무사들도 지쳤지만, 수급을 정리하는 여성들도 기진맥진했다. 전쟁터에서는 낮과 밤이 따로 없었다. 전투는 불시에 벌어지는 것이었다. 언제 또 수급이 산더미처럼 쌓여 여성들의 손놀림이 분주해질지 모를 일이었다. 적의 수급을 담당하는 여성들은 번갈아가며 피비린내가 진동하는 시체더미 옆에서 새우잠을 잤다.

전투가 계속되던 어느 날 밤이었다. 주인공인 오안이 밀려오는 졸음을 주체하지 못하고 시체더미 옆에서 잠시 눈을 붙이려고 누웠다. 그런데 이상하게 피비린내와 함께 향긋한 향내음이 코끝을 스치곤 하는 것이었다. 정신이 번쩍 든 오안은 향내음이 나는 곳을 찾기 시작했다. 향내음은 어떤 수급의 상투 속에서 나고 있었다. 그 무사의 상투 속에 향나무 토막이 넣어져 있었다. 최고급품이었다.

당시 향나무는 주로 동남아시아에서 수입되는 진귀한 것이었다. 비록 한 토막이라도 부르는 게 값이라고 할 정도로 비쌌다. 그런데 그 죽은 무사는 어떤 연유로 그런 고급 향나무를 상투 속에 정성스럽게 넣었을까? 또 그때 무슨 생각을 하면서 생애 마지막이 될지도 모르는 머리를 빗었을까?

전투가 시작되면 무사는 언제 죽을지 모른다. 적과 대전해 이긴다면 적의 목을 베어 들고 의기양양하게 개선하겠지만, 진다면 자신의 목은 적의 칼에 베어져 승리의 증거물이 되어버릴 것이다. 몸통은 산과 들에 버려져 썩어지겠지만, 피범벅이 되어 몰골사나운 자신의 수급은 적진의 한 구석에서 나뒹굴 것이다. 여러 사람의 손을 거쳐서 맨 나중에는 적진의 여성들이 머리를 빗기고 얼굴에 화장을 해 줄 것이다. 살아있다면 당연히 감사의 말을 건네야 할 것이다. 그러나 이미 죽은 자는 말을 할 수 없다. 미안한 일이 아닐 수 없다. 그래서 향나무의 주인공은 자신의 수급을 단장하는 이름 모를 적진의 여성에게 "잘 부탁합니다."라는 침묵의 메시지를 남겼을 것이다. 예의 바르고 생각이 깊은 그 무사는 죽은 다음까지도 신경을 썼던 것이다.

주인공 오안은 감동했다. 그래서 죽은 그 무사의 얼굴을 더욱 잘 닦고, 조심스럽게 눈을 감기고, 굳은 근육을 펴고, 정성스럽게 분칠을 했다. 기도하는 마음으로 머리를 빗겼다. 향나무 토막은 다시 상투 속에 넣어졌다. 다른 수급과는 달리 그 무사의 수급에서는 향내음이 났다. 모든 사람들이 그 무사의 마음 씀에 감동했다. 칭송하지 않은 자가 없었다. 그 무사는 죽어서도 명예를 지킬 수 있었다.

화려한 외출

무사들은 전쟁에 니아갈 때 요로이鎧라는 갑옷을 입고, 가부토兜라는 투구를 썼다. 요로이는 한국이나 유럽의 갑옷에 비해 매우 화려했다. 그것은 아마도 세계에서 가장 아름다운 갑옷일 것이다. 가부토는 요로이보다 더욱 화려하고 예술적이다. 무사의 출진 풍경을 묘사한 그림을 보면, 요로이와 가부토의 선명한 색상, 칼로 베어낸 듯이 힘 있고 절제된 디자인 감각에 압도된다. 어떤 무사는 향을 몸에 지녔고, 어떤 무사는 매화를 가지째 꺾어서 등에다 꽂아 장식하기도 했다.

일본 중세의 무사는 비록 전투원으로서의 기량은 있었으나 공부를 하지 않아서 거의 문맹에 가까웠다. 그런 무사의 어디에 그렇게 뛰어난 예술적 감각이 숨어 있었을까? 그런 무사가 어떻게 화려하고도 세련된 미의식을 추구하게 되었을까? 무사의 숙명에서 그 답을 찾을 수밖에 없을 것이다.

전장에서는 칼바람 한 번으로 삶과 죽음이 갈린다. 무사들의 목숨이란 풀잎의 이슬처럼, 바람 앞의 등불처럼 위태로운 것이었다. 가련한 것이었다. 무사

투구에 무사의 디자인 감각이 결집되어 있었다. 이 그림은 잎새 모양을 붙인 투구, 「島原の乱図屏風」, 秋月郷土館 소장

가 어느 봄날 화사하게 피었다가 바람 한 번 불면 일시에 지는 사쿠라꽃에 마음이 끌렸던 것도, 전장에 나설 때 사쿠라꽃처럼 화사한 요로이를 입고 가부토를 썼던 것도, 무사의 일생이란 잠시 존재하는 것이라는 것을 절절하게 느꼈기 때문일 것이다. 무사들은 살아 있는 동안에 멋지게 생각하고, 멋지게 행동하려고 했다. 그래서 그들은 멋있게 꾸미고 멋있게 싸웠던 것이다.

무사의 일상생활은 매우 검소했다. 하지만 비일상의 경우에는 매우 화려하게 단장했다. 비일상이란 보통 일상생활과는 다른 특별한 행사를 의미한다. 예를 들면 축제와 같은 경우가 비일상이라고 할 수 있다. 지금도 일본인들은 축제 때 최고급 옷을 입고 최고급품으로 꾸미고 외

출한다. 그런데 비일상성이 지배하는 가장 치열한 공간은 역시 전장이었다. 출진식은 바로 일상성에서 비일상성으로 '외출'을 선언하는 의식이었다.

검소하기로 유명했던 우에스기 겐신上杉謙信도 출진에 즈음해서는 매우 사치스러웠다. 일상생활에서는 밥 한 그릇에 반찬 한 가지로 식사를 마쳤던 그였지만, 출진을 앞두었을 때는 오다치메시お立ち飯라고 해서, 밥을 산처럼 많이 짓게 하고, 산해진미를 마련해 부하 장졸들이 마음껏 먹고 마시게 했다. 출진하는 무사들에게는 그것이 마지막으로 맛보는 음식일 수도 있었다. 출진할 때는 말을 타고 나아가나 돌아올 때는 말가죽에 싸여서 돌아올 수도 있었다.

도요토미 히데요시豊臣秀吉는 사치스럽기로 유명했다. 그는 오다 노부나가織田信長의 부장시절부터 매우 사치스러웠다. 히데요시가 12만 석의 영주가 되어 나가하마長浜에 입성할 때는 금실로 장식한 최고급의 요로이를 입고, 은으로 만든 가부토를 쓰고, 깃발에는 금으로 만든 표주박을 달고, 자주색 비단옷을 입은 무사들을 거느리고 있었다.

1587년 정월 어느 날, 규슈 북부에 있는 국제무역항 하카타博多의 호상 가미야 소탄神谷宗湛이 히데요시를 방문했

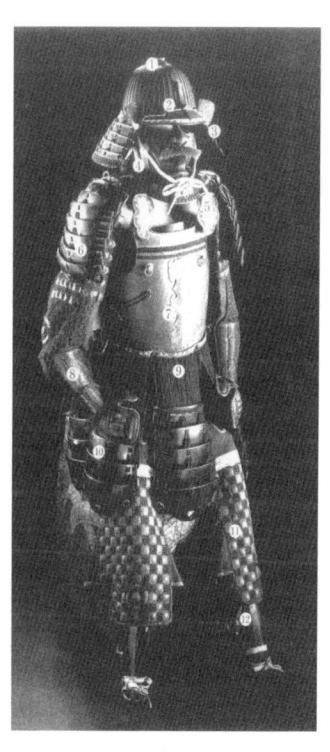

투구와 갑옷,
「鉄二枚胴具足」, 大阪城天主閣
소장

다. 그날은 마침 도요토미 히데요시가 규슈 남단을 지배하던 다이묘 시마즈씨島津氏를 치기 위한 작전명령을 하달하는 날이었다. 소탄은 그날 본 히데요시에 관한 일을 일기에 기록했다. 그 내용 중에는 히데요시가 입은 의상에 대해 자세하게 묘사하고 있는 대목이 있다.

히데요시는 최고급품의 중국 비단으로 만든 옷을 입었다. 그 옷은 길어서 땅에 끌리고 있었다. 히데요시의 허리에 화려하기 이를 데 없는 비단 허리띠를 두르고 있었다. 도검은 황금으로 장식한 것을 차고 있었다. 실질적인 출진식이었던 만큼 히데요시는 매우 사치스럽게 단장했던 것이다.

2. 긴장 속에 걸어온 승자의 길

호조 소운

전국시대를 성공적으로 헤쳐 나온 다이묘들은 승리에 승리를 쟁취한 인물들이었다. 그들은 동족간의 싸움, 주군과의 싸움, 다른 다이묘와의 싸움에서 승리를 거듭하면서 점차로 권력을 강화하는 데 성공한 존재들이었다. 그들은 안으로는 자신의 권좌를 노리는 부하들의 야심을 봉쇄하고, 밖으로는 사활을 건 다이묘 상호간의 투쟁에서 승리하면서 통치기반을 확립했다.

전국시대는 실력주의 시대, 약육강식의 시대였다. 이 시대에 실력 하나로 입신해서 광대한 지역을 지배하는 다이묘로 성장한 대표적인 인물이 호조 소운北條早雲이었다. 호조 소운은 시대를 통찰하는 혜안을 갖고 있었다. 그는 일찍부터 전국시대는 실력이 모든 것을 말하는 시대라는 것을 꿰뚫어보고 있었다. 실력이야말로 스스로를 지켜주는 최후의 동반자라는 것을 경험을 통해 알고 있었다.

『고요군칸甲陽軍鑑』에는 여러 다이묘들의 성격과 기질을 비교하고 있는 대목이 있는데, 호조씨는 특히 적의 허점을 찔러 공격하는 데 탁월한 재능이 있다고 평하고 있다. 『호조키北條記』를 비롯해 호조씨에 대해 기록하고 있는 이야기의 대부분이 호조씨는 대대로 지모에 뛰어났다고 증언하고 있다. 일단 적을 안심시켜 놓고, 적이 방심한 틈을 노려 기습해 순식간에 적을 멸망시킨다는 것이다.

호조 소운은 원래 근본도 알려지지 않은 사람이었다. 신분이 미천한 집안 출신이라고 알려지기도 했다. 그러나 그의 누이동생이 스루가駿河 지역의 명문 가문으로, 동부 일본에서 이름이 난 이마가와 요시타다今川義忠의 정실이었던 것을 보면, 본래 비천한 가문 출신은 아니었던 것 같다. 다만 누이동생에게 몸을 의탁하러 왔을 당시에는 떠돌이 신세였다는 것은 틀림이 없는 사실이었다. 그런 호조 소운이 어느 날 갑자기 성주가 되더니, 하루아침에 광대한 이즈伊豆 지역을 손에 넣은 센고쿠 다이묘로 변신했다.

호조 소운이 누이동생에게 몸을 의탁한 지 8년째 되던 1476년에 이마가와 요시타다가 전사했다. 그러자 후계자 계승을 둘러싸고 가신단이 분열되었다. 이때 호조 소운은 내분에 개입해 누이동생의 아들인 이마가와 우지치카今川氏親를 가독으로 세우는 데 성공했다. 호조 소운은 이때의 공훈으로 우지치카의 후견인이 되었다. 이때부터 소운은 야심을 불태우기 시작했다.

호조 소운

당시 동부 일본은 정치적으로 매우 혼란스러웠다. 무로마치 막부 6대 쇼군 아시카가 요시노리足利義教의 3남으로, 지금의 시즈오카현静岡縣일대를 다스리던 아시카가 마사토모足利政知가 사망한 후, 가신단이 분열되어 싸우면서 이즈 지역은 그야말로 무주공산이었다. 일찍부터 이즈 지역을 노리고 있었던 소운은 이즈의 토호들이 다른 곳으로 출진한 틈을 노려서 그 지역을 급습했다. 호조 소운은 순식간에 이즈 지역을 장악했다. 적이 방심한 틈을 노려서 하루아침에 광대한 지역을 손에 넣었던 것이다.

다이묘가 되어 전열을 가다듬은 호조 소운은 관동 지방을 노렸다. 기회는 의외로 쉽게 찾아왔다. 1494년 관동 지역을 다스리던 오다와라小田原 성주 오모리 우지요리大森氏賴를 비롯한 3명의 다이묘들이 잇달아 세상을 떴다. 그러자 관동 지방 일대가 일시적으로 군사적 공백상태가 되었다. 오모리 우지요리의 아들 후지요리藤賴가 오다와라 성주가 되었다. 하지만 그는 지도자로서의 역량이 부족한 귀공자였다. 호조 소운은 후지요리에게 접근했다. 후지요리는 호조 소운을 신뢰하게 되었다. 그러자 소운은 자주 오다와라성을 방문하며 분위기를 살폈다. 그러다가 1595년 사슴을 사냥한다는 구실로 몰이꾼으로 변장시킨 자신의 병사들을 오다와라성 영내에 침투시키고, 틈을 노려 오다와라성을 공격했다. 기습을 당한 오다와라성은 허무하게 함락되었다. 호조 소운은 이처럼 손아귀에 넣고 싶은 지역이 있으면, 일단 그 지역을 다스리는 다이묘와 친분을 두터이 한 다음에 적이 방심한 틈을 노려 기습하는 방법을 썼다. 이와 같은 방법으로 1512년에는 사가미相模 지역을 지배하던 미우라씨三浦氏의 본거지를 기습해 멸망시키고 영토를 차지했다.

전국시대 사람들은 적을 속이는 것도 실력이라고 생각했다. 호조씨가 적을 방심하게 해 놓고 기습하는 방법으로 영토를 확장한 것은 비난할 수 없는 일이었다. 오히려 비난을 받아 마땅한 것은 오다와라성의 성주 오모리 후지요리였다. 그의 가장 큰 잘못은 칼을 품고 접근한 호조 소운의 음험한 속내를 꿰뚫어 보지 못했다는 점이다. 그리고 적의 친절한 언동에 속아 방심하고 말았다는 점이다. 적에게 허점을 보였기 때문에 기습을 당했다는 것이다. 만약에 방심하지 않았다면 아무리 악랄한 호조 소운이라고 해도 그렇게 쉽게 공격하시 못했을 것이다. 제대로 방어도 해보지 못하고 멸망했다는 것은 오히려 수치스러운 일이었다. 그 시대 사람들은 이렇게 생각했던 것이다.

호조 소운은 적이 방심하도록 교묘하게 잔꾀를 썼고, 적이 속아 넘어가거나 방심하면 그 틈을 놓치지 않았다. 도둑의 마음은 도둑이 가장 잘 아는 법이다. 일생을 다른 다이묘들의 영지를 단숨에 훔치는 데 골몰했던 호조 소운이었다. 그는 방심이 얼마나 무서운 결과를 초래하는지 누구보다도 잘 알고 있었다. 호조 소운은 자손들을 위해 교훈을 남겼는데, 그 교훈을 관통하는 정신은 '방심하지 말라'는 것이었다.

다른 사람에게 속지 않는 것이 중요했다. 방심했을 때 적이 그 틈을 노려 공격해 온다. 방심하면 상대편에게 자기 마음이 읽혀져서 일생 씻을 수 없는 수치를 당하게 된다. 호조 소운은 자손들에게 방심하지 말라고 강조했다.

호조 소운은 방심하지 않는 것이 생활이 되어야 한다고 생각했다. 그래서 자손들에게 평소에도 방심하지 않고 생활하는 습관을 몸에 배도록 하라고 일렀다. 잠시라도 한눈을 팔거나 마음을 놓지 말고, 정신을 바짝 차린 상태로 성성하게 깨어 있으라고 했다. 일거수일투족 말 한 마디 행동 하나하나에 빈틈이 있어서는 안 된다고 강조했다.

우에스기 겐신

우에스기 겐신上杉謙信은 동북지방 최고의 실력자였다. 겐신은 센고쿠 다이묘 중에서 가장 의리를 무겁게 여긴 인물이었고, 또 도리에 벗어난 행동을 하지 않은 것으로 유명했다. 그래서 그에게는 항상 '정도를 걸은 인물'이라는 수식어가 따라다녔다. 그 자신이 의리와 도리를 중요하게 생각했던 만큼, 의리에 반한 행동을 하는 자나 도리에 벗어난 행동을 하는 자를 가장 미워했다.

우에스기 겐신은 적에게도 의리를 지켰다. 그에게는 전쟁에서의 승리보다도 의리가 더욱 중요했다. 그의 그러한 태도에 적들도 경의를 표했고, 의리에 관한 한 겐신을 절대적으로 신뢰했다. 숙적이었다고 할 수 있는 호조 우지야스北条氏康나 다케다 신겐武田信玄조차도 신겐을 신뢰했다.

매우 의심이 많았던 호조 우지야스는 다케다 신겐과 오다 노부나가를 표리부동

우에스기 겐신

한 인물이라고 경계하면서도 우에스기 겐신은 매우 신뢰할 수 있는 인물이라고 평가했다. 특히 다케다 신겐은 그의 아들 가쓰요리勝頼에게 다음과 같은 유언을 남겼다고 전한다. "우에스기 겐신과 같은 용맹한 자와는 전쟁을 해서는 안 된다. 우에스기 겐신은 부탁하면 반드시 들어주는 사람이다. 겐신에 의지해 나라를 지키도록 하라."

센고쿠다이묘들은 기존의 가치·권위·질서에 구애되지 않고 오로지 실력을 배경으로 지배지역을 넓히는 데 혈안이 되어 있었다. 16세기 중엽이 되면, 센고쿠다이묘들은 이미 천황의 권위는 물론, 무로마치 막부 쇼군將軍의 권력에도 복종하지 않았다. 그러나 겐신은 천황과 권위와 쇼군의 권력에 복종했다. 우에스기 겐신은 쇠퇴한 무로마치 막부를 재건해서 쇼군의 통치체제를 재건하는 것이 중요하다고 생각했다. 그래서 다른 다이묘들이 천황과 쇼군을 외면하고, 영토 확장에만 골몰하는 것이 못마땅했다. 그것은 도리에 부합되지 않는 악행이라고 생각했다. 또 겐신은 아무런 명분도 없이 다른 다이묘들의 영지를 공격하는

것 또한 도리에 벗어난 일이라고 반대했다. 실제로 우에스기 겐신은 자신의 영지를 확고히 방어하는 데 주력했을 뿐이었다.

겐신은 다른 다이묘들과 기질면에서도 달랐다. 『겐신카키謙信家記』에 의하면, 겐신은 자신을 다케다 신겐과 비교하면서 다음과 같이 말했다.

> 다케다 신겐은 승리를 중요하게 생각하는데, 그것은 영토를 많이 빼앗기 위한 속셈이다. 정말로 다케다 신겐은 지혜로운 대장이다. 그러나 나는 남의 영토를 빼앗는 것에 마음을 쓰지 않는다. 승리에도 신경을 쓰지 않는다. 눈앞에 닥친 싸움을 피하지 않으려고 할 뿐이다.

겐신은 병마를 거느리고 싸우는 전투 이외의 방법으로 적을 압박하는 것을 싫어했다. 한번은 이런 일이 있었다. 다케다 신겐이 인접해 있는 이마가와 우지자네今川氏眞의 영지를 집중 공략한 적이 있었다. 우지자네는 1560년 5월 오케하자마 전투에서 오다 노부나가에게 목숨을 잃은 이마가와 요시모토今川義元의 아들이었다. 우지자네는 괴멸해 가는 가신단을 추스르면서 집요하고도 철저하게 파고드는 다케다 신겐의 공략에 어렵게 대항하고 있었다. 수세에 몰린 우지자네는 전투 외적인 방법으로 다케다씨를 압박할 수 있는 방법을 생각해냈다. 그것은 바로 내륙에 위치한 다케다 신겐의 지배지역으로 소금이 유통되지 못하도록 막는 방법이었다. 우지자네는 다케다씨와 인접한 다이묘들에게 공조를 요청했고, 다른 다이묘들은 다케다씨를 멸망시킬 수 있는 묘책이라고 무릎을 쳤다. 우지자네는 다케다씨 영지와 서북쪽으로 인접해 있던 우에스기 겐신에게도 전략의 공조를 요청했다. 그러나 겐신은 우지자네의 요청을 거절했다. 그리고 부하들에게 명령했다. "소금 부족으로 인해 다케다씨 영내 백성들의 생활이 생각하는 것보다 훨씬 심각한 것 같다. 한시라도 빨리 소금을 다케다씨 영내의 백성들에게 공급하도록 하라." 겐신은 전장에서 싸워 이기는 것만이 진정한 승리라고 생각하고 있었다. 그 밖의 방법으로 적의 병사나 백성들을 고통스럽게 하는 것은 도리가 아니라고 생각했던 것이다.

겐신은 어떠한 경우에도 불리하다고 해서 싸움을 회피하지 않았다. 운명적으로 다가오는 피할 수 없는 싸움 또한 피하지 않았다. 명분이 분명할 때, 겐신은 분연히 일어나서 뒤를 돌아보지 않고 싸웠다. 일단 싸움에 나서면, 겐신은 매우 호전적인 사나이로 돌변했다. 그의 관심은 승리도 아니었고, 영토를 확장하는 것도 아니었다. 그는 명예롭게 싸우고 싶었을 뿐이며, 후세 사람에게 부끄럽지 않은 멋진 싸움을 하고 싶었을 뿐이었다. 그런 의미에서 겐신의 싸움은 지극히 순결했다.

우에스기 겐신은 전국시대 다이묘 중에서도 가장 금욕적인 인물이었다. 식생활도 매우 검소했다. 아침저녁으로 밥 한 공기, 국 한 그릇, 그리고 반찬 한 가지가 그의 식단이었다. 일식일찬 이었던 셈이다. 어떤 때에는 아무 반찬 없이 국 한 그릇만으로 식사를 하는 경우도 있었다. 술을 마실 때도 안주로 우메보시梅干라고 하는 매실장아찌 정도가 고작이었다. 의복도 매우 검소했다. 언제나 무명으로 지은 옷을 입었다. 그러면서도 그는 입버릇처럼 부자유스러움에 익숙하게 적응하는 것이 바람직한 무사의 자세임을 강조했다.

우에스기 겐신은 한때 진언종真言宗에 귀의한 승려였다. 그는 환속해 다이묘가 된 뒤에도 금욕생활을 그만두지 않았다. 그는 전투에 그의 몸을 헌신했다. 의용이라는 가치를 지키기 위해 일생을 기도하는 마음으로 살 것을 서약했다. 그는 속세의 일로 일희일비하지 않았다. 승리라는 목적도 이미 넘어선 그에게는 오로지 긴장감으로 팽팽한 과정으로서의 '오늘'이 있었을 뿐이었다. 그의 멋진 이미지는 바로 아무 욕심도 없으나 활활 타오르는 싸움에 대한 열정 속에서 형성되었던 것이다.

다케다 신겐

다케다 신겐武田信玄은 용장勇將의 풍모를 갖춘 인물이었다. 그는 13세가 되던 해에 처음으로 전투에 참가했고, 16세가 되던 해에는 소수의 결사대를 이끌고 방비가 삼엄한 적의 성을 공격해 승리의 실마리를 만드는 공을 세우기도 했다. 그를 따라다니는 수식어는 '가이甲斐의 호랑이'였다. 그것은 신겐의 용맹성을 상징하는 것이기도 했다.

신겐은 신중한 지장智將의 풍모를 갖춘 인물이었다. 신겐은 반드시 이긴다는 확신이 서지 않으면 싸움에 나서지 않았다. 말하자면 그는 돌다리도 두드려 건너는 사람이었다. 그의 신중함은 때로는 비겁한 것처럼 비쳐지기도 했다. 하지만 싸우면 반드시 이기는 무장이라는 신화를 만들어낸 것은 바로 그의 신중한 태도였다는 점을 간과해서는 안 될 것이다.

신겐의 전쟁 준비는 주도면밀했다. 적지에 첩자를 파견해 정보를 수집하고, 작전회의를 거듭하면서 필승의 전략을 수립했다. 아군들에게 반드시 승리할 수 있다는 확신을 심어주었고, 적의 후방을 교란하는 작전을 전개하면서 때를 기다렸다. 결정적인 기회가 왔다고 판단했을 때는 과감하게 움직였다. 필승의 작전을 구사해서 반드시 승리를 쟁취했다.

다케다 신겐

그의 싸움은 풍림화산風林火山이라는 말에 응축되어 있다. 이 말은 "달릴 때는 바람과 같이 빠르게, 머물 때는 숲과 같이 고요하게, 적을 공격할 때는 불과 같이 맹렬하게, 움직이지 않을 때는 산과 같이 무겁게"라는 의미라고 해석되고 있다. 이 말은 본래 손자병법 사상의 요체라고 알려졌는데, 다케다 신겐의 전술과 전략을 가장 잘 표현하고 있는 말이기도 했다.

전국시대는 다이묘가 영토를 확장하기 위해 이웃한 다이묘의 영토를 침략하는 것이 일상적인 일이었으며 또 당연한 일로 여겨졌다. 즉 침략 자체가 긍정되던 시대였다. 다케다 신겐은 지배 영역을 넓히기 위해 침략을 되풀이했다. 그는 철저하게 승리를 목표로 해서 싸웠다. 적이 허점을 보이면 집요하게 공격했다. 그 모습은 마치 표독하기 그지없는 승냥이와 같았다.

제7장 전국시대 무사와 무사도   159

다케다 신겐은 승리가 보장되지 않는다고 판단했을 경우에는 산처럼 움직이지 않았다. 그러나 그의 감각은 예민하게 반응하고 있었다. 그 모습이 마치 먹이를 기다리는 사자와 같았다. 그러다가 승리할 수 있다는 확신이 섰을 때는 바람처럼 빠르게 치달아 단숨에 적의 영토를 점령해 버렸다. 그 모습이 마치 용맹한 호랑이와 같았다.

우에스기 겐신이 명분주의자였다면, 다케다 신겐은 철저한 실용주의자였으며 승리제일주의자였다. 신겐은 승리하지 않으면 명예도 없다고 생각했다. 그에게는 승리 자체가 명예였다. 『고요군칸』의 기록에 의하면, 다케다 신겐은 38년 동안 단 한 번도 패전한 적이 없고, 단 한 번도 약한 모습을 보인 적이 없었다. 신겐은 기적에 가까운 무패의 전적을 쌓아 올렸던 것이다.

중국과 한국에는 '일승일패는 병가의 상사'라는 말이 있다. 싸움에서는 이길 때도 있고, 질 때도 있다는 말이다. 아무리 출중한 다이묘라도 싸움에서 한두 번은 질 수도 있는 일이다. 그러나 다케다 신겐은 싸움에서 처음에 한두 번 지더라도 최후에 승리하면 된다는 생각을 하지 않았다. 언제나 최후의 결전에 임하는 자세로 출진했다.

다케다 신겐은 인사의 귀재였다. 신겐은 사람의 능력을 꿰뚫어볼 줄 알았다. 용맹한 무사, 지략이 있는 무사, 사려가 깊은 무사를 잘 분별해 적재적소에 배치했다. 그리고 신상필벌주의로 부하들을 독려했다. 장수 밑에서 장수 난다는 말이 있듯이, '가이의 호랑이' 다케다 신겐 휘하에는 다케다 가쓰요리武田勝賴, 바바 노부후사馬場信房, 나이토 마사토요內藤昌豊 등 기라성 같은 맹장들이 포진하고 있었다. 그들은 신겐의 손에 목숨을 맡겼던 충직한 부하였을 뿐만 아니라, 어떤 일이든지 빈틈없이 수행할 수 있는 능력을 구비한 인물들이었다. 그들은 신겐의 분신과 같은 존재들로, 병사들을 바람처럼 몰고 다니면서 적진을 불처럼 유린했다.

일본 최강이라고 일컬어지던 다케다 군단의 위용은 바로 다케다 신겐의 용인술에서 나왔다. 신겐은 평소에 사람이 곧 성城이고, 담장이며, 해자라고 말했다. 그가 얼마나 사람을 중요시했는지 알 수 있는 말이다. 다케다 신겐의 부하들은 결코 엄폐물 뒤에 숨어서 싸우지 않았다. 싸우는 곳이 곧 진지라는 각오로 무장되어 있었다. 그래서 싸우면 반드시 이겼다.

신겐은 무사들 중에서 죽음을 각오한 자들을 선별해 중용했다.『고요군칸』을 보면, 다케다 신겐이 가장 강조했던 것은 사람을 가려서 쓰는 일이었다. 신겐은 훌륭한 무사와 그렇지 않은 무사에 대해 다음과 같이 말했다.

죽음을 각오한 무사는 모든 사람이 모두 자기와 같다고 보기 때문에 다른 사람에게 예의 바르며 신중하게 처신한다. 필요 없는 충돌은 피해 주군에게 누를 끼치지 않는다. 훌륭한 무사는 자기 자신이 납득할 때까지 바람직한 무사가 되기 위해 노력한다. 그리고 있는 그대로의 모습으로 세상을 살며 명예를 중요시한다. 그에 비해 신중하지 못하고 거짓으로 꾸미는 무사, 머리 회전이 빠르지만 마음속으로 이해타산에 골몰하는 무사는 모든 사람이 다 자기와 같다고 보기 때문에 사려가 깊지 못하고 다른 사람에게 예의가 바르지 못하다. 전쟁 상황이 우군에 불리하면 은혜를 저버리고, 의리를 망각하고 제일 먼저 도망한다. 그런 무사는 출세를 위해 인연을 찾아 줄을 선다. 소인배들을 불러들여 주군에게 소개하고 무리를 지어 권세를 휘두르며 충직한 무사를 음해한다.

다케다 신겐은 부하 장수들에게도 훌륭한 무사와 그렇지 않은 무사를 잘 분별해서 쓰는 것이 무엇보다도 중요하다는 점을 강조했다. 결국은 다이묘 가문의 운명은 총대장이 부하의 사람 됨됨이를 잘 분별해서 적재적소에 기용하는 데 달려 있었다고 할 수 있다.

모리 모토나리

16세기 중엽, 서부 일본에서 가장 영향력이 있었던 다이묘는 모리 모토나리毛利元就氏였다. 아키安芸 지방 한 시골의 토호 가문에서 태어난 모토나리는 당대에 교토 서쪽 지역 대부분을 지배하는 유력한 다이묘로 성장했다.

모리 모토나리가 지배했던 지역은 나가토長門, 스오周防, 이와미石見, 아키, 이즈모出雲, 빈고備後, 빗추備中(지금의 오카야마현岡山縣 서부), 비젠備前(지금의 오카야마현 동부), 오키隱岐(지금의 시마네현島根縣에 속한 섬), 호우키伯耆(지금의 돗토리현鳥取縣 일부), 다지마但馬(지금의 효고현兵庫縣), 이요伊予(지금의 에히메현愛媛縣) 등 13개 구니国를 헤아렸고, 영지의 생산량은 125만 석에 달했다.

모토나리는 관대하고 사려가 깊은 인물이었다. 그가 어렸을 때의 일이었다. 하루는 나들이 하던 중에 하녀가 그를 안고 개울을 건너다 넘어져서 모토나리를 물속에 빠뜨렸다. 하녀는 모토나리에게 머리를 조아리며 사죄했다 그러자 모토나리는 웃으면서 "길을 가다보면 간혹 있는 일이다. 너무 심려하지 말거라."고 말하며 용서했다.

모리 모토나리

모토나리가 관대한 성품을 지녔다고 해서 항상 너그러웠던 것은 아니었다. 이런 일도 있었다. 그가 어렸을 때, 관상용으로 키우던 닭이 여우에게 물려 죽었다. 모토나리는 산으로 올라가 굴속에 숨어있는 여우를 찾아내어 죽이려고 했다. 그 소식을 들은 그의 어머니가 하인을 보내서 "생명을 함부로 죽여서는 안 된다."고 타일렀다. 그러나 모토나리는 "가신들이 서로 싸워서 죄가 없는 자를 죽였을 때, 죄인을 처벌하지 않아도 된다는 말입니까?"라고 말하며 기어이 하인에게 여우를 찾아내어 죽이도록 했다.

모토나리는 좀처럼 속내를 드러내지 않는 매우 음험한 성격의 소유자였다. 모토나리 하면 모략의 귀재로 통하는 것에서도 알 수 있듯이,

제7장 전국시대 무사와 무사도 163

그는 병마를 거느리고 승패를 겨루는 전쟁방식보다 심리전으로 적의 힘을 소모하게 한 다음에 틈을 노려서 일시에 적을 멸망시키는 방식을 좋아했다. 그는 적의 내분을 조장하거나 이간질해서 서로 반목하고 질시하게 하는 데 남다른 재주를 지니고 있었다. 모토나리에게 멸망당한 다이묘들은 거의 모두라고 해도 좋을 만큼 그의 이간책에 놀아나서 자멸했다.

모토나리의 모략은 오우치씨大內氏와 아마코씨尼子氏를 멸망시키고 서부 일본의 실력자고 부상하던 시기에 최고조에 달했다. 당시 오우치씨 가문은 가로家老인 스에 하루카타陶晴賢가 실권을 장악하고 있었다. 1551년 9월 스에 하루카타는 모반을 일으켜 주군인 오우치 요시타카大內義隆를 자살하게 했고, 요시타가의 생질인 오우치 요시나가大內義長를 영입해 허수아비로 앉혀놓고 정권을 좌지우지하고 있었다. 그러자 오우치씨 가신단이 분열했다.

오우치씨 가문에 내분이 있어났다는 소식을 들은 모리 모토나리는 속임수를 써서 일을 꾸미기 시작했다. 먼저 오우치씨 후방에 있는 아마코씨를 대상으로 음험한 공작을 전개했다. 때마침 아마코씨의 총대장인 아마코 하루히사尼子晴久가 신궁당新宮黨의 횡포에 불만을 품고 있다는 정보가 입수되었다. 신궁당은 아마코씨 일족 중에서 가장 규모가 큰 군사집단으로, 아마코 하루히사의 숙부인 구니히사國久가 이끌고 있었다. 모리 모토나리는 신궁당의 군사력을 두려워하고 있었다.

모리 모토나리는 첩자로 하여금 사람을 아마코씨 영내로 끌고 가서 살해하게 하고, 그의 품에 한 통의 편지를 넣어 두도록 했다. 편지는 모토나리가 아마코 구니히사에게 보내는 것으로 되어 있었다. 그 편지의 내용에는 모리 모토나리가 아마코 구니히사에게 하루히사를 몰아내면 광대한 영토를 주겠다고 제안하는 내용이 포함되어 있었다. 그 편지는 즉시 하루히사에게 전해졌다. 하루히사는 숙부가 반역을 꾀하고 있다고 믿었다. 하루히사는 구니히사를 불러들여 죽이고, 신궁당의 군사조직도 해체시켰다.

모략으로 아마코씨 일족을 분열시키고, 아무런 힘도 들이지 않고 신궁당의 군사력을 해체시킨 모리 모토나리는 다시 오우치씨의 본거지인 야마구치山口에 첩자를 잠입시켰다. 모토나리는 첩자를 시켜서 스에 하루카타 휘하의 용장 에라 후사히데江良房栄를 자기편으로 끌어들이는 공작을 벌였다. 그러나 에라 후사히데는 모토나리의 덫에 걸려들지 않았다. 그러자 모토나리는 후사히데가 자신과 내통하고 있다는 소문을 퍼뜨렸다. 스에 하루카타는 좀처럼 그 소문을 믿으려 하지 않았다. 그러나 모리 모토나리의 끈질긴 공작에 드디어 하루카타의 마음이 흔들렸다. 스에 하루카타는 이윽고 에라 후사히데를 죽이고 말았다.

모리 모토나리는 아마코씨와 오우치씨의 가신단을 분열시키고, 적의 전력을 약화시키는 데 성공했다. 그런 다음 모토나리는 아마코씨와 오우치씨 사이를 이간해서 서로 싸우게 했다. 아마코씨와 오우치씨 가문은 서로 싸우면서 전력이 약해질 대로 약해졌다. 그러자 모리 모토나리는 드디어 군사행동을 개시해서 두 다이묘 가문을 무자비하게 멸망시켰다.

무로마치 막부 시대에 국제무역을 주도하며 일본에서 가장 강성한 다이묘로 일컬어졌던 오우치씨도, 오우치씨의 맞수로서 가장 강력한 다이묘 중의 하나였던 아마코씨도, 모리 모토나리의 음험한 모략에 걸려 자멸하고 말았던 것이다.

모리 모토나리는 남을 해치려는 목적으로 속임수를 써서 일을 꾸미는 데 한평생을 바친 사람답게 매우 의심이 많은 사람이었다. 그는 아무도 믿지 않았다. 모토나리는 장자인 모리 다카모토毛利隆元를 위해 특별히 교훈장을 남겼다. 거기에서 모리 모토나리는 "우리 집안을 진실로 위하는 자는 다른 지역 사람은 말할 것도 없고, 우리 가문에 속한 사람들 중에도 한 사람도 없다."고 단언하고 있다. 모토나리는 인간을 철저하게 불신하고 있었던 것이다. 그러한 성격은 그의 고독한 성장과정과 무관하지 않았다.

모토나리는 어린 나이에 어머니를 여의였고, 열 살 때는 아버지마저 세상을 떠났다. 고아가 된 모토나리는 모리씨 가문의 가신이었던 이노우에씨井上氏의 보살핌을 받으며 성장했다. 그 과정은 인고의 세월이었다. 이노우에씨의 전횡을 보고 들으면서도 참을 수밖에 없는 처지였다. 모토나리는 훗날 이노우에씨를 무자비하게 숙청했다. 그것은 인질에 가까운 생활을 했던 어린 시절이 너무도 한스러웠기 때문이었을 것이다.

모토나리는 고독 속에서 철저하게 자신을 단련했다. 그는 어떠한 경우에도 속내를 드러내지 않았다. 세상 돌아가는 것을 다 알면서도 때로는 속아주는 '지혜'도 갖추게 되었다. 한 번 적이라고 생각하면 반드시 복수하는 근성도 길렀다. 목표가 정해지면, 사전에 철저하게 준비해서 반드시 이루었다. 상황이 여의치 않을 때는 기다릴 줄도 알았다. 칼을 가슴에 품고 있으면서도 상대방을 감복시킬 수 있었고, 아무리 급박한 상황에서도 냉정함을 잃지 않았다.

모토나리는 동생을 죽이고, 장인을 죽이고, 부하를 죽이면서 권력을 강화했다. 아무리 골육상쟁과 하극상이 일상적인 시대였다고 하지만, 모토나리가 서부 일본의 패자로 부상하기까지의 과정은 그야말로 피로 얼룩진 나날이었다. 모토나리는 세 명의 아들에게 교훈장을 남긴 것으로 유명한데, 거기에는 모토나리 40년의 인생 역정이 고스란히 담겨져 있었다.

모토나리는 세 아들에게 다른 사람의 말을 믿지 말라고 충고했다. 설령 측근이라도 믿어서는 안 된다고 당부했다. 이러한 냉철한 현실인식 위에서 모리 모토나리는 자손들에게 모리 가문의 영원한 발전을 위해 헌신할 것을 당부했다. 모토나리가 원했던 것은 세 명의 아들이 장남인 다카모토를 중심으로 일치단결하는 것이었다. 그는 세 아들에게 "셋 중에 조금이라도 화합하지 않고 틈이 생기면, 오래지 않아서 세 사람이 다 멸망한다는 것을 알아야 한다."고 경고했다. 그리고 삼형제가 장자를 중심으로 단결하겠다는 서약서를 쓰게 했다.

이 일화는 훗날 각색되어 '세 개의 화살의 가르침'이라는 제목으로 일본의 소학교 교과서에 실리기도 했다. 한 대의 화살을 부러뜨리기는 쉽지만, 세 대의 화살을 합치면 부러뜨리기 어렵다는 이야기를 통해, 어린아이들에게 협력의 중요성을 깨우치게 하려고 했던 이야기가 바로 그것이다. 그 이야기의 대강은 다음과 같다.

옛날 어떤 늙은이가 임종에 즈음해 화살을 준비하게 했다. 그리고 세 아들을 모이게 했다. 먼저 아들들에게 차례로 화살 한 대를 꺾어보라고 했다. 세 명의 아들은 모두 아무 어려움 없이 화살을 꺾었다.

이번에는 화살 세 대를 한꺼번에 꺾어 보라고 했다. 세 아들은 차례로 화살을 꺾어 보았다. 이번에는 아무도 꺾지 못했다. 그때 늙은이가 말했다. "너희 한 사람 한 사람을 다른 사람들이 넘보는 것은 쉬운 일이다. 그러나 너희 세 사람이 힘을 합치면 다른 사람이 너희들을 결코 넘보지 못할 것이다."

3. 사나이가 걸어간 길

사나이의 선택

1614년 겨울과 다음 해인 15년 여름, 도쿠가와 이에야스德川家康는 오사카大坂 전쟁을 일으켰다. 이 전쟁은 이미 일본 열도를 손아귀에 넣은 도쿠가와 이에야스가 도요토미씨를 멸망시키기 위해 일으킨 전쟁이었다. 이때 전국시대 최후를 장식한 무사 세 명이 도요토미 히데요리豊臣秀頼의 요청으로 오사카성으로 들어가 도쿠가와 이에야스의 대군과 맞서 싸웠다. 고토 모토쓰구後藤基次, 사나다 유키무라真田幸村, 기무라 시게나리木村重成가 그들이었다. 그들은 도요토미씨를 위해 싸우다가 장렬하게 전사했다.

1598년 8월 도요토미 히데요시가 63세의 나이로 사망하고, 도쿠가와 이에야스가 실권을 장악했다. 1600년 9월 이에야스는 세키가하라関ヶ原 전투에서 도요토미씨 추종세력을 일거에 제거하고, 그들이 보유하던 영지 대부분을 몰수했다. 이때 히데요시의 아들 히데요리가 지배

하고 있던 영지도 상당부분 몰수되었다. 히데요리는 오사카 일대를 지배하는 일개 다이묘의 신분으로 전락했다.

1603년 2월에 도쿠가와 이에야스가 쇼군將軍에 취임하면서 에도 막부江戶幕府를 열었다. 그런데 이에야스는 쇼군에 취임한지 2년 만에 그 지위를 아들인 히데타다秀忠에게 물려주었다. 그러니까 오사카 전쟁은 에도 막부가 개설된 지 12년째를 맞이하는 해였고, 2대 쇼군의 통치가 벌써 10년째 지속되는 해이기도 했다. 10여 년의 세월은 결코 짧은 기간이 아니었다. 에도 막부가 정치체제를 충분히 안정시킬 수 있는 시간이었다. 일본은 이미 도쿠가와씨의 천하였다.

그러나 도쿠가와 이에야스는 도요토미 히데요리가 정치 세력화할 가능성이 있다고 우려하고 있었다. 그것은 결코 의심 많은 늙은 이에야스의 기우가 아니었다. 얼마든지 상상할 수 있는 시나리오였다. 실제로 도요토미씨는 오사카를 중심으로 하는 서부 일본에서 탄탄한 지지기반을 구축하고 있었다. 히데요시의 은혜를 입은 무사들과 서부 일본의 민중들은 도요토미씨의 몰락을 안타까워하고 있었다. 그들이 도쿠가와씨에게 보내는 시선은 싸늘했다. 너구나 오사카성에 있는 히데요리는 이미 준수한 청년으로 성장해 있었다. 사회가 혼란스러워지면, 도요토미 히데요리가 태풍의 핵으로 변화할 가능성이 있었다. 이에야스는 바로 그 점을 두려워했다. 그래서 무리를 해서라도 자신이 살아있을 때 도요토미씨를 멸망시켜 후환을 없애기로 결심했다.

고토 모토쓰구, 사나다 유키무라, 기무라 시게나리 이 세 명의 무장이 오사카성으로 들어가기 전부터 전세는 이미 도쿠가와씨에게 기울어져 있었다. 그들은 살벌한 전국시대를 헤쳐 나온 역전의 용사였다. 전쟁의 흐름과 전세를 읽는 데는 이골이 난 무사들이었다. 그들이 전세가 이미 도쿠가와씨에게 기울었다는 것을 모를 리가 없었다. 그럼에도 불구하고 그들은 기꺼이 오사카성으로 들어가 이에야스의 대군에 맞섰다. 왜 그랬을까?

1614년 겨울, 도요토미씨의 운명은 풀끝에 맺힌 이슬처럼 위태로웠다. 도요토미 히데요리는 도쿠가와 이에야스에게 쫓기는 상처 입은 사슴과 같았다. 위기감을 느낀 도요토미씨 측은 일정한 주군을 섬기지 않고 있던 로닌浪人들에게 오사카성으로 들어와서 싸워달라고 호소했다. 더욱 절실했던 것은 오사카성으로 들어온 로닌들을 지휘할 대장을 영입하는 일이었다. 그래서 위의 세 명의 무장에게 예의를 갖추어 도움을 청했다.

무사는 자기의 가치를 알아주는 사람을 위해 죽는 법이다. 의리 있는 무사는 자신을 믿고 의지하는 사람을 위해 살인이라도 불사하는 것이다. 진정한 무사라면 사냥꾼에게 쫓겨서 품속으로 뛰어든 가냘픈 생명을 보호하기 위해 어떤 희생이라고 감수하는 것이다. 기골이 있는 무사라면 강한 자에 맞서고 약한 자를 보호해야 마땅한 것이다. 위의 세 명의 무장이 스스로 오사카성으로 발걸음을 옮겼던 것은 어쩌면 당연한 일이었는지도 모른다.

천하 제일의 무장

고토 모토쓰구는 마타베에又兵衛라고 불리기도 했는데, 원래 구로다 요시타카黒田孝高와 그의 아들 구로다 나가마사黒田長政를 섬겼다. 구로다 나가마사는 임진왜란 때 제3군단을 이끌고 조선을 침략한 인물이었다. 고토 모토쓰구도 임진왜란 때 주군을 따라 종군했고, 1600년의 세키가하라 전투 때에는 도쿠가와씨 편에서 싸워 명성을 얻었다.

1604년 3월 구로다 요시타카가 사망한 후, 고토 모토쓰구는 구로다 가문을 떠났다. 구로다 나가마사와 사이가 벌어졌기 때문이다. 그는 방랑하는 로닌 신세가 되어 이곳저곳 유랑했다. 그러다가 오사카 전투가 임박했을 때 도요토미 히데요리의 부름을 받았고, 이번에는 도요토미씨 편에 서서 도쿠가와 이에야스와 대적하게 되었다.

그는 전형적인 전국시대 무장이었다. 주변의 분위기에 전혀 신경을 쓰지 않는 인물이었다. 그는 스스로 옳다고 생각하는 대로 행동했다. 『명장언행록名将言行録』에는 다음과 같은 일화가 전한다.

고토 모토쓰구가 구로다 나가마사를 따라 전투에 나갔다가 패전했다. 구로다 요시타카는 그 사실을 알고 크게 노했다. 그러자 나가마사를 비롯해 패전에 책임이 있는 무장들은 모두 머리를 삭발하고 근신했다. 하지만 모토쓰구는 태평했다. 머리를 삭발하지도 않았고, 여느 때처럼 거리낌 없이 돌아다녔다. 한 동료가 모토쓰구에게 삭발을 권유하며 근신하지 않으면 사람들의 구설수에 오른다고 충고했다. 그러나 모토쓰구는 듣지 않았다. 그는 다음과 같이 말했다. "이

전란의 시대에 한 번의 패배로 삭발을 할 수 있는가? 다음 전투에서 멋진 싸움을 보여주겠다." 모토쓰구는 크게 웃으며 호언장담했다. 실제로 그는 얼마 후에 벌어진 전투에서 눈부신 활약을 해서 주군인 구로다 요시타가를 크게 놀라게 했다.

고토 모토쓰구는 위선을 싫어했던 무사였다. 그는 새로운 주군인 구로다 나가마사가 마음에 들지 않았다. 다른 무사 같았으면 "주군이 주군답지 않아도 주군은 주군이다."라고 말하면서 나가마사를 섬겼을 것이다. 실제로 평화가 정착된 17세기 후기에는 그러한 무사가 가장 바람직한 무사라고 칭송되었다. 그러나 모토쓰구는 그러한 행동은 위선에 지나지 않았다고 생각했다. 본심을 숨기고 마치 충성스러운 신하인 것처럼 행동하는 것은 비열하기조차 한 것이었다. 진심으로 주군을 섬기지 않은 자는 진정한 의미의 충신이라고 할 수 없었다.

본심을 숨길 수 없었던 고토 모토쓰구는 구로다 가문을 떠나기로 결심했다. 어느 날, 모토쓰구는 1만6,000석의 영지를 미련 없이 버리고 떠났다. 그만큼 그는 물욕이 없었던 인물이었다. 그가 구로다 가문을 떠나 여행길에 올랐을 때, 모토쓰구의 인격을 흠모하던 수십 명의 무사들이 그와 행동을 함께 하려고 뒤를 따라나섰다. 그러나 모토쓰구는 부하 무사들을 간곡하게 만류해 돌려보냈다. 그리고 로닌이 되어 기약 없는 방랑길에 올랐다.

구로다 나가마사는 속이 좁은 인물이었다. 모토쓰구가 자기를 버리고 떠난 것에 대해 깊은 원한을 품고 있었다. 그래서 모토쓰구가 어디에서도 편안하게 지내지 못하도록 끈질기게 방해했다. 모토쓰구가 머무는 지역의 다이묘에게 그를 추방할 것을 요구하기도 했다. 그러나 모토쓰구는 나가마사의 끈질긴 방해공작에도 전혀 대응하지 않고 온갖 수모를 감수했다.

세월이 모토쓰구를 단련시켰다. 방랑하는 삶 속에서 인내의 한계를 극복했다. 과거에 누리던 영화는 잊어버렸다. 결코 남에게 대접받기를 원하지 않았다. 그에게는 집착해야 할 아무것도 남겨져 있지 않았다. 특별한 것을 구하는 마음도 없었다. 따라서 세상에 대한 미련도 없었다. 다만 순간순간 다가오는 것들을 성심을 다해 맞이하는 것이 그의 일상이었다. 모토쓰구는 가진 것을 조금씩 버리면서 늙었다. 그러나 그에게는 나이가 들어도 버릴 수 없는 것이 하나 있었다. 그것은 그가 평생을 목숨처럼 보듬고 살아온 무사로서의 자존심이었다.

고토 모토쓰구가 오사카성으로 들어왔을 때는 이미 오십이 넘은 나이였다. 그럼에도 그는 특별한 대우를 거부했다. 그는 부하 무사들과 같이 밥을 먹었고, 그들과 같이 새우잠을 잤다. 뜻하지 않은 재물이 손에 들어오면 부하들에게 아낌없이 나누어 주었다. 심지어 주군인 도요토미 히데요리가 은상으로 선물을 보내왔을 때도 그의 마음자세는 조금도 변함이 없었다. 전투에 필요한 물건은 받았지만 재물에는 일체 손을 대지 않았다.

고토 모토쓰구가 방랑할 때의 일이었다. 이름이 널리 알려진 모토쓰구를 맞아들여 부하로 삼고 싶어 하는 다이묘들이 많았다. 평소에 물욕이 없는 그였지만, 다이묘들이 그를 맞아들이려고 하면 상상을 초월하는 대우를 요구했다. 다이묘들은 조건이 맞지 않아서 그를 영입하는 것을 포기할 수밖에 없었다.

모토쓰구가 턱없이 높은 대우를 요구했던 것은 결코 욕심이 많아서가 아니었다. 무사로서의 자존심을 지키기 위해서였다. 그는 십 년이 넘도록 로닌 신세가 되어 이곳저곳을 전전했지만 한 번도 비굴한 적이 없었다. 비록 굶어 죽을지언정 천하제일의 무장으로서 자존심을 지키려고 했다.

모토쓰구가 오사카성에서 싸우고 있을 때, 도쿠가와 이에야스는 오사카성에 들어가 있는 명망 있는 무사들을 대상으로 매수공작을 벌였다. 모토쓰구의 용맹함과 인물 됨됨이를 잘 알고 있던 이에야스는 그에게 광대한 영지를 보유한 다이묘의 지위를 약속하며 회유했다. 그러나 모토쓰구는 자신을 알아주는 이에야스에게 감사의 예를 올리면서도 그 제안을 거절했다.

모토쓰구는 곤경에 처해 있는 도요토미씨를 차마 배반할 수가 없었다. 그것은 무사로서의 의리를 저버리는 일이라고 생각했다. 그에게 의리는 다이묘가 되어 자자손손 가문을 번성하게 하는 것보다 더 무겁고 중요한 가치였다. 강자에 맞서고 약자를 보호하는 무사의 기질이 모토쓰구를 오사카성에서 죽게 했던 것이다.

명문가 후예의 의리와 우정

사나다 유키무라는 강직하기로 이름난 사나다 마사유키眞田昌幸의 차남이었다. 유키무라의 형은 노부유키信之였다. 1600년 9월 세키가하라 전투가 벌어졌을 때, 마사유키는 두 아들을 불러놓고 동군, 즉 도쿠가와 이에야스 진영과 서군, 즉 이시다 미쓰나리石田三成의 진영 중 어느 편에 설 것이냐고 물었다. 마사유키는 이미 마음속으로 이시다 미쓰나리의 편에 서겠다고 결심하고 있었다. 도요토미 히데요시와 맺은 의리를 저버릴 수 없었기 때문이다. 유키무라는 아버지와 생각을 같이 한다고 대답했다. 그 길만이 무사로서의 의리를 지키는 길이라고 생각하고 있었던 것이다.

그러나 노부유키의 생각은 달랐다. 히데요시와의 관계는 그렇게 중요하다고 볼 수 없다고 생각했다. 히데요시와의 관계가 중요하다면, 이에야스와의 인연도 그만큼 중요하다는 것이었다. 아버지와 동생이 굳이 서군 편에 선다면 할 수 없는 일이지만, 자신은 보다 승리가 확실한 동군 편에 설 것이라고 말했다. 사나다 가문을 보존하는 것이 자신에게 주어진 사명이라고 생각했기 때문이다. 만일에 서군이 승리한다면 아버지와 동생에 의해 가문이 존속될 것이고, 동군이 승리한다면 자신이 가문을 지킬 것이라고 말했다. 유키무라는 형인 노부유키가 의리를 저버리고 이익만을 생각하고 있다고 공격했다. 그러나 마사유키는 아무리 형제라고 해도 각자의 도리에

사나다 유키무라

제8장 에도 시대의 개막 175

따라서 가는 길을 서로 탓할 수 없는 것이니, 노부유키는 자신의 신념에 따라 갈 길을 선택하라고 말했다. 하지만 마사유키 자신은 유키무라의 뜻에 동조하니 서군 편에 서서 싸우겠노라고 말했다. 마사유키는 장남인 노부유키와 결별했다.

마사유키와 유키무라는 시나노信濃(지금의 나가노현長野縣)에 있는 우에다성上田城에서 훗날 에도 막부의 2대 쇼군이 되는 도쿠가와 히데타다德川秀忠가 이끄는 3만8,000명의 대군을 맞아 싸웠다. 비록 도쿠가와 이에야스를 상대로 싸우지는 않았지만, 도쿠가와군의 주력부대는 사나다 마사유키와 그의 아들 유키무라가 이끄는 2,000명의 결사대에 발목이 잡혀 예정대로 진군할 수 없었고, 결국 세키가하라 전투에 참가하지 못하는 천추의 한을 남겼다. 전투는 그만큼 격렬했다. 마사유키와 유키무라 부자의 명성이 다시 한 번 크게 드날리게 되었다. 그러나 세키가하라 전투에서 도쿠가와 이에야스가 승리하면서 서군 편에 섰던 마사유키와 유키무라 부자는 패장이 되었다. 하지만 동군 편에 섰던 노부유키의 청원으로 목숨을 연명했다.

1614년 도쿠가와 이에야스가 도요토미씨를 멸망시키기 위해 다시 전쟁을 일으켰을 때, 사나다 마사유키는 이미 이 세상 사람이 아니었다. 유키무라는 이번에도 도요토미씨를 위해 싸웠다. 하지만 유키무라의 분투에도 불구하고 전세는 이미 도쿠가와 이에야스 편으로 기울고 있었다.

1614년 겨울의 전투는 가까스로 화의가 성립되어 휴전했다. 비록 휴전이 성립되었으나 유키무라는 곧 전쟁이 다시 시작될 것이라는 것을 알고 있었다. 이에야스가 다시 쳐들어오는 날에는 도요토미씨의 운명도 다할 것이라는 것도 알고 있었다. 그때에 자신은 도요토미씨와 운명을 함께 할 것을 다짐했다.

도쿠가와군이 철수한 후, 사나다 유키무라는 도쿠가와씨 편에서 싸웠던 친한 친구 하라 사다타네原貞胤를 초대했다. 영원한 작별인사를 하기 위해서였다. 사다타네도 그 만남이 마지막이라는 것을 직감하고 있었다. 두 사람은 하룻밤을 같이 보내며 우정을 나눴다. 그러면서도 사다타네는 유키무라에게 도쿠가와 이에야스 편에 서서 같이 싸우자는 말을 하지 못했다. 누구보다도 유키무라를 잘 알고 있었기 때문이다. 친한 친구가 내일이면 적이 되어 싸우지 않으면 안 되는 운명을 서글퍼할 뿐이었다. 이 만남에서 유키무라와 사다타네가 나눈 이야기가 『명장언행록』에 다음과 같이 기록되어 있다.

사나다 유키무라는 다음과 같이 말하며 깊은 설움에 젖었다. "나의 아버지 사나다 마사유키는 나에게 가문 전래의 갑옷을 물려주면서, 이것을 입고 싸우다 죽으라고 말씀하셨네. 또 이 갑옷을 보거든 나의 목이라고 생각하며 각별하게 취급하라고 말씀하셨네." 사다타네는 유키무라의 말을 잠자코 듣고 있었을 뿐, 아무 말도 할 수 없었다. 유키무라는 깊은 한숨을 쉬면서 다시 말을 이었다. "주군을 위해 의리를 지키기 위해 전장에서 싸우다 죽는 것이 진정한 무사인데, 내 아들 다이스케大助는 결정적인 기회를 만나지 못하고 일생을 로닌浪人의 신세가 되어 나이 15세가 넘도록 전쟁터를 달려보게 하지 못했네. 내 아들이 너무 안됐네." 유키무라가 눈물을 흘리자 사다타네도 같이 울었다. 사다타네가 말했다. "처량한 무사보다 불쌍한 것은 없나니, 전장에 나아가는 몸일진대, 누가 먼저 죽을지 어떻게 알 겠느냐마는 반드시 저승에서 다시 만나세." 유키무라는 술을 마시다가 문득 일어나 말을 타기도 했다. 말을 타고난 다음에 다시 술을 마셨다. 절친한 친구와 함께 금생에서의 한가로움을 한껏 맛보고, 둘이는 밤늦게 헤어졌다.

사나다 유키무라는 1615년 오사카의 여름 전투에도 어김없이 참전했다. 도쿠가와씨 편에서 싸우는 하라 사다타네는 멀리 건너편에서 싸우는 친구 사나다 유키무라를 볼 수 있었다. 그는 전국시대 최고의 맹장으로 이름을 날렸던 선친 사나다 마사유키가 물려준 갑옷을 입고 용감하게 싸우고 있었다. 유키무라의 분투로 한때 도쿠가와 이에야스 본진의 결사대가 뒷걸음질 치기도 했다. 그러나 유키무라의 분투에도 불구하고 전세는 이미 기울어가고 있었다. 유키무라는 전투 중에 장렬하게 전사했다.

충성의 향기가 나는 용사

기무라 시게나리는 한때 무공을 세워서 도요토미 히데요리가 감사장을 보내온 적이 있었다. 그때 시게나리는 그것을 정중하게 사양하면서 다음과 같이 말했다.

저에게 감사장을 내리지 않으셔도 됩니다. 저는 두 주군을 섬기지 않습니다. 저는 주군을 위해 봉사해야 마땅하고, 사력을 다해 싸워야 마땅합니다. 주군이 운이 열린다면 저도 함께 빛날 것이고, 그때 충분한 대우를 받는 것이 영예롭습니다. 만약에 주군이 운이 다해 죽음을 맞이한다면, 저도 배를 갈라 죽어서 황천길을 호위할 것입니다. 저승에서도 주군을 우러르고 싶습니다. 신하로서 언제까지나 주군을 모시고 싶습니다. 그렇다면 과분하게 칭찬을 받는 것은 도리가 아닙니다. 울면서 다시 주군에 돌려보냅니다.

주군에게 진심으로 충성을 다하는 시게나리의 마음이 가감 없이 전달되어 오는 이야기다. 전쟁터에서 맺어진 주군과 신하의 신뢰 관계는 각별했다. 평화시대의 그것과는 차원이 달랐다. 그것은 격식화되고 형식화된 주종관계가 아니었다. 우정 이상의 관계이며, 동지 이상의 관계였다. 기무라 시게니리에게 주군 히데요리는 자신과 동떨어진 존재가 아니었을 뿐만이 아니라, 죽어서도 함께 해야 하는 영원한 주군이었다.

시게나리는 이미 주군 히데요리와 운명을 같이 하기로 작정하고 있었다. 전쟁의 승패를 넘어서 히데요리에게 충성을 다하고 있었다. 멸사봉공의 정신은 진심에서 나오기 마련이다. 그래서 시게나리는 주군 히데요리를 위해 매섭게 간언했다. 히데요리가 겁에 질려 있거나 어떻게 해야 좋을지 몰라 망설이고 있는 모습을 보았을 때, 시게나리는 가만히 입을 다물고 있지 않았다.

1615년 여름 어느 날, 시게나리는 히데요리에게 차분히 아뢰었다.

목숨이 붙어있는 자, 누가 죽음을 아쉬워하지 않겠습니까? 하지만 의를 중히 여기고 죽음을 가볍게 여기는 것이 사무라이의 법도입니다. 일찍이 다이라노 무네모리平宗盛가 죽음을 두려워해서 후세의 웃음거리가 된 것은 주군도 알고 있는 바와 같습니다. 주군은 지난 겨울에 사나다 유키무라가 간언을 올리자 겨우 한 번 전선을 둘러보았을 따름입니다. 그렇게 하면서 어찌 운이 열리기를 바라십니까? 직접 군영을 순시해서 장졸들을 격려해 주십시오.

시게나리의 진심 어린 간언에 힘을 얻은 히데요리는 발걸음을 전선으로 옮기며 적과 대치하고 있는 장졸들을 격려했다. 총대장 도요토미 히데요리가 전선을 시찰한다는 소문만으로도 오랜 공방전에 지쳐있던 장졸들의 사기가 올랐다.

히데요리는 이미 장성해 22세가 되었지만, 말을 달려 전장을 누빈 경험이 없는 귀공자였다. 어머니 요도도노淀殿의 치마폭에 싸여 지낸 유약한 청년이었다. 무사들의 사기를 올리려면 어떻게 해야 하는지 알 턱이 없는 그였다. 시게나리는 그런 히데요리에게 전쟁터에서 싸우는 무사의 심정이 어떠한지를 가르쳤던 것이다.

『명장언행록』에 소개된 기무라 시게나리와 그 아내의 최후는 눈물 없이는 읽을 수가 없다.

시게나리는 전세가 완전히 기울어 오사카성의 함락이 가까워오자 식사를 조금씩 했다. 식사 시중을 드는 아내가 "왜 입맛이 없느냐."고 물었다. 그러자 시게나리는 "목이 잘렸을 때 음식물이 나와서는 보기 흉하기 때문에 조심하고 있다."고 담담하게 말했다. 그의 아내는 남편이

이미 죽음을 준비하고 있다
는 것을 알았다.

기무라 시게나리

남편의 뜻을 확인한 아내
는 조용히 물러나 주변을 정
리했다. 흰옷으로 갈아입고
정성스럽게 머리를 빗었다.
그리고 책상 앞에 앉아서 편
지를 썼다. 내용은 간단했
다. 뒷일을 부탁한다는 말을
남겼다. 편지는 책상 위에 놓아두었다. 일을 마친 그녀는 항상 가슴에
품고 다니던 단도를 뽑아 자결했다.

기무라 시게나리의 아내는 마노분고노카미真野豊後守의 딸로 당시 18
세였다. 나이는 비록 어렸으나 무사 집안의 딸로 자란 그녀였다. 무사
에게 죽음은 그림자와 같다는 것을 일찍부터 알고 있었다. 사실 죽음
은 어렸을 때부터 항상 그녀의 언저리를 맴돌고 있었다. 숙명처럼 다가
오는 최후를 어떻게 맞이해야 하는지도 이미 알고 있었다. 그녀는 남편
시게노리의 죽음이 확실해 진 이상 더 망설일 필요가 없었다. 한 발 먼
저 저승으로 가서 남편이 뒷일을 걱정하지 않도록 하고 싶다고 생각했
다. 그래야 남편도 미련 없이 편안한 죽음을 맞이할 수 있다고 믿었다.

아내의 시신을 수습한 후, 시게나리는 목욕을 했다. 머리를 감고, 향
을 피워서 향내음이 머리카락에 배게 했다. 그리고 시가를 조용히 읊조
리거나 무심하게 북을 치면서 조용하게 하루를 보냈다. 온종일 혼자서
보냈다.

다음 날, 시게나리는 아침 일찍 일어나 주변을 정리했다. 편지는 남기지 않았다. 아내가 이미 이 세상 사람이 아니니 편지를 남겨도 읽을 사람이 없었고, 또 특별히 걱정해야 할 사람도 없으니 남길 말도 없었다. 시게나리는 흰옷으로 갈아입었다. 군장을 갖추었다. 마지막으로 요로이鎧를 입고, 가부토兜를 썼다. 그리고 말에 올라서 적진으로 내달았다.

적진으로 돌진할 때, 시게나리는 이미 죽으려고 작정하고 있었다. 그는 승패를 염두에 두지 않고 싸웠다. 그는 평소에 무사란 마땅히 전쟁터에서 싸우다 죽어야 한다고 입버릇처럼 되뇌이곤 했다. 그날 그는 평소에 소망하던 대로 싸우다 죽었다. 적이 시게나리의 수급을 올렸다. 그의 수급은 특별히 도쿠가와 이에야스에게 바쳐졌다. 그의 수급에서는 은은한 향내음이 풍기고 있었다. 이에야스는 훌륭한 무사라고 말하며 눈물을 흘렸다.

제 2 부

근세사회의 무사와 무사도

08

에도 시대의 개막

1. 에도 막부의 성립

도쿠가와 이에야스

도요토미 히데요시豊臣秀吉가 사망한 후에 정권을 장악한 것은 도쿠가와 이에야스德川家康였다. 1590년 7월 이에야스는 히데요시를 도와 오다와라小田原의 호조씨北条氏를 멸망시켰다. 히데요시는 이에야스에게 관동 지방의 지배권을 부여했다. 이에야스는 거점을 오와리尾張에서 에도江戸로 옮긴 후 약 250만 석의 다이묘가 되었다. 도쿠가와 이에야스는 이러한 경제력을 배경으로 도요토미 정권하에서 5대로五大老의 필두로 활약하며 막강한 영향력을 행사했다.

1598년 8월 히데요시가 사망한 후, 이에야스는 후시미성伏城에서 정무를 보았고, 마에다 도시이에前田利家는 오사카성大坂城에서 히데요시의 어린 히데요리秀賴를 보좌했다. 1599년

도쿠가와 이에야스

마에다 도시이에가 사망하자, 도쿠가와 이에야스는 천하를 손에 넣겠다는 야심을 품기 시작했다. 때마침 정권 내부에서 이시다 미쓰나리石田三成·고니시 유키나가小西行長를 비롯한 문리파文吏派와 가토 기요마사加藤清正·후쿠시마 마사노리福島政則를 비롯한 무단파武斷派가 대립했다. 이에야스는 무단파와 손을 잡고 정국의 주도권을 장악했다.

막부의 개설

도쿠가와 이에야스의 야심을 간파한 것은 도요토미 히데요시의 심복으로 5부교五奉行의 한사람이었던 이시다 미쓰나리였다. 그는 이에야스의 세력이 점점 커져가자 도요토미 가문의 장래를 걱정했다. 그는

고니시 유키나가 등과 힘을 합치고, 도요토미 히데요시에게 은혜를 입은 다이묘들을 결집해 도쿠가와 이에야스를 제거하려는 계획을 추진했다.

1600년 6월 이에야스는 아이즈会津의 우에스기 가게카쓰上杉景勝를 토벌한다는 구실로 출진했다. 그러자 이시다 미쓰나리가 거병했다. 1600년 9월 이에야스가 회군해 지금의 기후현岐阜縣 지역인 미노美濃의 세키가하라関ヶ原에서 이시다 미쓰나리가 이끄는 군세와 대진했다. 미쓰나리가 이끄는 군세를 서군이라고 하고, 이에야스가 이끄는 군세를 동군이라고 했다. 그때 동군은 10만 4,000명, 서군은 8만 5,000명으로 알려졌다. 전투는 서군의 대패로 끝났다.

도쿠가와 이에야스는 서군의 주모자였던 이시다 미쓰나리·고니시 유키나가를 사형에 처했다. 그리고 서군에 가담했던 우키다 히데이에宇喜多秀家를 비롯한 88가문의 다이묘를 멸망시키고, 5가문을 감봉 처분하고, 총 632만 석을 몰수했다. 그리고 1602년까지 68기문의 신판親藩과 후다이譜代 다이묘를 세워 전국 요소요소에 배치했다. 도요토미 히데요시의 아들인 히데요리는 셋쓰摂津·가와치河内(지금의 오사카부 일부)·이즈미和泉 지역에 65만 석 정도의 영지를 보유하는 일개

이시다 미쓰나리

제8장 에도 시대의 개막 187

다이묘로 몰락했다.

　세키가하라 전투 후, 이에야스는 도요토미 정권의 집정執政이라는 지위에서 벗어나 점차로 독자적인 정권 수립을 준비했다. 1603년 2월 도쿠가와 이에야스가 세이다이쇼군征夷大將軍에 취임했다. 에도에 막부를 개설하고 전국의 다이묘를 직접 지배하에 두었다. 이후 260여 년간 도쿠가와씨가 일본을 통치했다. 에도 시대였다.

도요토미씨 멸망

　1605년 4월 도쿠가와 이에야스는 쇼군의 지위를 자신의 아들 도쿠가와 히데타다德川秀忠에게 물려주었다. 그리고 자신은 지금의 시즈오카현静岡縣 지역에 있는 슨푸駿府에 은거하면서 오고쇼大御所라고 칭했다. 정치 전반은 여전히 이에야스가 직접 관장했다.

　이에야스가 소위 2두정치 형태를 취한 것은 정국이 불안했기 때문이다. 에도의 쇼군 히데타다를 중심으로 하는 후다이 집단은 막부의 행정기구를 정비하고, 슨푸의 이에야스를 중심으로 하는 집단은 유력한 다이묘들을 억압하는 역할 분담을 했다. 슨푸는 도요토미씨의 거점인 오사카로 즉시 진입할 수 있는 전략적인 요충지이기도 했다.

　이에야스는 항상 오사카성에 있는 도요토미 히데요리가 불안했다. 히데요리는 세키가하라 전투 이후 일개 다이묘로 몰락했지만, 철옹성 같은 오사카성에 은거하고 있었다. 도요토미 히데요시가 남긴 재산도 많이 보유하고 있었다. 히데요시의 은혜를 입은 다이묘들은 여전히 건재했다. 실업한 무사 로닌浪人 또한 일단 유사시에 도요토미씨 군사력으로 결집할 수 있는 세력 이었다. 히데요리는 결코 만만한 상대가 아니었던 것이다. 더구나

도요토미 히데요리

민간에서는 히데요리가 성장하면 천하는 히데요리에게 넘어간다는 풍문이 돌고 있었다. 이에야스는 더욱 초조했다.

이에야스는 히데요리에게 교토 호코지方光寺의 대불을 재건하도록 종용했다. 호코지의 대불은 도요토미 히데요시가 생전에 건립을 추진했으나 지진으로 붕괴된 후 황폐해 있었다. 효심이 발동한 히데요리는 대불의 재건에 착수했다. 히데요리는 대불 재건사업에 막대한 자금을 쏟아 부었다. 공사는 1608년에 시작해 1614년까지 계속되었다. 도요토미씨는 재산을 거의 탕진했다. 재정난에 직면한 도요토미씨가 상인들에게서 사금을 조달한다는 소문이 돌았다. 그러자 이에야스는 도요토미씨를 멸망시킬 때가 왔다고 판단했다. 도요토미씨를 공격할 준비에 착수했다.

1614년 10월 이에야스는 드디어 오사카성을 공격했다. 그때 도요토미씨 측에 가담한 다이묘나 로닌의 숫자는 생각보다 적었다. 세키가하라 전투를 지켜본 무사들은 대세가 이미 도쿠가와씨로 기울었다는 것을 간파했기 때문이다. 도쿠가와군은 오사카성을 집요하게 공격했다. 하지만 오사카성은 함락되지 않았다. 도쿠가와 이에야스는 같은 해 12

제8장 에도 시대의 개막 189

월에 일단 강화를 맺었다. 이것을 오사카의 겨울 전투라고 한다.

일단 물러난 이에야스는 1615년 4월에 다시 오사카로 쳐들어가 오사카성을 함락시켰다. 그때 도요토미 히데요리와 그 어머니 요도도노淀殿가 자살했다. 이것을 오사카의 여름 전투라고 한다. 숙원을 해결한 도쿠가와 이에야스는 도요토미씨가 멸망한 다음 해인 1616년 4월에 75세를 일기로 세상을 떠났다.

2. 쇼군과 다이묘

쇼군의 권력

에도 막부의 통치기구는 도쿠가와 이에야스가 가신단을 통제하던 조직을 모태로 정비된 것이었다. 그것은 2대 쇼군将軍 도쿠가와 히데타다 시대를 거쳐서 3대 쇼군 도쿠가와 이에미쓰德川家光가 실권을 장악한 1630년대에 이르러 확립되었다. 대외적으로는 쇄국체제鎖国体制가 강화되었다. 이러한 지배체제를 막번체제幕藩体制라고 한다. 막번체제는 쇼군과 다이묘에 의해 통치되는 국가 기구였다. 경제적으로는 농업 생산에 의해 유지되었다.

막부의 쇼군은 일본 열도의 지배자라고 하는 성격과 함께 일본 최대의 다이묘라는 성격도 아울러 지니고 있었다. 쇼군은 다이묘와 비교될 수 없는 군사력과 경제력을 보유했다. 특히 쇼군은 직속 가신단을 많이

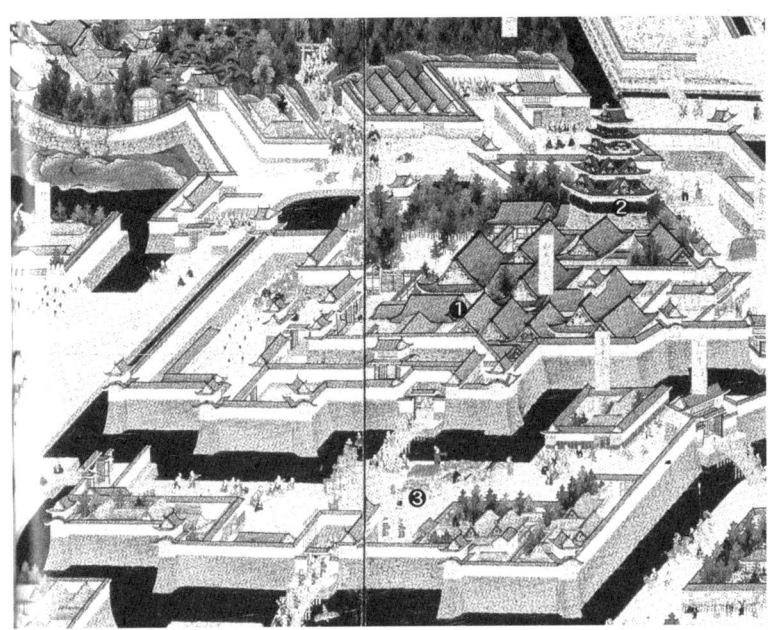

에도성 - (1)혼마루 (2)천수각 (3)니노마루

거느리고 있으면서 다이묘들을 군사적으로 압도했다.

경제면에서는 덴료天領라고 하는 직할령을 보유했다. 17세기 말에는 덴료가 400만 석 정도로 늘어났다. 덴료는 동부 일본을 중심으로 전국에 산재해 있었다. 직할령에 가신에게 나누어준 영지 약 300만 석을 합하면 쇼군이 직접 또는 간접적으로 지배할 수 있는 영지는 700만 석에 달했다. 에도 시대 전국의 고쿠다카石高는 약 3,000만 석으로 알려졌다. 전체 생산량의 약 4분의 1을 쇼군이 지배했던 것이다.

쇼군은 에도·교토京都·오사카大坂·나라奈良·나가사키長崎 등 주요 도시들을 직접 지배했다. 이러한 직할도시에는 조다이城代·쇼시다이所司代·부교奉行·다이칸代官 등의 관리를 파견해 행정을 담당하도록 했다. 막부는 특히 나가사키를 지배함으로써 대외무역 창구를 장악하고 무역의 이윤을 독점했다. 도시의 상인이 납부하는 기부금·상납금 등도 막부의 중요한 수입원이었다.

막부는 유명한 광산도 직접 지배했다. 지금의 니이가타현新潟縣에 있던 사도佐渡, 시마네현島根縣에 있던 이와미石見, 교토 인근에 있던 이쿠노生野의 금·은 광산을 직영했다. 특히 제련기술이 발달하면서 금·은의 산출량이 크게 증가했다. 막부는 산출된 금·은을 이용해 금화와 은화를 주조했다. 물론 주조권은 막부가 장악하고 있었다.

군사력의 중핵은 쇼군에 직속된 가신단이었다. 그중에서 직접 쇼군을 알현할 수 있는 자격이 있는 무사를 하타모토旗本라고 했다. 고쿠다카가 1만 석에 가까운 하타모토도 있었으나 100석 정도에 불과한 자도 있었다. 그들의 대부분에게 영지가 하사되었다. 쇼군을 직접 알현할 수 없는 가신을 고케닌御家人이라고 했다. 쇼군이 직접 거느리는 가신단의 규모는 흔히 '하타모토 8만기'라고 일컬어졌다.

다이묘와 번

고쿠다카石高 1만석 이상의 영지를 보유한 영주를 일괄해 다이묘大名라고 했다. 다이묘는 자신의 영지와 그곳에 사는 민중을 지배하는 하나의 독립된 소국가의 영주였다. 이 소국가는 유학자들에 의해 번藩이라고 일컬어졌다. 다이묘는 군사력을 보유하고 있었기 때문에 막부도 그 통제에 신중을 기했다. 다이묘의 수는 에도 시대 초기에는 200명 전후

에도성에서 쇼군을 알현하는 다이묘들

였으나 중기 이후에는 250 여명이었다.

　다이묘는 가문의 품격에 따라서 서열이 정해져 있었다. 서열은 천황이 부여하는 관위에 의한 품격, 지배하고 있는 영지와 생산량, 즉 고쿠다카에 의한 품격, 에도성에서 쇼군을 알현할 때 정해지는 좌석에 따른 품격, 쇼군과의 친소관계에 의한 품격 등을 근거로 해서 서열이 정해졌다. 여러 가지 서열을 정하는 방법 중에서 가장 중요시되었던 것은 신판親藩・후다이譜代・도자마外様라고 하는 쇼군과의 친소관계에 의한 구별 방법이었다.

　신판은 도쿠가와씨 일족의 다이묘를 말했다. 그중에서도 도쿠가와 이에야스의 아들이 분가하면서 성립된 오와리尾張・기이紀伊・미토水戸의 세 가문은 고산케御三家라고 했다. 고산케는 다이묘 가문 중에서 가장 권위가 있었다. 고산케의 분가는 고카몬御家門이라고 해서 특별한

제8장 에도 시대의 개막　193

대우를 받았다.

후다이는 1600년 9월의 세키가하라 전투 이전부터 도쿠가와씨의 가신이었던 가문도 있었고, 그 후에 가신의 대열에 참여한 가문도 있었는데, 가신이 된 시기에 따라서 또 구별되었다. 고쿠다카의 관점에서 보면, 히코네彦根의 이이씨井伊氏가 35만 석으로 후다이 가문의 대표격이었다. 그밖에는 5만 석 내외로 비교적 격이 낮은 가문이 대부분이었다. 후다이 다이묘는 이이井伊·사카이酒井·사카키바라榊原·오쿠다이라奧平·오쿠보大久保·도다戶田 가문 등을 비롯해 세키가하라 전투 이전에는 37가문이었다. 그 후 분가하거나 새로이 다이묘가 된 가문이 증가해 막말幕末에는 145가문으로 늘어났다. 막부의 중요한 직책에는 후다이 다이묘 중에서 임명하는 것이 원칙이었다. 도자마 다이묘는 표면적으로는 예우를 받았으나 실제적으로는 막부와 긴장관계를 유지했다.

다이묘는 쇼군이 승인한 지역을 지배했다. 다이묘가 영지를 다스릴 수 있는 권한은 일본 열도의 영유권을 보유한 쇼군에 의해 한정되었다. 쇼군은 다이묘에게 소령所領 내의 고쿠다카石高, 즉 생산량을 기록한 문서를 교부해서 소령의 지배를 공인했다.

다이묘는 막부가 정한 군역軍役에 규정된 범위 내에서 가신단을 거느렸다. 가신의 신분은 상급무사와 하급무사로 대별되었는데, 그들 사이에는 엄격한 차별이 존재했다. 다이묘의 가신 수는 다이묘가 보유한 영지의 고쿠다카, 번의 성립 사정 등에 따라 달랐다.

다이묘는 가신단을 효과적으로 다스리기 위해 번법藩法을 제정했다. 번법은 다이묘 가문에 따라 가훈, 조목條目, 제법制法, 제사법도諸士法度

등으로 일컬어졌다. 번법은 일반적으로 막부의 법을 준수하고, 문무 양도를 장려하고, 충성과 복종의 의무를 강조하고, 무사가 마땅히 지켜야 할 규범과 일상생활의 규율 등을 내용으로 하고 있었다. 번의 정무는 가로家老가 총괄하고, 그 위에 다이묘가 군림하는 구조였다.

쇼군의 다이묘 통제

에도 막부는 무가제법도武家諸法度를 제정해 다이묘를 철저하게 통제했다. 1515년 7월에 2대 쇼군 도쿠가와 히데타다德川秀忠가 후시미성伏見城에서 무가제법도를 공포했다. 13조로 구성된 무가제법도는 정치도덕상의 훈계, 치안유지의 규정, 의례상의 규정 등을 내용으로 했다. 그중에는 거성을 신축하는 것을 금지할 것, 거성을

마을을 지나는 다이묘의 참근교대 행렬

제8장 에도 시대의 개막

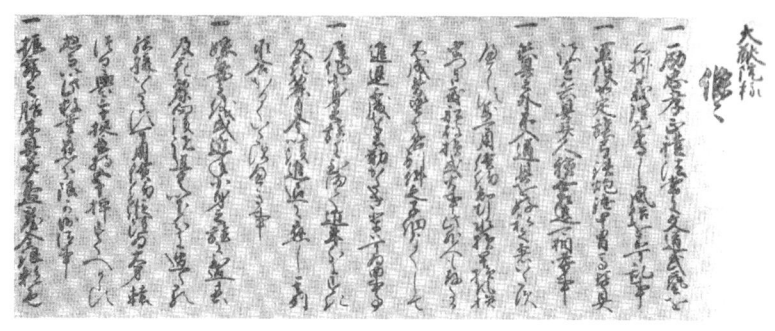

무가제법도

수리할 때도 막부의 허가를 받을 것, 막부에 신고하지 않고 다이묘 상호간에 결혼하지 말 것 등 다이묘의 군사행동을 원천적으로 봉쇄하고, 다이묘의 세력 결집을 방지하는 내용이 포함되었다.

막부에 아무리 충성을 다한 다이묘라고 해도 무가제법도를 위반하면 가혹한 처벌이 내려졌다. 무가제법도는 3대 쇼군 이에미쓰 시대인 1635년 6월에 19조로 늘려서 정비되었다. 그때 참근교대參勤交代를 의무화하고, 규모가 큰 선박의 건조를 금지하는 내용이 추가되었다. 그 후에도 쇼군이 바뀔 때마다 조금씩 내용이 수정되는 경우가 있었으나 근본적인 내용은 그대로 유지되었다.

참근교대는 다이묘가 격년제로 자신의 영지를 떠나 에도로 와서 생활하는 것을 말했다. 원래 참근교대는 충성을 서약하는 인질제도의 일종으로 도요토미 히데요시가 사망한 후 아사노씨浅野氏와 마에다씨前田氏가 각각 아들과 어머니를 에도로 보내어 반역의 의사가 없음을 보여준 것에서 유래했다. 그런 관행이 1635년에 제도화되었던 것이다.

다이묘는 1년은 자신의 영지에서 정사를 돌보고, 1년은 에도에서 생활했다. 후다이다이묘는 2월, 6월, 8월에 교대했고, 도자마 다이묘는 4

월에 교대를 했다. 다이묘가 참근교대를 하기 위해 에도로 향하는 것 자체가 행군이었다. 다이묘 행렬은 전시 편성의 형태를 취했고, 군역 규정에 따라 인원과 장비를 갖추고 행군했다. 다이묘가 도중에 숙박하는 곳을 혼진本陣이라고 했다.

참근교대 제도의 정착으로 다이묘의 처자는 인질로서 계속 에도에서 거주해야 했다. 다이묘가 처자를 은밀하게 자신의 영지로 데리고 가는 것은 곧 모반을 의미하는 것으로 간주되었다. 또 다이묘가 에도로 입성할 때 뎃포鉄砲를 반입하는 것도 모반으로 간주되어 영지가 몰수되는 처벌을 받았다. 다이묘들은 에도에 가신들을 상주시켜야 했다. 또 규정된 규모의 군단을 편성해 에도와 자신의 영지 사이를 정기적으로 왕복해야 했다. 참근교대는 재정적으로 큰 부담이 되었다.

다이묘는 쇼군이 영지의 지배권을 승인한 대가로 쇼군에게 군역을 제공했다. 군역은 고쿠다카石高를 기준으로, 동원되는 무사와 봉공인奉公人의 수, 군마의 수, 무기의 종류와 수량에 이르기까지 상세하게 정해져 있었다. 다이묘는 항상 규정 이상의 군사와 무기를 마련해 두었다가 쇼군의 명령이 하달되면 즉시 출동했다.

에도 시대에는 기본적으로 고쿠다카를 기준으로 군역이 부과되었다. 10만 석의 다이묘에게 부과된 군역의 내용을 살펴보면, 2,155명의 무사와 봉공인을 거느리고 소집에 응하도록 되어 있었다. 그중에서 기마 무사가 170명, 궁시대弓矢隊 60명, 뎃포대鉄砲隊 350명, 장창대長槍隊 150명, 기수단 20명, 그 밖의 인원은 짐을 운반하는 봉공인이었다.

다이묘와 그 가신들 사이에도 고쿠다카를 기준으로 군역 부담 내역이 상세하게 규정되었다. 그것은 대체로 막부의 군역 규정에 따랐다.

다이묘가 부담하는 군역을 가신들에게 분담시키는 형식이었다. 군사력이 쇼군에 집중되는 체제였다.

다이묘는 에도성의 경비, 에도의 소방 업무, 천황의 칙사 및 외국 사절의 호위 및 접대 등의 경비도 부담했다. 그밖에도 쇼군은 다이묘들에게 여러 성곽의 수축 및 주요 하천의 토목공사를 분담시켰다. 이것을 스케야쿠助役라고 했다.

3. 행정제도와 경비제도

야쿠카타와 반카타

무사는 쇼군 또는 다이묘와 주종관계를 맺고, 무사단에 편성되어 주어진 직분을 수행했다. 무사단은 원래 군사조직이었다. 그러나 쇼군과 다이묘는 위정자이기도 했다. 쇼군과 다이묘는 군사조직에 편성되어 있는 무사 중에서 행정능력이 있는 자를 발탁해 정무를 담당하게 했다. 이들을 야쿠카타役方라고 했고, 군사조직에 편성되어 본래의 군사업무를 담당하는 무사를 반카타番方라고 했다.

막부의 행정조직은 3대 쇼군 도쿠가와 이에미쓰德川家光 시대에 이르러 정비가 완료되었다. 1634년에 로주老中과 와카도시요리若年寄의 직무규정이 정해졌다. 로주는 조정과 막부의 관계, 다이묘의 통솔, 외교·재정, 대규모적인 토목·건축공사 등 막부의 전국통치에 관련된 문제를 담당했다. 와카도시요리는 막부에 직속된 가신단인 하타모토·고케닌을 통괄하고, 에도성을 방위하고, 에도의 행정을 통괄하는 직무를 수행했다. 1635년에는 지샤부교寺社奉行, 간조부교勘定奉行, 루스이留守居 등의 직제가 제정되었다. 이어서 쇼군을 정점으로 하는 로주老中, 와카도시요리若年寄, 오메쓰케大目付, 메쓰케目付, 3부교奉行라고 하는 직제가 완비되었다.

행정부 최고의 직제로 다이로大老가 있었지만, 이것은 비상시에만 두는 직책이었다. 평상시에는 도시요리年寄라고도 하는 로주가 정무를 관장했다. 로주는 보통 후다이다이묘 중에서 선발되었고 정원은 5~6명이었다. 중요한 정무는 효조쇼評定所에서 합의해 결정했다. 로주를 보좌하는 와카도시요리는 3~5명이 두어졌다. 와카도시요리 역시 후다이다이묘 중에서 선발했고, 매월 1명씩 교대로 업무를 담당했다.

행정의 실무를 관장하는 3부교에는 지샤부교·간조부교·에도마치부교江戶町奉行가 있었다. 지샤부교는 주로 사원과 신사 관계의 업무를 총괄했고, 관동 지방 이외의 직할령 내의 소송을 취급했다. 간조부교는 덴료天領, 즉 쇼군의 직할령 통제와 막부의 재정 사무를 담당했고, 또 관동 지방의 소송을 취급했다. 에도마치부교는 에도의 행정·치안·재판을 관장했다.

감찰기관으로서는 다이묘의 동태를 감시하는 오메쓰케가 있었고, 하타모토와 고케닌을 감독하는 메쓰케가 있었다. 그밖에 로주·3부교·오메쓰케·메쓰케로 구성되는 효조슈라는 재판기관이 있었다. 하타모토는 마치부교·간조부교 등의 직책에 취임할 수 있었다. 주요 관직에는 2명 이상을 임명해 매월 교대해 정무를 관장하면서 중요한 사항은

합의해 처리하도록 했다.

교토에는 교토쇼시다이京都所司代, 오사카·슨푸·니조二条에는 조다이城代를 두었다. 그리고 주요 도시 교토·오사카·슨푸·후시미 등에 마치부교町奉行를 두었다. 그 밖의 주요 지역인 나가사키長崎·사카이堺·야마다山田·나라奈良·닛코日光·사도佐渡 등에 온고쿠부교遠国奉行를 두었다. 덴료에는 군다이郡代 또는 다이칸代官을 두어 민정 일반을 관장하게 했다. 그들은 3부교의 하나인 간조부교에 의해 통제되었다.

쇼군을 호위하는 군사조직으로 오반大番, 고쇼구미小姓組, 쇼인반書院番, 신반新番, 고주닌구미小十人組 등 고반카타五番方가 있었다. 이 부대는 쇼군의 친위군이었다.

오반은 하타모토의 선봉으로 12구미組로 구성되어 있었다. 한 구미에 10기騎의 요리키与力와 20명의 도신同心이 배속되어 있었다. 고쇼구미는 에도성의 혼마루本丸를 경비했는데, 6구미로 편성되어 있었다. 한 구미에 50명이 배치되어 있었고, 와카도시요리의 지휘를 받고 있었다. 쇼인반은 고쇼구미와 함께 양번兩番이라고 일컬어졌고, 인원 수와 구성은 고쇼구미와 동일했다. 쇼인반은 쇼군의 궁전을 수비하고, 쇼군이 행차할 때 행렬을 경비하고, 또 매년 교대로 슨푸성駿府城을 경비했다. 신반은 쇼군이 행차할 때 선발대의 역할을 수행했는데, 와카도시요리의 지휘를 받았다. 신반은 6구미로 나뉘어져 편성되어 있었고 총인원은 132명이었다. 고주닌구미는 쇼군이 행차할 때 호위를 담당했다. 고주인구미는 와카도시요리의 지휘를 받으며 7구미로 나뉘어져 있었고 인원은 총 150명이었다.

반카타는 조번朝番, 석번夕番, 침번寢番 이렇게 매일 3번의 교대를 원칙으로 했다. 조번은 아침 8시경에 출근해 전날 밤 근무를 했던 침번과 교대를 했다. 석번은 오전 10시에 출근해 오후 4시에 출근하는 석번과 교대했다.

경비제도

에도성에는 성내의 여러 문을 제외하고도 외곽에 36개의 출입문을 설치했다. 외곽의 각 성문에는 번소番所를 두고, 무사들이 수비하게 했다. 외곽 성문의 수비는 막부에 직속해 있는 고케닌御家人들이 담당하는 곳도 있었고, 각 다이묘들이 분담해 담당하는 곳도 있었다.

배치되는 인원은 시대에 따라서 또 장소에 따라서 달랐지만, 1712년의 규정에 의하면 오테문大手門은 평상시에 기마무사를 포함한 무사 25명, 아시가루足軽 100명, 주겐中間 50명 등 총 175명이 부대를 편성해 경비에 임했다. 조회가 있는 날에는 일반무사인 가치徒士 3~4명, 아시가루 30~40명이 추가로 배치되었다. 다른 문의 경비는 규모에 따라서 부대가 편성되고 인원이 배치되었다.

경비대는 10일 교대로 근무했다. 경비의 임무가 부여된 다이묘는 3년 동안 그 임무를 수행했다. 경비대의 임무는 성문의 출입을 감시하고, 이변에 대비하는 것을 본래의 업무로 했다. 성문의 개폐, 성문 내의 청소, 파손된 부분이 있을 경우에 수리를 의뢰하는 등 성문의 모든 업무를 총괄했다. 이변이 발생했을 경우에는 성문을 지키면서 사태의 추이를 관망했다.

성문은 묘시卯時에 열고, 유시酉時에 닫는 것을 원칙으로 했다. 쇼군의 측근은 야간이라도 마음대로 성문을 출입할 수 있었다. 그러나 직책을 맡고 있는 무사라도 사사로이 번소에 출입하는 것을 엄금했다. 공적인 일이라도 물건을 빌리러 성문에 접근할 수 없었다.

근무자가 가장 경계해야 하는 것은 화재였다. 화재가 일어나지 않도록 하라는 훈계가 수시로 하달되었다. 근무자는 식량이나 복용할 약, 그리고 식수 이외에는 지참하지 못했다. 그리고 근무자는 항상 성벽이 손상되지 않도록 주의를 했고, 만약에 성벽이나 시설이 훼손된 것을 발견했을 경우에는 지체 없이 지휘계통을 통해 보고하도록 되어 있었다. 지붕이나 성벽의 틈새에 기생하는 잡초는 즉시 제거하도록 했다.

성문은 평상시에도 경비가 삼엄했다. 그러나 통행인의 편리를 우선으로 고려했다. 예를 들면 불시에 막부의 쇼군이 성문 근처에 행차해도 통행인의 출입을 막지 않았다. 화재와 같은 긴급한 상황이 발생해도 통행인의 출입을 막는 데 신중했다. 그러나 순례자나 거지의 출입은 금지했다. 말을 탄 사람은 말에서 내린 다음에야 출입이 허용되었다. 마차의 출입은 엄금했다. 이런 조치는 교량의 안전을 위해 취해진 조치였을 것으로 여겨진다.

성문 근처에서 겐카喧嘩, 즉 싸움이 일어났을 경우에는 신속하게 당사자를 체포하고, 즉시 메스케目付에게 보고해 지휘를 받도록 되어 있었다. 체포된 사람이 상처를 입었을 경우에는 즉석에서 치료를 해주었다. 일본의 성은 외곽에 해자를 깊게 파서 물을 가두어 두는 방어시설을 갖추고 있었는데, 그 해자에 사람이 빠졌을 경우에는 성문을 지키는 경비대가 즉시 구조하도록 되어 있었다.

에도 막부는 전국적으로 중요한 지역에 관문關門을 설치하고, 아녀자의 여행, 총기를 휴대한 자의 왕래 등을 검색하기 시작했다. 관문제도는 17세기 중기에 정비되었다. 배치의 장소, 시기 등은 일정하지 않았다. 관문은 에도로 통하는 주요 도로망의 연변에 설치되었다. 관문을 설치한 가장 중요한 목적은 에도를 방위하기 위해서였다. 막말에 확인된 바에 의하면, 하코네箱根, 이치가와市川, 마쓰도松戸, 후쿠시마福島, 오노가와小野川, 야마구치山口, 야마나가山中 등 전국적으로 57개의 요충지에 관문이 설치되어 있었다.

관문이 설치되면서 경비에 관한 규칙도 정비되었다. 규칙은 성문 경비에 관한 규칙과 마찬가지로 각 시기별로 개정되었고, 또 장소에 따라서 그 내용이 일정하지 않았다. 관문을 지키는 경비대가 가장 경계했던 것은 다이묘의 처자가 에도를 빠져나가는 것과 뎃포鉄砲, 즉 화승총이 에도로 밀반입되는 것이었다. 다이묘가 처자를 자신의 영지로 데리고 가는 것은 반역을 기도하고 있다는 유력한 증거가 되었다. 에도로 뎃포를 밀반입하는 것도 반역을 위한 준비 작업으로 간주되었다. 반역은 막부가 가장 경계하는 것이었다.

에도에서 다른 지역으로 여행하는 여자에 대해서는 특히 상세하게 조사했다. 통과증명서에는 인원 수, 차림새, 용모의 특색, 얼굴과 신체에 난 점, 치아의 특징까지도 일일이 기록했다. 신분이 고귀한 부인은 별도로 마련된 숙사로 안내해서 조사했다. 관문의 검색에 불응하거나 도망하는 자는 극형에 처했다.

09

무사와 무사사회

1. 무사의 특권

 에도 시대에는 무사와 서민은 신분적으로 상당한 '거리'가 있었다. 무사와 서민간의 '거리'를 보다 분명하게 보여주고 있는 것이 다름 아닌 무사의 특권이었다. 무사에게는 묘지苗字의 특권, 다이토帶刀의 특권, 기리스테고멘斬捨御免의 특권이 부여되어 있었다.
 묘지苗字는 성명姓名 또는 씨명氏名이라고 할 때, 성姓, 씨氏와 같이 가명家名을 의미하는 말이다. 중세에는 한자로 '名字'라고 표기했으나 에도 시대에 들어와서 '苗字'라고 표기하게 되었다.
 무사들에게 묘지의 특권이 있었다는 것은 서민이 원칙적으로는 묘지

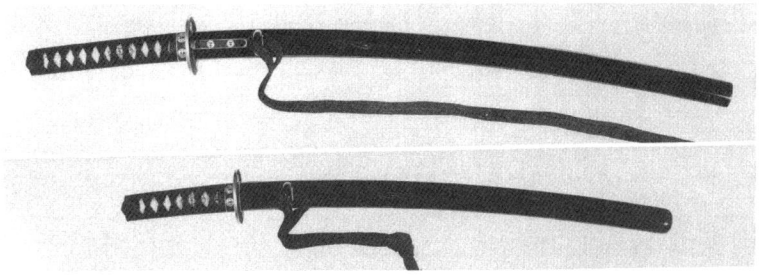
가타나와 와키자시

를 사용할 수 없었다는 것을 의미했다. 서민들 중에 사적으로 묘지를 사용하는 경우가 없는 것은 아니었다. 에도 시대 중기 이후에는 그러한 예를 적지 않게 확인 할 수 있다. 그러나 공적으로 서민의 묘지 사용이 금지되어 있었다. 서민들은 성이 없었기 때문에 서로 이름만 불렀다. 노비도 성이 있었던 조선사회와 비교가 되었다.

서민들 중에서도 무사 가문의 혈통을 잇는 농촌의 호농, 촌락의 지도자로 행정의 말단에 위치해 권력에 봉사한 공적이 인정되는 자, 효행자 孝行者, 또는 타의 모범이 되는 행위를 해서 향촌에서 칭송되는 자, 또는 다액의 헌금을 해서 다이묘 경제에 결정적으로 기여한 자 등에 대해서는 막번권력幕藩權力이 선별적으로 묘지의 사용을 허가하는 경우가 있었다. 허가에는 개인의 일생에 한하는 경우, 아들 또는 손자 대까지 한정하는 경우, 그리고 영구히 사용할 수 있도록 하는 경우가 있었다. 서민이 묘지 사용 허가를 받으면 가문의 영예로 여겼다.

다이토帶刀란 무사가 도검을 차는 것을 말한다. 무사는 길고 짧은 도검 한 쌍을 찼는데 무사들은 그것을 양도兩刀라고 했다. 긴 도검은 가타나刀라고 하고, 짧은 도검은 와키자시脇指라고 했다. 대도는 무사의 신분을 사회적으로 공시하기 위한 외적 표식으로서의 성격을 지니고 있었다. 다시 말하면 다이토는 무사신분을 상징하는 것이었다.

　에도 시대에는 무사 외에 서민의 다이토는 법에 의해 금지되어 있었다. 막번권력은 다이토의 특권을 묘지의 경우와 같이 선별적으로 서민에게 허가했다. 그 대상은 위에서 살펴본 묘지의 특권을 허가하는 경우와 같았다. 묘지의 특권과 다이토의 특권을 같이 허가하는 경우도 있고, 둘 중에서 하나의 특권만을 허가하는 경우도 있었다. 다이토의 특권은 막번권력에게 다액의 헌금을 한 금납자金納者, 기타 경제적으로 결정적인 기여를 한 공로가 인정되는 자에게 허가되는 경우가 특히 많았다.

　무사에게 부여된 특권 중에서 가장 강력한 특권은 아마 기리스테고멘의 특권일 것이다. 기리스테고멘이라는 말은 서민을 살해해도 그 죄를 묻지 않는다는 말이다. 다시 말하자면 기리스테고멘은 무사가 서민을 살해할 수 있는 권한, 즉 무사에게 부여된 사적형벌권이었다.

　이 특권은 본래 무사 개개인이 보유하고 있던 지배자로서의 징벌권에 근거하고 있다고 여겨지는데, 에도 시대에 들어오면서 막부는 이것을 신분질서를 유지하기 위한 무사의 신분방위권으로 제한했다. 그렇기 때문에 사적형벌권을 행사한 무사는 서민이 무사의 명예를 훼손하고 모욕적인 언동을 했기 때문에 할 수 없이 징벌했다는 분명한 증거를 제시하지 않으면 안 되었다. 사건을 처음부터 지켜본 증인이 상황의 긴급성과 사적형벌권 집행의 불가피성을 증언할 것이 요구되었다. 조사과정을 통해 무사가 불가피하게 형벌권을 행사했다는 것이 증명되면 무사는 무죄 방면되었다.

　기리스테고멘은 무사의 특권이었지만 그 권한을 행사하고 행사하지 않고는 무사 개인이 판단할 문제였다. 무사는 자신에게 무례를 범한 서민을 용서할 수도 있었고 또 가볍게 벌할 수도 있었다. 18세기 후반이 되면 무사가 무례를 범한 서민에게 기리스테고멘의 특권을 행사할 때에는 상처를 입히는 데 그치고 목숨을 빼앗아서는 안 된다는 관행이 성립되었다. 이러한 관행의 성립은 아무리 무사라고 해도 서민을 함부로 살상해서는 안 된다는 관념이 있었다는 것을 의미한다. 또한 형벌권을 행사하는 권한을 가진 자의 자기규제가 강력하게 요구되었다는 것을 의미한다.

그러나 기리스테고멘의 특권은 무사가 마음먹기에 따라서는 서민을 공포에 떨게 할 수 있는 가공할 폭력성을 내포하고 있었다. 증인으로 나서는 사람은 가해자인 무사의 친구나 동료인 경우가 많았다. 설령 서민이 증인으로 나선다고 해도 복수가 두려웠기 때문에 무사에게 불리한 증언을 하기는 매우 어려운 분위기였다. 더구나 이미 죽은 서민은 말이 없지 않은가!

기리스테고멘의 특권은 서민에게 무사는 공경의 대상이며, 또 무사에게는 매시 공순해야 한다는 것을 법률적으로 의무지운 강력한 법이었다. 기리스테고멘의 특권뿐만이 아니라 묘지의 특권과 대도의 특권도 무사와 서민간의 '거리'를 법률적으로 의무지운 법이었다. 무사의 특권은 서민에 비해 우월한 무사의 사회적 지위를 확립하는 데 결정적인 제도였다.

2. 신분서열

무사 신분의 내부에는 복잡한 서열과 차별적 질서가 있었다. 무사사회의 구성원은 상급무사와 아시가루足輕·주겐中間과 같은 하급무사로 대별하는 것이 일반적이었다. 상급무사는 시분士分, 하급무사는 일반적으로 게이하이輕輩라고 불렸다.

원래 무사는 말을 타고 전장에 나아가는 자를 가리키는 말이었다. 그러나 전국시대부터 보병의 중요성이 부각되면서 말을 타느냐 그렇지 않느냐는 명확한 기준이 되지 않았다. 무사로 분류되는 자들 중에도 말을 타지 않는 무사 수가 증가했다. 막부의 군역 규정에 의하면 200석 이상의 무사는 말을 타고 출진하도록 되어 있었다. 그 이하의 무사는 말을 타지 않고 봉공인만 거느리고 출진했다.

출진하는 아시가루 「오사카 여름 전투 병풍」 (부분)

상급무사와 하급무사의 차별은 엄정했다. 예를 들어 하급무사가 길을 가다가 상급무사를 만났을 때는 비록 비가 오더라도 신발을 벗고, 땅에 머리를 대고 엎드려 인사를 하지 않으면 안 되었다. 상급무사와 하급무사는 경제력은 물론 교육의 정도도 달랐다. 물론 서로 혼인하지 않았다. 같은 무사사회의 구성원이라도 전혀 다른 세계에서 생활하는 존재였던 것이다.

하급무사 사이에도 서열이 있었다. 아시가루와 주겐은 엄격하게 구별되었다. 아시가루는 전투원으로 분류되는 존재였다. 그래서 묘지를 사용할 수 있었고 또 다이토가 허용되었다. 무사신분으로 분류되었던 것이다. 그러나 주겐은 전투에 직접 참가하지 않는 존재였다. 그들은 주군의 무기, 갑옷, 의복, 도구 등을 짊어지고 수행하는 존재였다. 잡역에 종사하는 그들은 무사사회의 구성원이기는 했으나 무사 신분으로 대우하지 않는 존재였다. 그들의 신분은 서민으로 분류되었다.

주군의 짐을 나르는 주겐

제9장 무사와 무사사회 209

막부나 각 번에 직속한 무사는 주군을 직접 알현할 수 있는 자격이 부여된 오메미에御目見 이상과 주군을 직접 알현할 수 없는 그 이하의 존재로 대별되었다. 오메미에 이상과 그 이하의 무사 사이에는 엄격한 차별이 있었다. 막부의 경우에는 오메미에 이상의 무사를 하타모토旗本라고 하고, 그 이하를 고케닌御家人라고 했다. 하타모토는 원칙적으로 쇼군이 지교知行, 즉 영지를 나누어 주었다. 고케닌의 경우는 현물로 봉록을 받았다.

하타모토 사이에도 서열이 있었다. 조정에서 수여하는 관위의 품계, 영지의 생산량, 그리고 맡은 바 직분에 따라 서열이 정해졌다. 당연히 고케닌 사이에도 봉록의 차이, 맡은 바 직분에 따라 서열이 정해졌다. 서열에 따라 적용되는 격식과 대우가 달랐다. 각 번에 직속한 무사의 신분별 서열, 격식과 대우는 막부의 예를 따르는 것이 일반적이었다.

다이묘를 섬기는 무사는 가신 또는 가추家中라고 불렸다. 일반 무사가 종자로 거느리는 자는 와카토若党·주겐中間이라고 불렸다. 그들은 바이신陪臣 또는 마타모노又者라고도 불렸다. 그들은 쇼군이나 다이묘를 주군으로 섬기는 무사보다 격이 낮았다. 그런데 바이신이나 마타모노라는 개념은 상대적이었다. 예를 들면 막부의 하타모토·고케닌은 쇼군에 직속한 가신, 즉 지키산直参이었다. 특히 하타모토는 여러 다이묘와 대등하다는 의식을 갖고 있었다. 그들은 다이묘의 가신을 바이신이라고 차별했다. 다이묘의 가신의 입장에서 보았을 때, 일반 무사의 종자는 신하의 신하에 해당하는 존재였다. 그래서 그들을 마타모노라고 차별했다.

3. 역직과 봉록

무사는 주군에게 영지나 봉록을 받는 대신에 부담의 의무를 졌다. 가장 중요한 의무는 군역軍役이었다. 막부가 다이묘에게 군역을 부과하면, 다이묘는 다시 가신에게 부담을 전가했다. 1649년 군역령에 따르면, 고쿠다카石高 3,000석의 무사는 56명, 1,000석의 무사는 21명, 500석의 무사는 11명, 200석의 무사는 5명의 종자를 각각 거느리고 동원되었다. 종자들을 무장시키는 것도 무사의 의무였다.

평상시에는 지정된 부대에 편성되어 주군의 성을 경비하는 일, 군사적 요충지를 지키는 일, 주군이 외출할 때 경호하는 일, 특별한 임무를 띠고 에도성江戶城의 경비에 임하거나 교토의 천황 궁전을 경비하는 임무를 수행하기도 했다. 이 또한 군역의 일환이었다.

이와 같이 막부와 각 번의 직제에서 군사와 관련된 역직役職에 종사하는 일을 반야쿠番役라고 하고, 그 무사를 반카타라고 했다. 일반적으로 반番의 편성은 전시의 부대편성과 다름이 없었다. 다이묘가 민중을 지배하기 위한 행정상의 역직에 종사하는 무사를 야쿠카타라고 했다.

반카타를 무관, 야쿠카타를 문관으로 이해하는 경우가 있다. 반카타는 무관이라고 해도 무방할 것이다. 그러나 야쿠카타를 문관이라고 할 수 없다. 야쿠카타에 발탁된 자도 어디까지나 무사의 신분·자격을 유지한 채 행정을 담당하는 역직에 취임했기 때문이다. 에도 시대 무사는 야쿠카타에 발탁되는 것보다 반카타에 편성되는 것이 명예로운 것으로 여기는 풍조가 있었다. 무사는 본래 전투원이라는 본질에 뿌리를 두고 있었던 것이다.

무사가 역직에 취임하는 것은 군역에 준하는 의무였으므로 특별히 봉록이 높아진다든지 하는 일은 없었다. 봉록은 가록家禄, 즉 그 가문에 대대로 상속되는 봉록을 의미했다. 봉록이 높아진다는 것은 신분이 높아진다는 것을 의미했다. 그래서 봉록이 한번 정해지면 고정되었다.

봉록은 주군이 가신에게 주는 급여였다. 급여는 지교知行와 구라마에蔵前 두 가지 형태가 있었다. 지교는 영지를 나누어 주는 것이고, 구라마에는 쌀을 현물로 주는 것이었다. 전자는 시간이 지나면서 감소했고 후자의 형태가 주류를 이루었다. 이러한 급여 형태는 막부나 각 번이 거의 공통적이었다. 봉록은 즉 가록이었기에 한번 정해진 봉록은 역직을 승계하는 아들에게 상속되었다.

지교는 막부에 직속한 중급 이상 하타모토와 상급 고케닌, 그리고 각 번에 직속한 중급 이상의 번사藩士를 대상으로 했다. 지교를 받은 무사의 비율은 각 번의 사정에 따라 제 각각이었지만, 보통 각 번 무사의 15퍼센트 정도였고, 각 번이 보유한 토지 50퍼센트 정도가 가신에게 지교로 분배되었다. 그러나 근세의 지교는 무사가 지방에 토착하면서 농민을 직접 지배하고 징세권을 행사했던 중세의 그것과는 질적으로 달랐다. 쇼군과 다이묘는 가신의 영지, 즉 지교 지역과 촌락을 지정하는 형식을 취했지만, 가신이 직접 농민을 지배하거나 연공의 징수율을 정하지 못하도록 여러 가지 제한 장치를 마련했다.

중·하급무사는 대부분 주군의 창고에서 직접 쌀을 지급받았다. 그들을 구라마에토리蔵前取라고 했다. 구라마에토리는 연봉을 받는 기리마이토리切米取와 일급日給으로 계산해서 봉록을 받는 후치마이토리扶持米取로 구별되었다. 기리마이토리에게는 연 3회 쌀이 현물로 지급되었다. 막부에 직속한 무사는 에도의 아사쿠라浅草 미곡창에서, 각 번에 직속한 무사는 지정된 창고에서 직접 쌀을 수령했다. 후치마이는 보통 '몇 사람 후치마이'라고 정해져 있었다. 예를 들면 1인후치마이一人扶持米라면 1인 1일 5홉의 쌀을 표준으로 해서 1년에 쌀 5가마니를 수령했다.

4. 무사의 경제생활

에도 시대에는 영주가 보유하고 있는 영지의 생산량은 고쿠다카石高로 표시되었다. 에도 시대의 연공年貢, 즉 조세 수취율은 보통 40퍼센트 정도였으니까 고쿠다카의 40퍼센트 정도가 다이묘의 수입이 되었다. 가령 어떤 다이묘의 고쿠다카가 10만 석이라고 한다면 4만 석이 다이묘의 수입이 되고, 60퍼센트는 농민의 수입이 되는 것이다. 이러한 계산법은 쇼군과 다이묘로부터 영지를 나누어받은 상·중급 무사의 경우에도 적용되었다.

예를 들면, 어떤 무사에게 200석의 지교知行, 즉 영지가 주어졌다면, 그 무사는 200석의 미곡이 생산되는 영지를 지배하는 소영주가 되는 셈이다. 이 경작지에는 경작을 담당하는 농민이 생활하고 있고, 산림이나 밭도 포함되어 있었다. 영주인 무사는 이 경작지에서 연공을 수취하게 되는데, 연공 수취율이 40퍼센트 내외였으니까 연간 실제 수입은 80석 내외가 되는 셈이다. 연공을 수취하면 그 중의 일부는 양식으로

소비하고, 나머지는 미곡 시장에서 화폐와 교환한 다음 그 돈으로 생활필수품이나 군수품을 구입했다. 물론 그 경제 규모 내에서 군역에 규정된 대로 말도 한 마리 사육해야 하고, 전투원의 성격을 지니는 종자 한 사람과 네 명의 봉공인들을 거느려야 했다. 상급 무사와 다이묘도 군역 규정에 의해 사육해야 하는 말의 수, 거느려야 하는 종자와 봉공인의 수가 정해져 있었다. 물론 그들도 미곡을 화폐와 교환해 필요한 물품을 구입했다.

무사의 가계는 상상하는 것 이상으로 곤궁했다. 1,000석의 영지를 보유한 하타모토旗本의 재정을 예로 들어 보면 다음과 같다. 영지에서 들어오는 수입은 생산량의 약 40퍼센트로 추산하면, 이 무사의 총수입은 400석이 된다. 알기 쉽게 하기 위해 400석을 다시 1가마니에 3말 5되들이 가마니 수로 계산하면 1,140가마니가 된다. 미곡 시세는 10가마니에 3냥이었으니까, 이 무사의 수입을 금전으로 계산하면 340냥 정도가 된다. 거기에서 다수의 가신과 봉공인의 급여를 지급했다. 일반적인 기준으로 계산해도 가신과 봉공인에게 지급되는 보수는 150냥 가까이 되는 금액이었다. 다음에 말의 사료비, 가족들의 생활비, 기타 체면 유지비 등을 계산하면 330냥이 넘는 비용을 지출하지 않으면 안 되었다. 1,000석의 영지를 보유하고 있는 상급 무사의 경우에도 수입으로는 최소한의 경비를 겨우 지출할 수 있는 정도였다. 예비비를 지출할 수 있는 여력은 거의 없었다.

이번에는 교토京都 인근에 거주했던 300석 중급 무사의 경우를 살펴보기로 하자. 수입을 위와 같은 방법으로 계산해보면, 실수입은 약 120석이니까 가마니 수로는 약 340가마니이고, 화폐로 환산하면 약

100냥이다. 다음에 지출을 추산해보면 무사의 가족과 봉공인의 식비가 25냥, 봉공인에게 지급되는 급료가 30냥, 잡비가 25냥, 무사 일가족의 의류비 30냥 이렇게 합산하면 110냥이다. 10냥이 적자라는 계산이다.

무사의 가계는 왜 이렇게 어려웠을까? 그것은 앞에서 이미 살펴본 군역 규정 때문이었다. 그 규정에 따라서 무사는 평상시에도 군역에 정해진 종자나 봉공인을 항상 거느리고 있었다. 막부의 규정에 의하면 300석의 무사는 7인의 종자나 봉공인을 거느리게 되어 있었다. 그렇지 않아도 어려운 살림에 군역은 큰 부담이었다. 생활에 전혀 도움이 되지 않는 인원을 고용해 봉급을 주었으니까 가계가 만성적자에 허덕일 수밖에 없었던 것이다.

중·상급 무사의 생활이 이 정도였다면 군역 규정의 대상에서도 제외된 미미한 봉록을 받는 하급 무사의 생활은 어떠했을까? 상상하고도 남음이 있다. 하급 무사의 빈궁한 모양은 극에 달했다. 18세기 중엽에는 선조 대대로 전해 내려오는 무구를 매매하거나 저당 잡히고 자금을 융통하는 사례가 빈번했다. 다급한 경우에는 금융업자에게 급전을 빌려서 겨우 위기를 모면했지만, 높은 이자를 감당하기 어려웠다. 궁지에 몰린 일부 무사는 돈을 받고 무사의 '신분'을 다른 사람에게 양도하는 경우도 있었다. 상공인에게 일거리를 부탁해 우산, 나막신, 초롱 등을 만들어 돈벌이를 하는 경우도 있었다. 호구지책으로 금붕어와 새를 기르고, 꽃과 나무를 재배하고, 바둑, 장기, 꽃꽂이를 지도하는 경우도 있었다. 생활이 궁핍하다보니 무사의 사기는 저하되었고, 사풍士風은 점점 쇠퇴했다.

5. 무사와 서민 사이의 인간존재

로닌

로닌浪人은 소위 무사의 실업자였다. 그들은 생업에 종사하지 않고 생활하면서 다시 무사사회로 복귀하기를 희망하며 기회를 엿보는 존재들이었다. 취직의 기회를 잃고 궁핍해진 로닌들은 폭동을 일으키기도 했기 때문에 막부는 로닌 대책에 부심했다. 하지만 17세기 중엽 이후 평화가 정착하고, 다

로닌

이묘의 지위가 안정되면서 로닌이 다시 무사사회로 복귀할 수 있는 기회는 거의 상실되었다. 로닌들은 주로 도시에 거주하면서 검도 도장의 사범이 되기도 하고, 독학으로 의원이 되기도 하고, 문예나 연극에 전념하기도 하고, 조선의 서당과 같은 데라코야寺子屋를 열어서 아이들을 가르쳐서 생계를 유지했다. 그들 중에는 아예 상공인이나 농민이 되어 생업에 종사하는 자들이 늘어났다.

고시

고시鄕士란 농촌에서 직접 또는 간접적으로 농업에 종사하는 무사를 일컬었다. 그들은 몇 부류로 구분되었다. 첫째, 막부가 하급무사인 아시가루를 조카마치에서 동떨어진 지역에 집단으로 거주하게 하면서 그곳의 방위를 담당하게 했던 자들이었다. 둘째, 원래 무사신분이었다는 유서由緖가 있는 상층 농민에게 막번권력이 무사에 준하는 신분을 부여해서 행정의 말단기구로 활용했던 자들이었다. 셋째, 원래 농민이나 상공인 신분이었으나 막번권력에 거금을 기부하거나 큰 공을 세운 자에게 특별히 무사의 신분 표식인 묘지·다이토의 특권을 부여했던 자들이었다.

10

무사도의 형성

 중세사회에서 사무라이는 모노노후もののふ, 쓰와모노つわもの 등으로 일컬어졌는데, 근세사회에 들어와서 무사라는 호칭이 정착했다. 그리고 중세사회에서는 '활을 가진 사람의 관습', '궁시弓矢의 길'이라고 일컬어졌던 무사사회의 관습 또는 도의관념이 근세사회에 들어와서는 무도武道 또는 무사도라고 일컬어지게 되었다. 무사도라는 말이 정확하게 언제부터 사용되게 되었는지는 확실하지 않지만 대개 17세기 전기부터 사용되기 시작했을 것으로 여겨진다.
 일본사회는 전국시대를 축으로 해서 크게 전환했다. 전투방식도 크게 변화했다. 중세시대의 전투는 주로 기마무사들의 기마전을 주축으로 했는데, 전국시대 후기에 전투는 집단보병전을 주축으로 전개되었다.

무기도 크게 변화했다. 특히 전국시대에는 뎃포鉄砲라는 화승총이 대량으로 도입되었다. 중세시대에는 화살이 원거리에 있는 적을 공격하는 가장 효과적인 무기였는데, 뎃포가 그 기능을 대신하게 되면서 궁시는 전장에서 점차로 자취를 감추게 되었다. 그것은 활과 화살이 더 이상 무사의 상징이 될 수 없었던 이유였다.

무사도라고 일컬어지는 무사의 정신세계와 행동양식에 대해서는 다음 장부터 항목을 나누어서 구체적으로 살펴보기로 하기로 하고, 여기에서는 에도 시대 대표적인 무사도론에 대해 개관하기로 한다. 아래에서 소개하는 에도 시대의 무사도론 중에는 서책명과 그 내용이 다음 장부터 수시로 소개되고 인용되는 것이 포함되어 있기 때문에, 독자들이 대략적이나마 알아두는 것이 좋을 것이라고 판단했기 때문이다.

1. 오쿠보 타다노리와 『미카와모노가타리』

『미카와모노가타리三河物語』는 에도 막부의 하타모토旗本였던 오쿠보 타다노리大久保忠教가 1623년에 저술한 것이다. 타다노리는 평생 독신으로 살았다. 그는 특히 도쿠가와 이에야스徳川家康의 신임을 얻어 이에야스 옆에서 대장기를 들고 금강역사처럼 버티고 서 있었던 인물이었다. 그는 비록 다이묘大名의 반열에는 오르지 못했고, 하타모토 중에서도 최상급에 위치한 무사는 아니었지만, 누구도 두려워하지 않았으며 쇼군将軍 앞에서도 직언을 서슴지 않았던 추상같은 무사였다. 2대 쇼군 도쿠가와 히데타다德川秀忠와 3대 쇼군 도쿠가와 이에미쓰德川家光도 이에야스의 충복이었던 늙은 무사를 예의를 갖추어 대우했다.

오쿠보 타다노리는 평소에 다음과 같은 말을 입에 달고 다녔다. "주군의 집안에 대대로 충성해야 하는 가신인 후다이譜代는 좋든 싫든 주군 가문의 충직한 개처럼 충성을 바쳐야 한다." 그리고 "몇 대에 걸쳐서 주군 가문의 은혜를 입은 후다이 무사가 주군을 배반한다면, 그 죄는 아주 무거우며, 죽어서 무간지옥에 떨어진다."

『미카와모노가타리』에는 다음과 같은 이야기가 전해진다.

> 도쿠가와 이에야스의 가신 중에 오가 야시로大賀弥四郎라는 무사가 있었는데, 오가는 다케다 가쓰요리武田勝頼와 내통해서 주군인 이에야스를 암살하려고 했다. 오가는 그 계획을 사전에 아내에게 발설했다. 그러자 그의 아내는 소스라치게 놀라서 "생활에 부족함 없이 지내는 것조차 주군의 은혜이거늘, 은혜를 태산같이 입고서 불충하려 한다면 자기와 아이들을 먼저 죽여라."고 소리치면서 남편의 모반을 필사적으로 만류했다.

타다노리에게 주군은 부모와 같은 존재였다. 주군이 자신을 돌아보지 않고, 봉록도 주지 않는다고 해도 주군은 주군이었다. 무사가 주군에게 버림받아 설령 굶어 죽는다고 해도 주군을 모시는 것을 소홀히 해서는 안 되며, 어떠한 경우에도 도쿠가와 가문을 떠나서는 안 된다고 강조했다.

오쿠보 타다노리는 주군의 조건에 대해서도 언급하고 있다. 주군은 마땅히 당당한 용모를 갖추어야 하고, 전투원으로서의 기량도 겸비해야 하고, 후덕하고 포용력이 있어야 한다고 말했다. 또 자비심을 내어 가신들에게 온정을 베푸는 주군이야말로 가장 이상적이라고 말했다. 타다노리가 말하는 절대적인 충성이란 이상적인 주군에 대한 헌신의 길이었다. 그가 모델로 삼고 있었던 이상적인 주군은 다름 아닌 도쿠가와 이에야스였다. 그런데 주군이 이에야스와 같은 이상적인 인물이 아니고, 기량도 도량도 없고, 또 포악하기까지 하다면 신하는 어떻게 처신해야 할까? 타다노리가 소개한 다음과 같은 일화에서 그 대답의 실마리를 찾을 수 있을 것이다.

마쓰다이라 노부타다松平信忠는 도쿠가와 이에야스의 고조부였다. 성이 마쓰다이라씨인 것은 도쿠가와 이에야스가 도쿠가와씨를 칭하기 전에는 그 가문 본래의 성이 마쓰다이라씨였기 때문이다. 노부타다는 성정이 매우 포악했다. 그래서 가신은 물론 일반 서민까지도 공포에 떨고 있었다. 그러자 가신단이 분열되었다. 주군이 주군답지 못해도 가신들이 슬기롭게 보필하자는 의견과 주군이 주군답지 못한 노부타다를 강제로 은퇴시키고 인품이 훌륭하고 기량이 출중한 자제를 주군으로 옹립하자는 의견이 대립했다. 대립이 장기화되면서 마쓰다이라씨를 섬기던 무사사회가 혼란스러워졌다. 마쓰다이라씨 일족은 물론 미천한 봉공인들도 노부타다에게 등을 돌렸다. 이러한 분위기를 감지한 노부타다는 스스로 가독의 지위에서 물러나고, 그 자리를 아들인 마쓰다이라 기요야스松平清康에게 물려주었다.

　분열되었던 마쓰다이라씨 무사단은 노부타다의 퇴진으로 파국을 가까스로 면하게 되었다. 오쿠보 타다노리는 노부타다가 자발적으로 지도자의 지위에서 물러나는 형태로 난국이 수습되었다고 말하고 있지만, 내심으로는 지도자로서의 자격을 상실한 주군이 있다면 가신들은 무사단의 공존공영을 위해 주군을 물러나게 할 수도 있다는 논리에 동조하고 있었다는 생각이 든다.

2. 오바타 카게노리와 『고요군칸』

　『고요군칸甲陽軍鑑』은 전국시대의 전설적인 무장 다케다 신겐武田信玄의 일생과 그의 군법, 그리고 다케다씨에게 충성을 바쳤던 무사들의 마음자세에 대해 기록한 것이다. 다케다 신겐을 섬겼던 무사의 후예이며 다케다류武田流 군학軍学의 시조로 일컬어지는 오바타 가게노리小幡景憲가 1620년경에 편찬한 것으로 알려져 있다.
　『고요군칸』은 주로 다케다 신겐의 역사와 전술에 대해 기록해 놓은 것이다. 그렇기 때문에 전적으로 무사도에 관해 논술한 책은 아니다. 오히려 군학과 병법에 관한 책이라고 할 수 있다. 하지만 그 내용 중에는 다케다 신겐의 교훈과 일반 무사들을 대상으로 한 훈계가 적지 않다. 17세기 초반의 무사도를 이해하는데 많은 참고가 된다.

이 책에는 무사를 선별하는 법을 소개하고 있는데, 그 내용은 다음과 같다.

> 무사 중에서 강하면서도 분별력이 있고 또 지혜가 있는 무사가 최고의 무사인데, 이런 상급의 무사는 백 명 중에 한두 명 있을까 말까 한 정도다. 다음은 강하고 경쟁심도 있는 중급의 무사인데, 백 명 중에 여섯 명 정도다. 그 다음은 오로지 무공을 세우고 싶어 하는 하급의 무사인데, 백 명 중에 열두 명 정도의 비율이다. 마지막으로 그저 그런 무사인데, 대부분의 무사가 여기에 속한다. 중·하급의 무사는 겉으로 보기에는 제법 용맹하고 훌륭한 무사처럼 보이지만 진정한 무사의 경지에 도달하기에는 역부족인 무사들이다. 그러나 상급의 무사는 전장에서나 일상생활에서나 자율성과 자립심이 뛰어나서 어떠한 경우라도 스스로 판단해 상황을 타개할 수 있는 능력을 갖추고 있다. 결코 주변의 분위기에 휩쓸리지 않고 자신의 신념에 따라서 과감하게 행동 한다.

『고요군칸』의 내용 중 또 하나 주목되는 것은 겐카료세이바이喧嘩兩成敗 법에 대해 비판하고 있는 점이다. 겐카료세이바이는 사사로이 싸움을 했을 경우에는 그 싸움의 옳고 그름을 가리지 않고 싸움을 한 양편을 모두 처벌하는 법이다. 이 법은 센고쿠다이묘들에 의해 일반적으로 수용되었다. 일본사회는 복수의 전통이 있었기 때문에 무사단 내부의 결속을 강화하고 전력 손실을 막기 위해 어쩔 수 없이 제시된 폭력적인 법이었다고 할 수 있다.

오바타 가게노리는 겐카료세이바이 법에 대해 이의를 제기하고 있는데, 그 내용은 대략 다음과 같다.

겐카료세이바이의 원칙이 엄격하게 적용되기 때문에 사람들이 싸움을 조심하고, 그 결과 정치가 안정된 것이 사실이다. 그러나 깊이 생각해 보면 그 법은 결국 무사의 사기를 저하시키고 무사단의 전력을 약화시키는 것이다. 치욕을 당해도 반격하지 않고 적당히 사태를 마무리하는 무사는 주군에게 진정으로 충성하지도 못하는 나약한 인간이다. 주군도 그저 사고가 없기를 기원하며 세월을 보내는 풍조가 만연하면 무사는 사기를 상실하고 치욕을 당해도 분개할 줄 모르는 비겁하고 나약한 인간이 될 것이다. 이런 인간들을 가신으로 거느리고서 어찌 일단 유사시에 적을 제압하고 승리를 거둘 수 있겠는가?

무사는 전투원이었다. 분노심·투쟁심·적개심을 품고 있는 무사야말로 무사다운 무사라고 할 수 있다. 그런 무사는 치욕을 당하면 반드시 보복한다. 그렇지 않은 무사는 나약한 무사다. 나약한 무사는 주군을 위해 아무 쓸모가 없는 존재다. 그런데 쇼군과 다이묘가 겐카료세이바이 법을 내세워 무사안일하기만 기원한다. 겐카료세이바이 법은 무사단 내부의 질서를 유지하는 데 도움이 됐을지는 몰라도, 싸우면 반드시 승리하는 강한 무사를 양성하지 못한다. 나약한 무사들만 넘쳐나게 된다. 만약 전쟁이 일어나면, 그런 나약한 무사들을 이끌고 승리할 수 있겠는가? 오바타 가게노리는 위정자인 쇼군과 다이묘들에게 이렇게 반문했던 것이다.

3. 야마가 소코와 사도론

야마가 소코山鹿素行는 호조 우지나가北条氏長에게 병학을 배운 당대 최고의 병학자였다. 그는 에도 시대의 무사는 서민을 교도하는 존재이기도 했지만, 어디까지나 무사의 본질은 전투원이라는 점을 간과하지 않았다. 그런 의미에서 야마가 소코는 일본적인 정신에 주목했던 병학자였다. 그의 방대한 저술 중에는 전통적으로 무국武國이었던 일본의 가치를 발견하려고 노력한 흔적이 역력하다.

야마가 소코가 무의 가치를 중요시 한 것은 17세기 중엽 일본의 무사사회의 실태를 반영한 것이었다고 할 수 있다. 당시 일본사회는 이미 길고 긴 태평시대의 출발점에 서 있었고, 막번권력幕藩權力은 무사들에게 '농공상' 신분과는 다른 '사' 신분으로서의 사회적 지위를 자각할 것을 촉구했다. 막부가 무사들에게 유학을 장려한 것도, 무사들이 스스로 위정자임을 자각하도록 하기 위함이었다. 하지만 대부분의 무사들은 유학에 무관심했다. 여전히 전투원으로서의 무사상에 집착하고 있었다.

야마가 소코는 17세기 중엽에 활동한 유학자이기도 했다. 그는 하야시 라잔林羅山에게 주자학을 배웠다. 하지만 야마가 소코는 일본에서 가장 먼저 에도 막부의 봉건교학인 주자학을 비판하고, 공자·맹자에게 직접 배우자는 이른바 고학古学을 제창한 장본인이었다. 주자학을 비판한 것이 문제가 되어 한때 아코번赤穂藩으로 유배된 적이 있었다. 그러나 얼마 지나지 않아 사면되어 에도로 돌아와 왕성한 저술활동을 했다.

유학자인 야마가 소코가 말하는 무사의 윤리 속에는 유학적 가치가 반영되었다. 야마가 소코는 전투자로서의 자세보다는 인문적 교양을 갖춘 사대부의 윤리, 또는 위정자로서의 마음가짐에 대해 이야기했다. 그렇기 때문에 소코가 체계화한 무사의 윤리는 일반적으로 사도士道라고 해서 전통적인 무사도와는 구별되었다.

그런데 야마가 소코의 사도론士道論은 다른 유학자들의 가르침과는 달랐다. 다른 유학자들은 무사들에게 주자학적 교양을 몸에 익혀서 조선의 선비와 같은 위정자가 되어야 한다고 말했다. 하지만 야마가 소코는 일본은 전통적으로 무의 가치를 숭상하는 나라이고, 무사는 본래 전투원이라는 점을 전제로, 무사들이 스스로 위정자라는 것을 자각할 수 있도록 독려했다. 야마가 소코 사도론의 중요한 내용이라고 할 수 있는 군신론君臣論, 직분론職分論 등은 무사사회의 실태를 직시하고 제시한 대안이었던 것이다.

야마가 소코의 사도론 중에서 특히 주목되는 점은 주군 개인의 이익을 위해 봉사하는 것을 진정한 충성이라고 생각하고 있던 무사들에게 더 포괄적이고 관념적인 대상을 제시했다는 점이다. 소코는 다음과 같이 주장했다.

> 주군이란 천하만민天下萬民을 위해 설정된 정치적인 기관이며, 천하만민은 주군 개인의 소유물이 아니다. 충성이란 주군을 이익 되게 하는 것이 아니라 천하국가를 위해 행동하는 것이다. 만민이 모여서 주군을 세우고, 주군이 있고 나서 국가가 성립되었다면 만민은 국가의 근본인 것이다.

일본에서는 조상 대대로 주군 가문에 충성한 무사를 후다이譜代라고 했다. 후다이는 보통 맹목적으로 주군이나 주군 가문의 이익을 위해 일하는 것이 당연하다고 생각하고 있었다. 그런 후다이에게 야마가 소코는 말했다. "후다이도 주군의 사적 이익을 위해 일해서는 안 된다. 다이묘가 속해 있는 번藩이나 다이묘의 가문을 위해 일해야 한다."

다이묘의 가문이 '국가'의 기관이라는 관념으로 설명되었을 때 문제가 되는 것은 주군이 주군답지 않았을 때 신하의 처신 방법이었다. 다시 말하면 맹자의 방벌론을 어떻게 해석하고 적용할 것인가 하는 문제가 제기될 수 있었던 것이다.

야마가 소코는 상당히 조심스럽게 이 문제에 접근했다. 소코는 다음과 같은 요지의 말을 했다.

> 주군이 주군답지 않을 때, 신하가 주군을 폐할 수 있다. 단 신하된

자가 자신의 이해관계에 의해 잘못된 판단으로 주군을 폐해서는 안 된다. 군신관계의 변경이라고 하는 일보다 더 큰 일은 없다. 신하에게 도덕성이 갖추어져 있고, 세상의 공론이 그것을 지지하고, 그리고 무사사회의 구성원이 그것에 동조할 경우에 한해 용인되는 행위인 것이다.

야마가 소코는 비록 조건을 붙이기는 했으나 기본적으로는 방벌론의 입장에 동조하고 있었던 것이다.

일본은 주군에 대한 절대적인 충성이 미덕으로 강조되는 나라였다. 방벌론을 정면으로 거론한다는 것 자체가 어려운 일이었다. 그럼에도 불구하고 소코는 정치적으로 민감한 부분인 군신관계의 변경에 관해 말하는 것을 회피하지 않았다. 그것은 무사사회에 충성의 의미를 입체적으로 생각하는 계기를 마련해 주었다.

4. 야마모토 쓰네토모와 『하가쿠레』

『하가쿠레葉隱』는 히젠번肥前藩의 다이묘 나베시마鍋島 가문의 가신인 야마모토 쓰네토모山本常朝가 구술하고, 같은 번의 무사 다시로 쓰라모토田代陳基가 기록한 것이다. 야마모토 쓰네토모가 사망하기 3년 전인 1716년에 탈고되었다. 그것은 주로 히젠번 무사의 태도와 정신자세에 관한 내용이다.

『하가쿠레』는 곧잘 죽음의 미학이 반영된 무사도서라고 일컬어진다. 이 책은 "무사도라는 것은 죽는 것임을 깨달았다."라는 너무도 유명한 말로 시작된다. 1930년대 일본이 중국을 침략하는 것을 시작으로, 끝도 없는 전쟁의 시대로 접어들었을 때, 제2차 세계대전 중에 일본 해군의 가미카제神風 특공대가 죽음을 향한 마지막 비행을 할 때, 일본의 젊은 군인들이 이 말을 떠올렸다.

『하가쿠레』를 비판하는 사람이나, 그 정신에 매료된 사람이나, 쓰네토모의 사상을 죽음과 헌신이라고 이해하고 있다는 공통점이 있다. 그 말은 맹목적으로 죽음을 찬미하는 것으로 이해되기도 했다. 하지만 그것은 쓰네토모의 정신세계를 깊이 인식하지 못했기 때문에 일어나는 오해일 뿐이다.

『하가쿠레』는 결코 죽음을 향한 행진곡이 아니었다. 맹목적인 충성을 강요하는 책은 더욱 아니었다. 쓰네토모는 무사들에게 조건 없는 충성을 다할 것을 요구하면서도, 무사로서의 명예를 중요하게 생각하라고 말했다. 무사는 주군의 명령과 자신의 신조가 충돌했을 경우에 주군에 대해 재고해달라고 당당하게 말할 수 있는 사람이어야 한다고 말했다. 주군 개인에게 충성해야 하는 것은 말할 필요도 없지만, 더 큰 의미의 충성을 항상 염두에 두고 있어야 한다고 하면서 '국가' 즉 주군의 가문이기도 한 번藩의 안정과 번영을 위해 헌신하는 것이 더 큰 의미의 충성, 즉 '대충절'이라고 강조했다.

야마모토 쓰네토모는 무사로서의 정신을 중요시했다. 자립적이고 인격적으로 완성된 무사라야 비로소 주군 가문의 번영을 위해 헌신할 수 있고, 자신의 출세나 자기 가문의 안일보다도 주군 가문의 앞날을 걱정하는 마음을 항상 가슴에 품고 생활할 수 있다고 역설했다.

강렬한 자의식이 없는 무사는 주군의 가문을 위해서 도움이 되지 않는다. 내용을 알려고 하지도 않고, 그 영향에 대해서도 생각해 보지도 않고, 기계적으로 주군의 명령을 받드는 무사는 쓰네토모가 가장 증오하는 대상이었다. 쓰네토모는 신념이 확고한 무사만이 주군의 가문을 위해서 신명을 바칠 수 있다고 믿었다.

쓰네토모는 네 가지 서원誓願을 남겼다. 거기에는 무사도, 충군, 효행, 자비라는 네 가지 덕목이 제시되어 있다. "무사도에는 남에게 지지 않는다." "약한 모습을 보이지 않는다."는 서약이 "주군에 헌신한다."는 서약 앞에 나온다. 여기서 말하는 무사도란 전투원으로서의 명예 관념을 의미한다. 전투에 임해서는 가장 먼저 적진을 향해 돌진하며, 싸움이 일어나면 뒤를 생각하지 말고 자기의 명예를 침해하는 자를 베어버리고, 동료가 궁지에 처해 있는 것을 보면 이를 외면하지 않고, 한 번 약속하면 반드시 이행하며, 미련을 남기지 않고, 목숨을 돌보지 않고 처신하는 자세, 바로 이러한 정신을 말하는 것이다.

『하가쿠레』의 충성에 대해 많은 사람들이 오해하고 있는 것처럼, 죽음의 문제에 대해서도 많은 사람들이 잘못 이해하고 있다. "무사도라는 것은 죽는 것임을 깨달았다."라는 구절은 실은 역설이었다.

쓰네토모는 무사란 항상 죽음을 생각하고 있어야 한다고 말했다. 다시 한 번 강조하지만, 그는 죽음을 각오하라고 했지 죽으라고 하지 않았다. 죽음을 각오한 무사는 두려움이 없는 무사다. 이미 욕망에서 자유로워진 무사다. 그런 무사는 강한 무사다. 삶에 대한 미련이 없기 때문이다. 이와 같이 인격이 완성된 무사는 삶의 자유로운 경지에 도달해 일생 실수 없이 주군의 가문에 충성할 수 있는 것이다. 쓰네토모는 죽음을 강요했던 것이 아니라 이상적인 무사의 길에 대해 말했던 것이다.

5. 다이도지 유잔과 『부도쇼신슈』

『부도쇼신슈武道初心集』는 다이도지 유잔大道寺友山이 쓴 에도 시대를 대표하는 무사도에 관한 책이다. 1720년경에 탈고되어 마쓰시로번松代藩에서 간행되었다.

다이도지 유잔은 17세기 말에서 18세기 초에 걸쳐서 활동한 병학자였다. 교토京都 인근의 후시미伏見에서 출생했다. 훗날 에도로 가서 오바타 가게노리小幡景憲와 호조 우지나가北条氏長에게 병학을 배웠다. 공부를 마치고 한때 아이즈번会津藩에 출사한 적이 있으나 후에는 후쿠이번福井藩의 무사가 되었다.

『부도쇼신슈』는 주로 청년 무사들을 대상으로 한 책이다. 출사를 앞둔 무사가 지켜야 할 예의범절, 대인관계, 마음가짐 등에 대해 상세하게 기술한 지침서라고 할 수 있다. 실제로 당시의 청년 무사들은 이 책을 필독서로 하고 있었다.

유잔은 일본의 전통적인 무사도를 경시하는 태도를 비판했다. 아무리 지식이 많고 인문적 교양을 갖추고 있어도 무사로서의 정신을 제대로 갖추지 못했으면 진정한 무사가 아니라고 했다. 비록 글씨를 제대로 읽지 못하더라도 무사도를 잊지 않고 살겠다는 각오만 있다면 훌륭한 무사라고 했다. 평화시대의 나약한 무사보다는 전국시대의 기풍을 이어받은 강한 무사야말로 진정한 무사라는 것이다. 그래서 유잔은 무사를 '士'라고 표현하지 않았다. 항상 '武士' 또는 '武門'이라고 표기했다. 사무라이의 정신을 표현할 때도 '무도武道' 또는 '무사도'라고 했다.

그러나 그 내용은 『하가쿠레』보다는 강력하지 않았다. 예를 들면, 야마모토 쓰네토모는 무사가 행동할 때 그것이 의로운 것인지 그렇지 않은지를 생각하는 것을 경계했지만, 다이도지 유잔은 다음과 같이 말했다. "무사는 의와 불의 이 두 글자를 특히 마음속에 새기고, 오로지 의를 택하고 불의한 행동을 삼가야 한다는 것을 잊지 않는다면 무사도는 살아 있는 것이다." 유잔은 의와 불의를 명확하게 분별해 행동하라고 충고했던 것이다.

『부도쇼신슈』에서는 의를 행하는 무사를 그 정신의 성숙단계에 따라서 상·중·하 3단계로 구분하고 있다. 하급의 무사는 남의 눈을 의식해 의를 행하고, 중급의 무사는 사악한 생각이 일어나지만 결국에는 양심에 따라서 의를 행한다. 그리고 상급의 무사는 선과 악 사이에서 방황하지 않고 당연하고 자연스럽게 의를 행한다고 했다. 여기에서도 선과 악을 분별하고 있다는 점에서, 모든 분별을 뛰어넘는 길을 제시한 『하가쿠레』와 구별된다.

하지만 유잔은 병학자답게 무사는 항상 죽음 각오하고 생활해야 하는 것이 숙명이라고 강조하는 것을 잊지 않았다. 그는 『부도쇼신슈』의 권두 「총론」에서 매일매일 일거수일투족 죽음을 잊지 말고 생활하라고 훈계하고 있다. 마치 『하가쿠레』를 읽고 있는 듯 한 착각을 일으킬 정도로 숙연해진다. 그러나 계속해서 읽어보면 죽음을 생각하는 이유가 『하가쿠레』와는 다르다는 것을 알 수 있다. 즉 항상 죽음을 생각하며 긴장감 속에서 생활하면 무병, 장수, 재난의 극복 등 많은 복덕이 있다고 말했다. 즉 복덕을 얻기 위한 수단으로 죽음을 한시도 잊지 말라고 했다. 『하가쿠레』의 관점과는 차이가 있다는 것을 알 수 있다.

유잔은 무사도의 전통에 서서 전투원으로서의 태도와 정신을 강조했지만, 평화시대의 무사를 위해서 학문을 권유하기도 했다. 유잔은 다음과 같이 말했다. "난세의 무사는 무예를 수련하느라고 학문을 가까이 할 시간이 없어서 문맹이 많았다. 그러나 당세의 무사는 책을 읽고 글을 배우고서 무예를 연마하는 것이 좋다." 유잔은 평화시대 무사의 교육방법을 제시했던 것이다.

『부도쇼신슈』는 문무관文武観에서도 『하가쿠레』와 근본적으로 달랐다. 『하가쿠레』는 일본 전통적인 무사도의 입장에서 무사의 길을 말했다. 유교, 불교 등 종교에 마음을 기울여서는 안 된다고 말했다. 『하가쿠레』에서 말하는 무사도는 나베시마 가문의 무사도였다. 그러나 『부도쇼신슈』에는 그러한 관념이 없었다. 평화시대의 무사는 학문에도 힘써야 된다고 하면서 사서四書, 오경五経, 칠서七書 등 유학 경전의 학습을 권했다.

『부도쇼신슈』는 난세와 치세, 문치와 무치, 이상과 현실 등을 시야에 넣고 전통적인 무사도를 재구성했다고 할 수 있다. 단지 전투원으로서의 무사상만을 제시한 것이 아니라 치안을 담당해야 하는 평화시대의 무사상, '농공상農工商' 삼민三民을 교도해야 하는 위정자로서의 무사상도 아울러 제시했던 것이다.

11장

바람직한 무사도

1. 충성 - 주군과 함께, 주군을 위해

무사의 목숨은 주군의 것

　무사사회에서 충성은 가장 중요한 덕목이었다. 무사사회는 엄정한 상하관계를 근본으로 하고 있었다. 상하관계는 충성이라는 관념을 기본축으로 하고 있었다. 무사사회에서 충성이라는 덕목이 부정되면 질서가 붕괴된다는 것은 무사라면 누구나 인정하고 있었다.
　무사사회가 발전하고, 쇼군將軍 권력이 점차로 강화되면서 주종관계는 주군의 지배력이 강화되는 방향으로 전개되었다. 전국시대에 영주

권력이 정점에 도달했다. 영주는 무사단을 효과적으로 통솔하기 위해 강력한 법을 제정해 시행했다. 영주 권력이 강화되면서 무사들의 자율성은 제한되었다. 즉 영주의 개별 무사에 대한 구속력이 강화되었다. 무사가 주군에게 충성을 서약하는 것은 곧 자신의 몸을 주군에게 바치는 것이라는 생각이 무사사회에 저항감 없이 수용되었다.

무사가 주군을 대면해 충성을 서약하는 순간 무사의 목숨은 주군의 손에 달려 있었다. 조금 거친 표현이 될지 모르지만, 무사에 대한 '소유권'은 주군에게 있었다. 주군은 공公이고 무사 개개인은 사私였다. 주군에게 헌신한 무사는 사적인 감정을 앞세우거나 자기주장을 내세울 수 없었다. 멸사봉공해야 하는 것이었다. 무사라면 오랜 세월에 걸친 주군의 은혜에 감사하고, 무사의 본분을 지켜서, 아무리 어려운 상황에서도 주군을 위해서 몸과 마음을 바치지 않으면 안 되었다.

다이도지 유잔大道寺友山도 『부도쇼신슈武道初心集』에서 무사의 몸과 마음은 주군의 것이기 때문에 무사는 아무리 자기 몸이라고 해도 마음대로 할 수 없다고 했다. 무사는 언제 어느 때 주군의 일에 쓰여 질 지 예측하기 어려운 존재였다. 항상 긴장하며 대기하고 있어야 했다. 처신을 신중하게 하는 것은 말할 것도 없고, 과식하거나 과음해서도 안 되었다. 물론 음란해서도 안 되었다.

사사로운 일로 인해 사투私鬪를 벌이는 일은 매우 불충한 것이었다. 막부는 사투를 금지했다. 사사로운 싸움에서 이긴다고 해도 막부의 법을 어긴 이상 죽음을 면할 수 없었다. 무엇보다도 주군에게 큰 부담이 되었다. 막부가 주군에게 지휘 책임을 물을 수 있었기 때문이다. 싸움에서 진다면 더욱 큰일이었다. 목숨을 잃는 것 자체가 주군에 대한 불충이었다. 자기 몸은 주군 소유였기 때문이다.

무사가 싸움에서 진다는 것은 큰 불명예였다. 무사는 본래 전투원이었다. 전투원이 싸움에서 진다는 것은 매우 치욕스러운 일이었다. 그것은 주군에게도 치욕스러운 일이었다. 전투원의 자질이 없는 자를 부하로 두고 있었다는 것 자체가 체면을 크게 상하는 일이었다. 그래서 사려 깊은 무사는 항상 예의 바르게 처신했고, 남에게 양보하는 습관을 몸에 익혔다. 싸움의 실마리를 만들지 않기 위해서였다.

무사라면 언젠가 한번은 주군의 일에 크게 도움이 되고 나서 이 세상을 하직하겠다는 마음의 준비를 하고 살아야 했다. 무사가 병으로 죽는 것조차 면목이 없는 일이거늘, 하물며 경솔하게도 별것도 아닌 싸움에 휘말려 동료를 죽이고 자기도 목숨을 잃는다는 것은 가장 불충한 것이었다. 자숙하고 경계하지 않으면 안 되는 일이었다.

무사의 몸은 이미 자신의 것이 아니라는 생각이 충성의 출발점이었다. 주군에게 진심으로 몸과 마음을 다 바친 무사, 즉 진정한 의미의 헌신을 한 무사는 '나'를 주장하지 않는 법이었다. 무사들은 그러한 무아의 충성이 가장 이상적이라고 생각하고 있었던 것이다.

주군은 절대적인 충성의 대상

주군과 개별 무사와의 관계는 단지 상하관계로만 설명될 수 있는 것은 아니었다. 상하관계는 곧 존비관계尊卑関係였으며, 귀천관계貴賤関係

였다. 상위 신분인 주군은 존귀한 존재였고, 하위 신분인 무사는 비천한 존재였다. 비천한 존재는 결코 존귀한 존재를 넘볼 수 없었다. 비천한 존재가 존귀한 존재에 대해 왈가왈부하는 것은 있을 수 없는 일이었다. 그것은 천지자연의 질서를 어기는 일이었다.

주군은 절대적인 충성의 대상이었다. 가정에서 부모에게 효도하는 것이 당연하듯이, 주군은 당연히 받들어 모셔야 하는 존재였다. 17세기 후반의 판례를 참조하면, 주군을 살해한 자는 역죄逆罪라고 해서 극형으로 다스렸다. 톱으로 범인의 사지를 절단한 후에 하리스케磔라는 형벌에 처해졌다. 하리스케는 사형보다 무거운 형벌이었다. 보통 사형은 참수를 하지만, 하리스케는 십자가에 매달아 놓고 창으로 양 옆구리에서 목 뒤로, 급소를 피해서, 관통하게 찔러 고통스럽게 죽게 하는 형벌이었다. 범인의 친척들은 사형되거나 유배형에 처했다. 역죄가 최고로 엄중했다는 것은 무사사회가 주종관계를 가장 중요한 관계로 설정하고 있었다는 것을 의미했다.

중국과 조선에서는 임금과 신하의 관계를 설명하면서, 임금이 임금답지 못하면 신하는 신하답지 못하고, 임금이 신하를 초개같이 대하면 신하는 임금을 원수같이 대한다고 말한다. 그러나 일본에서는 주군이 주군답지 못하더라도 신하는 신하다워야 하며, 주군이 신하를 초개와 같이 대하더라도 신하는 주군을 하늘같이 받들어 모시라고 가르쳤다.

무사는 주군으로부터 아무리 차가운 대우를 받아도 불만을 가져서는 안 되었다. 전국시대의 무장이며 다케다 신겐武田信玄의 동생이었던 다케다 노부시게武田信繁는 그의 가훈에서 다음과 같이 말했다.

사슴을 쫓는 사냥꾼은 사슴에 온 정신이 쏠려 산을 보지 못하는 법이다. 사사로운 이해관계로 눈이 어두워지면 주군의 깊은 마음을 헤아리지 못하는 수가 있다. 그리고 아랫사람이 윗사람의 의향을 제멋대로 지레 짐작하거나 비난해서는 안 된다. 주군이 주군답지 못하다고 해도 신하는 신하의 도리를 다해야 하는 것이다.

『부도쇼신슈』의 저자인 다이도지 유잔은 청년 무사들에게 다음과 같이 말했다.

무사는 자신이 섬기는 주군에게서 설령 도저히 앞뒤가 맞지 않는 말을 들어도, 또 주군이 어떠한 질책을 하더라도 공손한 자세로 경청해야 한다. 주군이 할 말이 있으면 말해 보라고 해도 절대로 고개를 들고 변명을 해서는 안 된다. 말대답을 하는 것은 주종의 예의에 벗어난 매우 무례한 일로서 그 죄가 결코 가볍지 않기 때문이다. 마음속으로 충성을 다짐한 무사는 주군에게 진심으로 예의를 다하는 법이다. 잠을 잘 때도 주군이 있는 방향으로는 다리를 뻗지 않는다. 주군이 있는 쪽으로는 창끝과 칼끝이 향하지 않도록 조심한다. 주군에 관한 이야기를 들을 때나 자기 입으로 주군에 대한 이야기를 할 때에는 누워있었다면 일어나 앉고, 앉아 있을 때라도 자세를 바르게 해야 한다. 주군의 편지를 받거나 읽을 때는 반드시 무릎을 꿇어야 한다.

세키가하라 전투 때 도쿠가와 이에야스 군단의 선봉장으로 활약한 공으로 히로시마廣島 50만 석의 다이묘가 된 후쿠시마 마사노리福島正則의 가신 중에 나이가 많은 무사가 있었다. 그는 근무가 끝난 후에 누워서 늙은 몸을 쉬고 있었다. 그때 마침 마사노리의 종자가 와서 메추라기를 전해주며, 매사냥에서 주군의 매가 잡은 것이라고 말했다. 그러자 노무사는 즉시 일어나서 옷을 단정히 입고 주군인 후쿠시마 마사노리의 거소가 있는 방향을 향해 메추라기를 높이 들고 감사의 예를 올렸다. 그런 다음 마사노리가 보낸 종자를 크게 꾸짖었다.

주군의 심부름을 왔으면 먼저 주군이 보내서 왔다고 말을 해야 하는 것이다. 그래야 자세를 단정히 하고 예를 갖추어 물건을 수령할 수 있는 것이다. 그런데 너는 누워 있는 나에게 불쑥 주군의 말씀을 전했다. 만약 네 나이가 어리지 않았다면 용서하지 않았을 것이다.

노무사의 추상과 같은 호령에 놀란 마사노리의 종자는 얼굴이 창백해져 돌아갔다.

충성스러운 무사라면 설령 주군이 경제사정이 좋지 않아서 봉록을 주지 못하거나 감봉하더라도 불만을 표시해서는 안 되었다. 일본에서는 예부터 주군이 궁핍하면 가신들이 서로 도와서 주군을 돕고 가신이 어려움에 처하면 주군이 돕는 것이 관행이었다. 주군의 위세가 떨칠 때는 말할 필요도 없고, 설령 주군의 신상에 예기치 않은 일이 일어나 매우 곤경에 처했을 경우에도 충성심을 잃지 말아야 했다. 아군의 무사가

제11장 바람직한 무사도

백 명이 열 명이 되더라도 주군의 옆을 떠나지 말고, 적의 총탄이 빗발쳐도 충성스럽게 주군을 온몸으로 보호해야 마땅했다.

『하가쿠레葉隠』에는 오이시 쇼스케大石小助와 관련된 일화가 소개되어 있다.

　　오이시 쇼스케가 주군의 처소를 지키는 책임자로 근무하고 있을 때였다. 하루는 밤중에 괴한이 침입했다. 성내에 있는 자들 모두가 침입자를 체포하려고 큰 소동이 벌어졌다. 그런데 정작 책임자인 쇼스케의 모습이 보이지 않았다. 궁녀들이 사방을 찾아다닌 끝에 쇼스케를 찾았다. 그는 주군의 침소의 옆방에서 칼을 빼어 들고 서 있었다. 괴한이 침입했는데, 정작 주군의 주변에 사람이 없는 것을 염려해 혼자 묵묵히 지키고 있었던 것이다.

쇼스케의 정신 자세는 다른 사람과 달랐다. 쇼스케는 오로지 주군만을 생각하고 있었던 것이다.

충신은 선악을 떠나서 주군 편에 선다. 만약 동료 중에서 주군에게 무례를 범해 주군이 그 동료를 살해하려고 하는 경우에 어떻게 처신해야 할까? 『부도쇼신슈』는 청년무사들에게 다음과 같이 말하고 있다.

　　주군이 미워하는 동료를 즉석에서 제압하고, 주군을 향해 "제가 죽이도록 해 주십시오."라고 말한 다음에 그 자리에서 찔러 죽여라. 만약에 주군이 다가와서 "비켜라. 내가 베겠다."라고 말하면 "죄인을 놓아 줄 수 없습니다. 저와 같이 베십시오."라고 말해라. 그래도 비키라고 말하면 "이미 죄인은 죽은 목숨입니다. 최후의 숨은 제가 끊도록 해 주십시오."라고 말하고 즉시 찔러 죽여서 주군이 손을 더럽히지 않게 하는 것이 충성스러운 가신이다.

야마모토 쓰네토모山本常朝는 『하가쿠레』에서 다음과 같이 말했다.

내 몸을 주군에게 바치고, 살아 있으면서 귀신이 되어, 자나 깨나 주군을 생각하고, 빈틈없이 맡은바 직분을 수행해 주군의 나라를 튼튼하게 하겠다는 다짐을 해야 충성스러운 가신이다. 설령 신불神佛이 유혹해도 동요하지 않겠다는 각오를 단단히 하지 않으면 안 된다. 진정한 충성이란 이와 같이 불철주야 주군과 주군의 가문을 위해 신명을 바치는 것이다.

주군이 무사를 양성하는 이유

무사는 사치와 무관한 존재였다. 특히 처자식이 사는 주택을 과분한 비용을 들여서 꾸미는 것은 금물이었다. 주택의 내부는 비만 새지 않으면 아무리 누추해도 참고 사는 것이 바람직했다. 그러나 주택의 외관만은 신분에 걸맞게 최대한 고급스럽게 단장하는 것이 미덕이었다. 특히 현관은 사치스럽게 꾸미는 것이 바람직했다. 무사의 주택이 훌륭하게 단장되어 있는 것을 보면, 왕래하는 사람들이 무사사회가 안정되어 있다고 생각할 것이기 때문이다. 주택의 외관을 사치스럽게 단장하는 것도 주군을 위한 충성이었다.

조선시대에는 청백리가 존경의 대상이었다. 영의정이라도 누추한 집에서 살면서 겨우 끼니를 잇는 이를 칭송했다. 명재상 중의 한 사람이었던 맹사성은 남루한 옷차림으로 종자도 거느리지 않고 고향 길을 왕래했고, 그런 청빈한 모습을 서민들이 우러러 보았다. 만약에 에도 시대 일본에서 막부의 재상인 로주老中가 맹사성과 같이 남루한 옷차림으로 여행길에 올랐다면 서민들은 어떻게 평가했을까?

주군이 무사에게 영지를 하사하거나 봉록을 주는 것은 주군을 위해 봉사하라는 의미였다. 무사는 경제력에 따라서 부하 무사와 종자들을 거느리고, 신분에 걸맞게 주택을 단장해야 했다. 신분이 높은 사람은 최고급품의 비단옷을 입어야 마땅했다. 외출을 할 때에는 신분에 따라서 거느리는 종자 수도 달랐다. 소비도 신분에 걸맞게 하는 것이 바람직했다. 막부의 로주라면 당연히 제일 넓고 사치스러운 주택에서 살아야 했다. 외출할 때에는 최고급 복장을 하고, 많은 종자들을 거느리고, 위세당당하게 행진해야 했다. 그렇게 처신하지 않으면 곧 주군의 체면을 손상하는 매우 불충한 일이었다. 일본에서는 최고의 경제적 혜택을 누리는 막부의 수상격인 관리가 남루한 복장을 하고 외출하는 것은 결코 미덕이 아니었다. 불충이었다.

무사들은 주군에게 생명을 바칠 것을 서약하고, 그 대가로 영지를 하사 받거나 봉록을 받는 신분이었다. 평상시에는 특별히 할 일이 없는 실업자와 같은 존재였지만, 일단 유사시에는 적과 대전해 싸우다 죽거나, 주군이 위기에 처했을 때 적이 쏘는 총탄을 몸으로 막아 주군의 생명을 지켜야 하는 존재였다. 주군도 목숨을 담보로 하는 것이 무사의 직분이라는 것을 잘 알고 있었다. 그래서 평상시에도 많은 봉록을 주었다. 봉록은 무사의 조상 때부터 그 가문에게 주어지는 것이었다. 가문이 이어질 수 있는 것도 결국은 주군의 은혜였다. 그렇다면 무사가 주군을 위해 목숨을 바치는 것은 당연한 일이었다.

주군은 전란과 같은 비상사태가 발생하면 무사단을 이끌고 출진했다. 군역 규정에 따라서 무기를 장만하고 군사를 거느리지 않으면 안 되었다. 출진을 하면서도 거성을 지키는 군사는 별도로 확보해 두지 않으면 안 되었다. 다이묘는 이와 같은 비상사태에 대비해 평상시에도 분에 넘치는 봉록을 주며 무사들을 양성하고 있는 것이다. 그 이유는 단 하나, 평상시의 은혜를 잊지 말고, 비상시에 목숨을 바쳐 충성을 다해 주기를 기대하기 때문이었다.

마음 속 깊이 충성을 다짐하고 있는 무사는 결코 입으로 충성을 말하지 않는 법이다.『하가쿠레』에는 충성을 입에 올렸다가 죽을 뻔했던 무사의 이야기가 소개되고 있다.

나베시마번鍋島藩의 영주 나베시마 가쓰시게鍋島勝茂의 4남인 나오히로直弘의 가신이 어느 날 주군과 이야기하다가 다음과 같이 말했다. "주군에게는 진실로 의지가 되는 가신이 없습니다. 저는 평소에는 별로 일을 하지 않지만, 비상시에는 한 목숨을 던질 각오가 되어 있습니다. 그런 부하는 저밖에 없을 것입니다." 그 말을 들은 나오히로는 크게 노해 소리를 지르면서 즉석에서 칼을 뽑아 그자의 목에 대고 말했다. "우리 가신단에 목숨을 아까워하는 자가 한 사람이라도 있던가? 너 같은 건방진 놈은 용서할 수 없다." 나오히로는 그자를 베어버릴 태세였다. 주변에 있던 가신들이 당황해 말렸기 때문에 그 무사는 목숨을 건졌으나 주군의 눈 밖에 나게 되었다.

충성은 입으로 하는 것이 아니었다. 행동으로 하는 것이었다.

빈틈이 없이 주군을 섬기는 무사

도요토미 히데요시豊臣秀吉는 18세 때부터 오다 노부나가織田信長를 섬겼다. 그 당시 히데요시는 기노시타 도기치로木下藤吉郎로 불리고 있었다. 히데요시는 노부나가의 눈에 들기 위해 피나는 노력을 했다. 그의 일상은 연출에 가까울 만큼 처절하고도 집요했다. 어느 추운 겨울날 아침 노부나가의 신발을 가슴에 품어 따뜻하게 했다는 일화가 생긴 것도 그 시절이었다. 히데요시는 주어진 직분에 충실했다.

어느 날 이누야마성犬山城 부근에서 새벽에 화재가 발생했다. 오다 노부나가가 서둘러 출동하려고 하는데 말고삐를 잡고 대기하고 있는 자가 있었다. 누구냐고 물으니 도기치로라고 대답했다. 얼마 후에 노부나가가 매사냥을 나가기 위해 새벽에 일어나 "거기 누구 없는가."라고 말하자 "도기치로 여기 있습니다."라고 대답했다. 평상시에도 긴장감을 잃지 않는 히데요시는 주군을 섬기는데도 빈틈이 없었던 것이다.

에도 시대 다이묘는 참근교대參勤交代 시기가 되면 자신의 영지에서 막부의 소재지였던 에도江戶까지 행군했고, 도중에 부득이하게 혼진本陣이라는 객관에서 숙박을 하게 되었다. 다이묘 행렬이 숙박지에 도착했을 때, 주군을 가까이서 시종하는 무사는 혼진 주변의 지형을 잘 숙지해 둘 필요가 있었다. 만약에 밤에 불이 나서 주군의 숙소가 위험할 때에는 주군을 안내해서 피난해야 하기 때문이었다. 또 동서남북 각 방향에 위치한 산과 사원 등의 건물에 대해 사전에 조사해 둘 필요가 있었다. 혹시 주군이 물으면 즉시 대답해야 하기 때문이었다.

주군을 수행할 때뿐만 아니라 주군의 명령으로 심부름을 할 때도 긴장감을 늦춰서는 안 되었다. 어떤 무사가 주군의 명령으로 교토의 귀족에게 선물을 전달하기 위해 여행을 하게 되었다고 하자. 에도에서 교토까지는 길이 멀 뿐만 아니라 도중에 많은 하천을 건너야 했다. 에도 막부는 전략상 하천에 다리를 놓는 것을 금하고 있었다. 하천을 건너는 깃이 여간 번거로운 일이 아니었다. 큰 하천의 나루에는 강을 건네주고 돈을 받는 전문 업자들이 진을 치고 있었다.

하천을 건널 때는 전문 업자들을 고용해 물을 건너는 것이 안전했다. 비용을 아끼려고, 또는 하천을 건너는 데 자신이 있다고 자만해서, 스스로 건너다가 말이 넘어진다든지, 주군의 물건이 물에 젖는다든지, 종자가 상처를 입기라도 하면 큰일이었다. 또 주군의 선물이 반드시 기일을 지켜서 전달해야 할 물건이라면 함부로 배를 탄다든지 해서는 안 되었다. 배를 타면 기상 상태가 좋을 때는 목적지에 빨리 도착할 수도 있겠지만, 만약 갑자기 날씨가 나빠져서 풍랑이라도 심해진다면 낭패가 아닐 수 없었다. 사려 깊은 무사는 주군의 명령을 완수할 때까지 잠시라도 긴장감을 늦추지 않았다.

무사는 원래 전투원이었다. 평상시에는 행정 관료로서 업무를 보고, 또는 경비 업무를 담당했지만, 당장이라도 비상사태가 발생하면 그때야말로 주군을 위해 목숨을 바친다는 각오를 해야 했다. 평상시에도 무예를 연마하는 것을 게을리 하지 말아야 했다. 주도면밀한 무사는 경제력에 걸맞게 종자들을 거느리고, 말을 먹이고, 무구와 마구도 준비해 두었다. 또 전쟁이 일어났을 때 군수품을 구입하는 데 필요한 군자금도 준비해 두었다.

상급무사는 말할 필요도 없고, 하급무사도 평상시에 신분과 재력에 따라서 좋은 무기와 장비를 갖추어 두는 것이 중요했다. 가부토兜, 즉 투구와 요로이鎧, 즉 갑옷은 고급품으로 준비해 두어야 했다. 가부토는 전사했을 때 목과 함께 베어서 적진으로 가져가기 때문에 품질이 좋지 않으면 체면이 말이 아니었다. 도검도 최상품으로 준비해 두어야 했다. 하급무사라도 적의 뼈까지 벨 수 있을 정도로 예리한 도검을 준비해 두는 것이 바람직했다. 만약을 대비해서 예비로 도검을 마련해 두는 것도 잊어서는 안 되었다. 실전에서 도검으로 적의 가부토를 내려치는 경우가 있는데, 그때 도검이 부러지는 수가 있었기 때문이다. 그 밖에 전시에 무사들이 등에다 꽂아 아군을 표시하는 깃발, 개인 장비, 창이나 갑옷에 붙이는 표식, 물건에 붙이는 표식 등을 평소부터 잘 관리하는 것이 중요했다.

간언

주군이 선량하지 않고 포악하며 그 명령이 도리에 부합하지 않을 때, 가신은 어떻게 행동해야 할 것인가? 충성스러운 가신이라면 먼저 취해야 할 행위가 간언諫言이었다. 주군의 심성이 흐려졌을 때, 이것을 일깨워서 주군이 바른 정치를 행할 수 있도록 하는 것이 가신, 특히 가로家老와 같이 정치의 중심에 서 있는 인물의 책무였다.

주군의 의사에 반해 간언하는 것은 개인적으로 결코 유리하지 않았다. 주군의 명령에 반기를 든 불충한 자라는 낙인이 찍힐 수 있었다. 강제로 은퇴 당하거나 좌천될 수도 있었다. 무사사회에서 축출되어 로닌浪人의 신세로 전락할 수 있었다. 극단적인 경우에는 주군의 미움을 사서 목숨을 잃고 가문이 멸망할 수도 있었다. 간언은 전투에서 수훈을 세우는 것보다 어렵다는 격언이 생겨날 정도였다. 그러나 곤란을 무릅쓰고 주군의 행동에 제동을 거는 것이 진실로 주군과 주군의 가문을 위하는 길이라면 목숨을 걸고 간언하는 것이 충성스러운 무사의 도리였다.

주군에게 간언하기를 서슴지 않았던 무사로 에치젠越前의 마쓰다이라松平 가문의 가로였던 스기다 이키杉田壱岐를 예로 들 수 있다. 그는 주군인 마쓰다이라 타다아키松平忠昌 앞에서 머리를 조아리지 않았다. 주군의 언행이 도리에 어긋난다고 생각하면 때와 장소를 가리지 않고 직언해 주군의 잘못을 바로잡는 데 혼신을 다했다.

어느 날 타다아키가 매사냥을 마치고 돌아왔다. 그 날은 사냥감도 많았기 때문에 기분이 매우 좋았다. 그런데 스기다 이키는 주군의 면전에 나아가 매사냥에 마음을 빼앗겨 정치를 뒷전으로 하고 있다고 매섭게 비판했다. 통렬한 비판에 너무나 화가 난 타다아키가 자리를 박차고 일어났다. 주위에 있던 나이가 많은 가로들도 매우 언짢은 표정으로 스기다 이키를 쳐다보면서 말했다.

자네가 말하는 것이 아무리 옳은 일이라도 때와 장소를 가려서 진언해야 하는 것 아닌가? 주군이 매우 기분이 좋아서 돌아왔을 때 진언하지 말고, 훗날 때와 장소를 가려서 온화하게 간언하는 것이 바람직하지 않았을까? 그렇게 했다면 도량이 넓은 주군이니 받아들이지 않았겠는가.

그러자 스기다 이키는 다음과 같이 말했다.

가문이 좋은 여러분들은 나름대로의 방법이 있을 것입니다. 나는 주군의 은혜로 가로의 반열에 발탁된 신참내기입니다. 이 한 목숨 이미 주군에게 바쳤습니다. 그렇다면 추상같은 직언을 하다가 주군의 노여움을 사서 그 자리에서 주군의 칼에 죽어도 조금도 후회하지 않을 것입니다. 단지 주군의 잘못이 눈에 띈다면 때와 장소를 가리지 않고 직언해서 주군을 옳은 길로 가기를 원할 따름입니다.

스기다 이키의 말을 들은 주위 사람들은 젊은 이키의 높은 지조에 감탄했다. 마쓰다이라 타다아키도 노여움을 풀었다.

이 경우는 도량이 넓은 주군 마쓰다이라 타다아키가 다행히 자신의 잘못을 깨닫고 스기다 이키의 간언을 수용했지만, 주군이 끝내 신하의 간언을 용납하지 않고 신하를 처벌한 사례는 얼마든지 있다. 그래서 간언은 표정을 부드럽게 하고 공손하게 하라고 충고했던 것이다.

추상과 같은 언변으로 무사도를 이야기한 것으로 유명한 야마모토 쓰네토모도 간언에 대해서는 매우 신중한 태도를 취했다. 쓰네토모는 『하가쿠레』에서 다음과 같이 말했다.

> 진정으로 충성스러운 마음에서 나온 간언은 주변 사람 모르게 하는 것이다. 간언의 목적은 주군의 감정을 상하지 않게 해서 결점을 바로 잡는 데 있다. 조심스럽게 간언해서 주군이 그 말을 경청하고 잘못을 바로 잡는다면 그야말로 일석이조인 것이다.

주군의 심기를 불편하지 않게 간언한다는 것과 주군의 눈치를 살피며 아첨하는 것과는 엄연히 구분되어야 마땅하다. 간언하는 기회를 이용해 주군의 신임을 얻으려고 의도하는 신하가 있는 것이 사실이다. 주군이 사람을 식별하는 능력이 부족하다면, 그러한 신하는 매우 사려 깊고 충성스러운 신하라는 평판을 얻을 가능성이 있다. 간언은 주군의 잘못을 바로잡는 데 목적이 있는 것이지, 자신의 입지를 강화하는 데 목적이 있는 것이 아니다. 그런 행위는 매우 불충한 것이다. 그러나 이보다 더 불충한 신하가 있다. 주군의 심기를 건드릴까 무서워서 간언을 피하고 주군에게 아첨하는 신하가 바로 그러한 자였다.

민중의 가슴속에 살아있는 충신 이야기

니토베 이나조新渡戶稻造는 1900년에 간행한 『BUSIDO, THE SOUL OF JAPAN』이라는 책에서 스가와라노 미치자네菅原道眞의 가문에 충성한 마쓰오마루松王丸의 이야기를 하고 있다.

미치자네는 귀족인 후지와라노 도키히라藤原時平의 모함으로 변방으로 좌천되어 903년 2월에 억울하게 죽은 인물이었다. 참고로 미치자네는 여러 차례나 견당사遣唐使 일행을 이끌고 중국을 왕래했고, 그 공로로 높은 관직에 오른 당대 최고의 지식인이었다.

니토베 이나조가 소개한 마쓰오마루와 관련된 내용은 다음과 같다.

> 마쓰오마루의 아버지는 스가와라노 미치자네의 은혜를 입은 적이 있었다. 그러나 마쓰오마루는 어쩔 수 없는 사정으로 스가와라 가문의 적인 후지와라노 도키히라를 모시게 되었다. 그런데 도키히라는 미치자네의 아들이 피신해 숨어 있는 곳을 알아내고 죽이려고 했다. 마쓰오마루는 미치자네 아들의 얼굴을 알고 있는 유일한 인물이었기 때문에 검시관으로 임명되었다. 그런데 행인지 불행인지 마쓰오마루에게는 미치자네의 아들과 비슷한 또래의 자식이 있었다. 마쓰

오마루는 자신의 아들을 미치자네의 아들 대신에 죽게 하기로 결심했다. 마쓰오마루의 결심을 안 그의 아내는 남편의 뜻에 따랐다. 졸지에 죽을 운명에 처한 마쓰오마루의 아들도 선선히 아버지의 뜻에 따랐다. 마쓰오마루는 자기 자식을 일단 미치자네의 아들이 숨어 있는 곳으로 가게 했다. 그 다음의 이야기는 저자도 차마 입에 올릴 수 없다. 하지만 독자는 그 다음에 어떠한 일이 일어나는지 상상할 수 있으리라.

드디어 미치자네의 아들이 잡혀서 목이 베어졌다. 정해진 날에 마쓰오마루는 검시관의 신분으로 쟁반 위에 놓여 있는 소년의 수급이 미치자네 아들의 것이 틀림이 없는지 확인했다. 그는 매우 '신중하게' 수급을 살펴본 다음에 후지와라노 도키히라에게 틀림이 없다고 보고했다. 일을 무사하게 마친 마쓰오마루는 아내가 쓸쓸하게 기다리고 있는 집으로 돌아왔다. 아내는 말없이 남편을 맞이했다. 마쓰오마루는 툇마루에 걸터앉자마자 아내에게 말했다. "여보 기뻐하시오. 우리 아들놈이 주군 가문을 위해 큰일을 했구료."

니토베 이나조는 위의 이야기의 출전에 대해 말하지 않았다. 그러나 위 이야기는 18세기 중엽에 극작가 다케다 이즈모武田出雲와 그의 동료들이 합작해 쓴 『스가와라덴주테나라이카가미菅原伝授手習鑑』라는 인형극 대본에 나오는 내용의 일부다. 요컨대 이 이야기는 역사적 사실이 아니다.

그러면 생생하게 살아있는 무사도의 이야기는 전국시대를 끝으로 종언을 고했는가? 일본 역사상 가장 긴 평화가 지속되었던 에도 시대에는 주군을 위해 기꺼이 목숨을 바치고 담담하게 죽음을 맞이한 무사의 이야기는 이미 신화가 되었는가? 역사 속에 영원히 살아있으면서 언제나 일본인들을 감동하게 하고, 가슴에 북받쳐 눈물을 흘리게 하는 충신들의 이야기는 없었을까? 있었다. 사십육 의사義士의 복수 이야기가 바로 그것이었다.

1701년 3월 14일 에도성에서 아코번赤穗藩의 영주 아사노 나가노리浅野長矩가 돌연히 신분이 높은 원로 무사인 기라 요시나카吉良義央를 습격해 상처를 입혔다. 그날은 천황의 칙사를 맞이하는 날이었다. 이 불상사에 접한 에도 막부의 5대 쇼군将軍 도쿠가와 쓰나요시德川綱吉는 크게 노했다. 나가노리에게 당일로 자결을 하도록 명했다. 아사노 가문의 영지를 몰수하고, 그 가문을 멸망시켰다. 아사노 가문에 속한 무사들은 졸지에 로닌, 즉 실업 무사가 되었다.

사건의 동기에 대해서는 이론이 분분하다. 하지만 나가노리는 요시나카가 자신을 모욕하자 분을 이기지 못하고 칼을 빼어 공격했던 것은 틀림없는 사실이었다. 사건 직후 당시의 여론은 나가노리에게 동정적이었던 것은 아니었다. 칼을 빼었음에도 불구하고 적을 살해하지 못했다는 것은

아사노 나가노리, 花岳寺 소장

무사로서 수치스러운 것이라는 것이 세상의 평판이었다.

당시 사람들은 막부의 성급한 조치에 대해서도 비판했다. 이 사건은 사투私鬪라고 생각했기 때문이다. 사투, 즉 두 사람의 개인적인 싸움이라면 막부의 조치는 겐카료세이바이喧嘩兩成敗의 원칙에 따라 처리하는 것이 마땅했다. 즉 싸움 당사자 모두를 똑같이 처벌했어야 마땅했다. 그것이 전국시대 이래 무사사회의 관례였다. 그런데 쇼군 도쿠가와 쓰나요시는 아사노 나가노리에게만 자결을 명하고, 원인 제공자인 요시나카는 처벌하지 않았다. 그것은 매우 불공정한 일이었다.

특히 아사노 가문의 무사들은 막부의 조치를 납득할 수 없었다. 아무리 막부의 쇼군이라고 해도 5만3,000석의 다이묘가 직접 관련된 사건인데, 사실을 제대로 조사도 하지 않고, 쫓기듯이 당일로 사형을 선고한 쇼군 쓰나요시의 처사에 대해 강한 불만을 갖고 있었다.

아코번의 가로家老였던 오이시 요시오大石良雄는 주군의 불명예를 씻기 위해 활동을 개시했다. 가신들의 일부는 아사노 나가노리의 동생을 상속자로 해서 아사노 가문의 재건을 희망하고 있었다. 오이시 요시오는 막부의 중신들에게 아사노 가문의 재흥을 요청하는 운동을 전개했다. 그러나 이 운동은 결국 실패로 끝났다. 그러자 오이시 요시오는 직접 주군인 아사노 나가노리의 원수를 갚기 위한 행동에 돌입했다.

1702년 12월 14일 저녁, 이미 로닌이 된 아코번의 가신들이 무리를 지어 에도의 기라 요시나카 저택을 습격했다. 46명의 아코번 가신들은 피신한 기라 요시나카를 찾아내서 그의 목을 베었다. 아코번 가신들은 기라 요시나카의 수급을 들고 주군 나가노리의 묘소가 있는 센가쿠지泉岳寺까지 행군해 '원수'의 목을 주군의 묘소에 바치고 제사를 올렸다.

제11장 바람직한 무사도   253

벌써 아침이 밝아 오고 있었다.

오이시 요시오는 센가쿠지의 주지에게 아코번 가신들이 그곳에 있다는 사실을 막부에 통보하도록 했다. 그 내용은 대략 다음과 같다.

> 우리들 아사노 가문의 가신들은 어젯밤 주군의 원수 기라 요시나카의 목을 베었다. 무사로서 즉시 자결을 해야 마땅하지만, 시정을 소란하게 하고 막부의 고관을 살해한 죄가 크다. 우리는 쇼군에 대적할 의사가 추호도 없다. 법을 어긴 죄는 정말 송구스럽게 생각하고 있다. 삼가 법에 따라 처벌을 받고 싶다.

오이시 요시오가 이끄는 아코번 가신들이 정말로 법을 어긴 것을 송구스럽게 생각하고 있었을까? 그렇다면 그들은 센가쿠지에서 자결하고, 유서를 주지에게 맡겨 놓았을 것이다. 막부도 그렇게 하기를 원했을 것이다. 그런데 아코번 가신들은 '당당하게' 자신들이 센가쿠지에 있다는 사실을 막부에 '통보'했다. 이것은 막부의 쇼군에게 보내는 도전장의 성격을 지니고 있었다. 통보서의 행간을 읽으면서 사십칠 의사들이 정말 하고 싶었던 말이 무엇이었는지를 재구성해보면 다음과 같다.

> 사투는 겐카료세이바이의 원칙에 따라 양편을 다 처벌해야 마땅합니다. 그럼에도 불구하고 막부의 쇼군께서는 부당하게 우리 주군

아사노 나가노리만 죽게 했습니다. 쇼군의 법 집행은 잘못된 것입니다. 정식으로 항의합니다. 우리들 아사노 가문의 가신들은 우리 주군이 자결할 때 같이 죽었어야 마땅한 원수 기라 요키나가의 목을 베었습니다. 이제야 공평하게 되었습니다. 그렇다면 우리가 한 행동은 쇼군의 잘못을 바로 잡은 것입니다. 그러므로 의로운 것입니다. 더구나 우리의 행동은 충성을 위한 것입니다. 무사사회는 충의忠義를 근본으로 하고 있지 않습니까? 우리를 처벌하면 충성을 다한 의로운 무사들을 욕되게 하는 것이 될 것입니다. 현명한 판단을 기다리겠습니다.

오이시 요시오를 비롯한 아코번 가신들은 쇼군인 도쿠가와 쓰나요시에게 이렇게 말하고 있는 것이다.

막부는 이 사건을 어떻게 처리해야 할지 고민했다. 이들을 의사로 인정하면 법이 무너지고, 처형하면 무사사회의 근본이 무너지기 때문이었다. 막부는 이 사건을 어떻게 판결할 지 결정하기까지 2개월이라는 시간을 끌었다. 그동안 격렬한 논쟁이 벌어졌다. 막부는 결국 절충안을 택했다. 그 내용은 다음과 같았다.

천하의 공법公法인 막부의 법을 어긴 것은 그 죄가 막중하다. 무사 신분을 박탈하고 참수형에 처해야 마땅하다. 그러나 무사가 주군의 원수를 갚기 위해 궐기한 것은 가상한 일이라고 하지 않을 수 없다. 무사의 예를 갖추어 명예로운 자결, 즉 셋푸쿠切腹를 명하노라.

오이시 요시오를 비롯한 46명의 로닌들은 일약 일본의 영웅이 되었다. 그들이 죽은 지 1개월도 지나지 않아서 에도의 가부키歌舞伎 극장에서 『아케보노소가노요우치曙曾我夜討』라는 제목의 연극이 상연되었다. 그것은 누가 보아도 사십육 의사의 복수사건을 내용으로 하고 있었다. 막부는 즉시 이 가부키의 공연을 금지했다. 그러나 민중들은 열광했고, 이윽고 사십육 의사의 이야기는 『추신구라忠臣蔵』라는 가부키 연극으로 부활했다. 『추신구라』는 에도뿐만이 아니라 전국적으로 널리 상연되었다. 그 후 『추신구라』는 사십육 의사를 소재로 한 연극의 대명사가 되었다. 비슷한 줄거리의 대본이 수없이 등장하면서 사십육 의사는 민중의 가슴속에 영원히 살아남게 되었다.

도쿄東京의 미나토구港区에 있는 센가쿠지에는 아사노 나가노리와 오

자결하는 오이시 구라노스케, 安場保雄 소장

이시 요시오 묘소를 중심으로 아코번 의사들의 묘소가 있다. 지금도 참배객들이 줄을 잇고 있다. 그들은 비록 속세의 법정에서는 유죄로 판결이 나서 죽었지만, 역사의 법정에서는 무죄가 선고되었다. 배심원들은 민중들이었다. 민중 배심원들의 대부분이 그들의 거사를 의거로 평결했던 것이다.

2. 의리 - 생존과 승부를 초월한 신성한 가치

의리는 무사도의 중핵

원래 의리라는 말은 사람과 사람 사이에 지켜야 할 바른 도리를 말한다. 그러나 의리라는 말은 점차로 공동체의 구성원이 지켜야 마땅한 의무감을 의미하게 되었다. 일본인들은 곧잘 "의리보다 괴로운 것은 없다."라는 말을 한다. 의리라는 말속에 의무감이 짙게 배어 있다는 것을 알 수 있다.

의리는 주군과 가신 사이의 수직적인 관계, 무사와 무사 사이의 수평적인 관계를 결속시키는 역할을 했다. 또한 의리는 본래 '정의의 도리'를 의미했던 만큼, 무사들의 자존심을 높이고 의협심을 강화하는 데 기여했다. 의리는 무사를 무사답게 하는 가치였으며, 무사를 일반 민중과 구별하게 하는 지표였다.

19세기 중반에 활동했던 존왕양이파尊王攘夷派 지사였던 마키 이즈미

제11장 바람직한 무사도 257

真木和泉는 의리에 대해 다음과 같이 말했다.

> 비유하자면, 절의節義는 사람의 몸에 뼈가 있는 것과 같다. 뼈가 없다면 머리도 반듯하게 위에 있을 수 없다. 손도 움직일 수 없고, 다리로 설 수도 없다. 그와 같이 사람이 재능이 있다고 해도, 지식이 있다고 해도, 절의가 없다면 다른 사람 앞에 설 수가 없다. 절의가 있다면 설령 주변머리가 없는 사람이라고 해도 무사다움을 잃지 않는다.

1796년에 나가오카번長岡藩의 유학자 다카노 쓰네미치高野常道가 저술한 교훈서인 『쇼헤이야와昇平夜話』에도 다음과 같은 구절이 있다. "전국시대의 무사는 학문을 연마해 도리를 말할 정도의 여가가 없었지만 무사의 의리 하나를 목숨을 걸고 소중하게 지켰기 때문에 저절로 무사도의 큰 줄기를 잊지 않았던 것이다." 야마가 소코山鹿素行는 무사가 의를 따르지 않는다면 사람이 아니라고 극언했다. 『사카이케쿄레이酒井家教令』, 『데이조가쿤貞丈家訓』 등 무사 가문의 가훈에도 무사가 된 자의 직분은 의에 힘쓰는 것임을 예외 없이 강조하고 있다.

전국시대 이래, 일본 무사들은 개개인이 의리를 가장 중요한 덕목으로 지켜왔다. 그런 정신은 관습이 되었다. 무사들은 의리를 무사도의 본질이며 중핵으로 이해하고 실천해 왔던 것이다. 의리를 말할 때 자주 예로 드는 사료 중의 하나가 호조 우지쓰나北条氏綱의 유언장이다. 이 유언장은 1541년에 작성되었는데, 제1조에서 오로지 의리를 지키라고 당부하고 있다. 의리에 어긋나면 넓은 영토를 지배해도 수치스러운 일이고, 의리를 지키면 비록 멸망해도 후세 사람들에게 손가락질을 당하지 않는다고 했다. 이어서 우지쓰나는 "의를 지키고 멸망한 것과 의를 버리고 영화를 누린 것은 하늘과 땅 차이다."라고 단언하면서, "의리를 저버리고 행동해서 이득을 얻을지라도 천벌을 면할 수 없다."고 경고하고 있다.

  호조 우지쓰나가 말하는 '의'는 의리를 줄여서 말한 것이다. 의리는 이해득실을 초월한 가치였다. 오로지 의리를 생각하라는 것은 장래의 치욕까지도 생각하지 않으면 안 된다는 말이다. 의리에 부합하지 않는 행위는 무사도에 부합하는 행위가 아니었다. 의리는 인간세상의 가치였을 뿐만이 아니라 천도와 직접 연결되는 가치이기도 했다. 의리를 저버리면 천벌을 받는다는 말은 의리에 부합하지 않으면 일이 성사되지 않는다는 말이었다.

  에도 막부의 8대 쇼군이었던 도쿠가와 요시무네德川吉宗 또한 무사도를 장려했다. 특히 의리를 지킬 것을 강조했다. 그는 다음과 같이 말했다.

> (전쟁터에서 싸우다 불행히도 대세가 기울어) 목숨을 버릴 때에 이르러서도 한 발자국도 물러나지 않고 죽는 것은 의를 생각하기 때문이다. 승부에 구애되지 마라. 의를 등지고 이겨도 이긴 것이 아니다. 의에 부합한다면 져도 진 것이 아니다.

도쿠가와 요시무네 초상

쇼군 요시무네의 말대로라면 전투는 제쳐놓고, 이기고 지는 것도 상관없이, 단지 의리만 생각하라는 말이 된다. 요시무네도 의리를 무사도의 중핵이라고 생각하고 있었던 것이다.

무사가 의리를 가장 중요한 덕목으로 여겼기 때문에 의리에 관한 이야기는 언제나 감동적이었다. 야마모토 쓰네토모는 『하가쿠레』에서 나베시마 나오시게鍋島直茂의 말을 빌려 다음과 같이 말하고 있다.

> 사람들이 친척이 죽었을 때도 눈물을 흘리지 않는 것이 보통이지만, 아주 작은 연고도, 털끝만큼의 인연도 없는 관계, 즉 본 적도 들은 적도 없는 사람이나, 잘 알지도 못하는 사람이나, 또 오십 년이나 백 년도 더 오래 전의 사람이라도, 의리를 지킨 사람의 이야기를 들

으면 자신도 모르게 눈물을 흘린다. 정말로 의리만큼 진한 감동을 주는 것은 없다.

무사는 정말로 의리를 지키기 위해서 몸과 마음을 바쳤다. 의리는 그만큼 소중한 것이었다. 의리를 지키기 위해 죽음을 택한 무사들은 살아 있는 동안 의리를 지키려고 노력하는 무사들에게 끊임없는 감동과 눈물을 선사했다. 의리와 관련된 이야기를 들으면 눈물이 나오니까 듣고 싶지 않다고 말하는 무사는 아마도 없을 것이다. 오히려 더 듣고 싶어 할 것이다. 무사에게 의리는 바로 그런 것이었다.

주종간의 의리

무사사회에서 가장 강조되었던 것은 군신 간의 의리였다. 군신 간의 의리를 이야기할 때 규슈九州의 명장 헤쓰기 조운戶次紹運과 그 가신들의 관계가 전형적인 예로 소개되었다.

헤쓰기 조운은 한때 나지마성名嶋城에서 사쓰마薩摩 군단의 공격을 막아내고 있었다. 사쓰마 군은 대군이었을 뿐만 아니라 용맹하기로 이름이 나 있었다. 조운은 그 성에서 싸우다 죽을 각오를 했다. 그는 부하들 중에서 연로한 부모가 있는 자는 고향인 다치바나立花로 돌아가라고 명령했다. 형제가 같이 참전한 경우에는 둘 중에 한 사람은 고향으로 돌아가라고 했다. 그러나 조운의 말을 듣고 돌아가겠다고 나서는 무사는 한 사람도 없었다. 무사들은 주군이 전사하는 것을 뻔히 알면서 버려두고 갈 수 없었다. 생명보다 군신 간의 의리가 무거웠기 때문이었다. 곧 전투가 벌어졌고, 삼백 명의 결사대는 몰사했다.

전투가 한창일 때 헤쓰기 조운은 한 명의 가신을 불러, 고향으로 가서 나지마성의 상황과 적이 곧 다치바나로 진격할 것이라는 사실을 알리도록 했다. 주군의 명령을 받은 무사는 즉시 다치바나로 달려가서 사명을 완수한 후에 그 자리에서 자결했다. 아무리 주군의 명령이라고 해도, 곧 전사할 주군과 동료 무사들을 뒤로하고 돌아온 것은 면목이 없는 일이었다. 그는 치욕스럽게 목숨을 연명하느니 차라리 죽어서 의리를 지키는 길을 선택했던 것이다.

사누키讚岐(지금의 카가와현香川縣)의 소고十河 성주로 소고 카즈마사十河一存라는 무사가 있었다. 그는 1532년 가을, 사무카와성寒川城의 사무카와 모토마사寒川元政를 공격하려고 준비하고 있었는데, 사무카와씨 가신의 아들인 가모베 겐지鴨部源次가 어렸을 때부터 소고 카즈마사의 성에 와서 성장했다. 이윽고 출진을 하려고 했을 때, 카즈마사는 겐지를 불러서 고향인 사무카와로 돌아가서 형제와 같이 참전하라고 말했다. 전쟁이 일어나면 겐지는 옛 주군에게 창을 겨누게 되고, 그것은 의리상 있을 수 없는 일이라고 카즈마사는 생각했기 때문이다. 겐지는 눈물을 흘리며 다음과 같이 말했다.

무사는 의리를 소중히 하는 법입니다. 저는 오랫동안 소고 집안의 은혜를 입었고, 그동안 두 마음을 품지 않고 주군을 섬겼습니다. 만약 주군께서 저의 충정을 의심한다면 정말 억울합니다. 그렇다면 내일 전투가 벌어지자마자 싸우다 죽어서 제 속마음을 주군께 보여드리겠습니다.

가모베 겐지의 말을 들은 카즈마사는 다시 간곡하게 타일렀다.

네가 고향으로 돌아가지 않는다면 네 의리는 설지 모르나 나는 네 옛 주군과 부모에 대해 의리를 저버리는 것이 된다. 너는 사무카와 씨의 가신이었기 때문에 의리를 저버리게 할 수 없다. 옛 주군에 대한 의리를 저버린다면 무사가 아니다. 나의 의리도 서지 않을 뿐만 이 아니라 너의 의리도 서지 않는다.

겐지는 할 수 없이 소고 카즈마사에게 하직인사를 올리며 말했다. "소고 집안에 대한 의리도 지켜야 마땅하지만, 일단 전장에 나아가면 오늘의 주인도 적이 됩니다. 주군에 대해 칼을 겨누는 자는 나의 형제와 동료들이기 때문입니다." 두 사람은 눈물을 흘리며 이별했다.

가모베 겐지는 고향으로 돌아갔다. 얼마 후, 소고는 사무카와성을 공격했다. 나가오長尾의 전투에서 겐지는 8명의 무사와 50명의 종자를 이끌고 소고 카즈마사의 본진으로 돌격했다. 카즈마사가 보는 앞에서, 겐지는 소고 카즈마사의 친위대 3명의 목을 베고, 8명에게 중상을 입했다. 그리고 겐지는 전사했다. 은혜를 입은 주인이라도 일단 적이 되면 용서하지 않고 공격하는 것은 옛 주군에 대한 의리를 저버리지 않기 위해서였다.

동북 지방 최대의 다이묘 가모 우지사토蒲生氏郷의 휘하에 마쓰쿠라 겐스케松倉権助라는 무사가 있었다. 그는 원래 야마토大和 지방의 다이묘 쓰쓰이 준케이筒井順慶를 섬기고 있었는데, 그때는 겁쟁이 무사로 소문이 나 있었다. 어느 날, 그런 그가 쓰쓰이 우지사토에게 와서 머리를 조아리면서 말했다. "인간은 쓰기 나름이라는 말을 들었습니다. 용장 밑에 약졸 없다는 말도 알고 있습니다. 저 같은 겁쟁이도 가모 우지사토와 같은 용장 밑에 있으면 쓸모가 있을지 모르겠습니다." 가모 우지사토는 즉석에서 쓰쓰이 겐스케를 가신으로 맞아들여 2,000석의 영지를 주고 소부대를 지휘하게 했다. 그때부터 겐스케는 싸울 때마다 눈부신 활약을 했다. 그러다가 결국은 치열한 전투의 현장에서 장렬한 최후를 마쳤다. 우지사토는 겐스케의 전사 소식을 듣고 탄식했다. "그를 채용하는 것이 3년만 늦었어도, 죽지 않을 수도 있었던 전투에서 무리하게 전사하지는 않았을 것이다. 그를 중용한 것은 내 잘못이다. 아까운 무사를 잃었다."

겁쟁이라고 소문이 났던 나약한 무사가 어느 날 갑자기 용맹한 무사로 거듭날 수 있었던 요인은 무엇이었을까? 더구나 역전의 용사도 감히 엄두도 못내는 혁혁한 무공을 세우고, 주군이 보는 앞에서 장렬하게 전사하는 용기는 어디서 나온 것일까? 그는 겁쟁이라고 소문이 난 자기를 마다하지 않고 중용한 주군을 위해 죽기로 작정했던 것이다. 무사는 자기를 알아준 주군을 위해 죽음으로 은혜를 갚는다. 이것이 무사의 의리였다.

 무사는 주군을 바꾸어 섬길 수 있었다. 전국시대는 물론 에도 시대의 무사들이 주군을 바꾸는 것은 흔한 일이었다. 처음에는 한 가문을 위해 대대손손 충성을 다하리라고 다짐을 해도 부득이한 사정이 있어서 떠나는 경우도 있을 수 있었다.

 무사는 다른 가문에 출사한 후에도 전에 근무했던 가문의 이야기는 하지 않는 것이 도리였다. 다이도지 유잔도 『부도쇼신슈』에서 그 점을 강조했다.

> 어떤 가문에서 잠시라도 봉록을 받았다면, 그 가문과는 특별한 인연이 있었을 터이다. 봉록을 받아 그동안 생활을 했고, 자식들도 양육할 수 있었다면 큰 은혜를 입은 것이다. 그렇게 생각한다면 하루라도 주군으로 섬겼던 사람의 이야기를 입에 올리지 말아야 한다. 더구나 세상에 알려지지 않은 이야기까지도 자기만이 알고 있다는 것을 자랑하며 떠드는 것은 의리를 소중히 생각하는 무사가 할 짓이 아니다. 설령 전 주인이 막부의 법을 어겨서 처벌을 받았다고 해도 자세한 이야기는 하지 말아야 한다. 다른 사람이 물어보아도 좋지 않은 일은 한 마디도 입에 올려서는 안 된다.

 무사가 전에 섬기던 주군의 이야기를 입에 담지 않는 것은 전 주군에 대한 의리를 지키기 위해서였다.

 주군 또한 가신에 대해 의리를 지키지 않으면 안 되었다. 주종관계를 맺은 이상 능력이 부족하거나 불성실한 가신이 있어도 그를 업신여기거나 미워하지 말아야 한다. 심지어 법을 어긴 가신까지도 자비심으로 포용하는 것이 무사단을 이끄는 지도자의 의리였다.

『하가쿠레』에는 다음과 같은 일화가 소개되어 있다.

> 나베시마가鍋島 가문의 가신으로 사이토 요노스케斎藤用之助라는 무사가 있었다. 그의 집은 당장 먹을 쌀을 걱정해야 할 정도로 가난했다. 아내는 신세를 한탄했다. 그러자 요노스케는 칼을 차고 밖으로 나갔다. 마침 말 열 마리에 쌀을 싣고 가는 상인이 있었다. 그 상인은 나베시마번의 창고로 그 쌀을 운반하고 있던 중이었다. 요노스케는 성명을 밝히고 그 쌀을 강탈해 집으로 가져갔다.

사이토 요노스케는 백주에 나베시마번의 공용미를 강탈했던 것이다. 나베시마번은 즉시 요노스케를 체포해 조사한 후 사형에 처하기로 결정했다. 공용미를 강탈한 죄가 무거웠기 때문이다. 당주였던 나베시마 가쓰시게鍋島勝茂는 측근을 시켜 부군父君인 나오시게直茂에게도 그 사건의 전말을 상세하게 보고하도록 했다. 그 사건에 대한 보고를 들은 나오시게는 부인을 향해 말했다.

> 부인, 지금 이 말을 들었소. 사이토 요노스케를 사형에 처한다고 하는구료. 정말 측은하기 이를 데 없지 않은가? 요노스케는 일본국에

중국을 더한 것보다 중요한 목숨을 수차례에 걸쳐서 우리 가문을 위해 바쳤소. 피투성이가 되어서 우리 히젠노쿠니肥前国를 지켜온 것은 사이토 요노스케의 공적인 것이요. 오늘 날 우리가 주군이라고 불리며 편안한 날을 보내는 것도 가신들의 덕택이 아닌가? 그 중에서도 요노스케는 다른 무사와 비교할 수 없는 용사였소. 몇 번이나 공훈을 세운 자였소. 그런 자를 쌀이 떨어지게 한 나야말로 큰 죄인이요. 요노스케에게 아무 잘못도 없는데, 그를 죽이고서 우리들이 어떻게 목숨을 부지하고 있을 수 있겠는가? 아이고 불쌍한지고. 나베시마 나오시게는 부인과 함께 하염없이 울었다. 보고하던 측근이 난감해 하며 물러나서 당주인 가쓰시게에게 그대로 보고했다. 깜짝 놀란 가쓰시게는 사이토 요노스케를 당장 석방하겠다는 뜻을 나오시게에게 전했다. 이 소식을 들은 나오시게는 매우 기뻐했다.

　나베시마 가문의 역대 다이묘들은 가신을 생각하는 마음이 남달랐다. 나베시마 가쓰시게의 손자 나베시마 미쓰시게鍋島光茂는 참근교대를 하기 위해 에도로 가는 중에 임시 숙소에 숙박을 하게 되었다. 그날 밤 자다가 허리가 아파서 시종 무사를 불렀으나 대답이 없었다. 다음 날, 시종무사가 변소에서 졸고 있었다는 것이 밝혀졌다. 이것이 문제가 되어 그 무사는 처벌을 면할 수 없게 되었다. 무사에게 처벌이 내려진다면 대부분이 사형이었다. 그 사실을 알고 있는 미쓰시게는 그 무사가 베개를 베고 잤는지 그렇지 않았는지 조사하게 한 후에 "자고는 있었지만 누워서 잔 것은 아니지 않는가? 긴 여행길에 잠깐 졸 수도 있다."고 말하며 용서했다.

나베시마 가문의 무사들이 주군에게 절대적인 충성을 하는 것으로 유명했던 것은 주군이 가신들을 넉넉한 마음으로 포용하면서 의리를 실천했기 때문일 것이다. 절대적인 충성과 의리의 중요성을 이야기한 『하가쿠레』의 저자 야마모토 쓰네토모山本常朝는 바로 나베시마 가문의 가신이었다.

가족 간의 의리

전국시대에는 다이묘 상호간에 정략적으로 혼인을 하는 경우가 많았다. 오다 노부나가織田信長도 자기 여동생인 오이치お市를 아자이 나가마사浅井長政에게 시집보낸 적이 있었다. 혼인은 동맹을 의미했다. 혼인을 통한 동맹은 원원전략의 성격을 띠고 있었다. 전국시대에는 무장들의 혼인망이 복잡하게 얽혀 있었다. 사돈 상호간에 전쟁을 하는 경우도 있었다. 그런 곤란한 경우에 처했을 때, 당사자는 어떻게 생각하고 처신했을까?

1587년 5월 동북 지방의 대영주 다테 마사무네伊達政宗가 오자키 요시타카大崎義隆를 공격하려고 했다. 당시 다테씨의 본거지는 요네자와米沢였고, 오자키씨의 본거지는 지금의 미야기현宮城縣에 있었다. 다테군의 지휘관은 다테 우에노스케伊達上野介였는데, 그는 구로카와 겟슈사이黑川月舟斎의 사위였다. 그런데 구로카와는 오자키 요시타카의 동생인 오자키 요시야스大崎義康를 양자로 맞아들였다. 그러니까 구로카와 겟슈사이의 입장에서 보면, 자신의 사위가 양자의 형을 공격하게 된 것이다.

구로카와 셋슈사이가 지배하던 고오리郡는 다테씨의 영지와 오자키씨의 영지 사이에 위치해 있었다. 다테씨가 오자키씨를 공격하려면 고오리를 통과하지 않으면 안 되었다. 다테군의 지휘관이었던 우에노스케는 자신의 장인인 구로카와에게 사자를 파견해 길을 빌려 줄 것을 간청했다.

자신의 사위가 보낸 사자를 접견한 구로카와는 다음과 같이 말했다.

> 다테군을 이끌고 있는 우에노스케는 내 사위이지만, 양자인 요시야스는 오자키 요시타카의 동생이다. 어느 편을 들어야 할지 난감하다. 피를 나눈 딸의 편을 들고, 현재의 양자인 요시야스를 타인이라고 해 외면한다는 것은 무사가 취할 태도가 아니다. 나는 의리를 무겁게 알고 사적인 것을 가볍게 하는 것을 평생의 신조로 삼고 있다. 내가 살아 있는 한 길을 빌려 줄 수 없다. 우에노스케에게 전하라. 지금부터 나를 장인이라고 생각하지 말라고. 아무리 부자지간이라고 해도 허용할 수 없는 일이라고 전하거라.

구로카와 셋슈사이는 이렇게 말하며 사위인 다테 우에노스케와 작별을 고했다. 장인의 단호한 입장을 확인한 다테 우에노스케는 할 수 없이 정면 돌파해서 오자키씨를 향해 전진하려고 했다. 그러나 구로카와씨 군대에게 포위당해 1만3,000명의 군사가 순식간에 300명으로 줄

어들었다. 다급해진 우에노스케는 다시 장인인 구로카와 셋슈사이에게 사신을 파견했다. 우에노스케는 장인인 셋슈사이에게 퇴로를 열어주어 남아 있는 군사의 목숨이라도 살려달라고 애걸했다. 하지만 구로카와는 침묵했다.

그러자 옆에서 지켜보고 있던 구로카와의 양자인 요시야스가 나서서 구로카와 셋슈사이에게 말했다.

양부께서는 "아무리 사위라 하더라도 양자를 외면할 수 없다. 그것은 무사의 길이 아니다." 이렇게 말씀하셔서 사위와 원수지간이 되었습니다. 그것은 양부가 저 요시야스를 친자식과 다름이 없다고 생각했기 때문입니다. 저로 인해 양부가 사위를 죽게 내버려두지 않을 수 없는 상황이라면 저 또한 침묵하고 있을 수는 없습니다. 그것은 의리가 아니기 때문입니다. 제 청을 들어 주시기 바랍니다. 만약에 제 청이 수용되지 않는다면 여기서 자결을 하겠습니다. 양부의 사위인 다테 우에노스케는 틀림없이 전사하게 될 것이기 때문입니다. 여기서 자결을 하는 것이 다테 우에노스케에 대한 저의 의리라고 생각합니다.

양자인 요시야스의 말을 듣고 있던 구로카와 겟슈사이는 눈물을 흘리며 말했다.

너는 실로 부모의 마음을 알고 있다. 네가 간곡하게 말을 하니 너의 의리 또한 외면할 수 없다. 너로서는 다테 우에노스케에 대한 의리도 있을 것이고, 나에 대한 의리도 있을 것이다. 앞으로 모든 일을 너에게 일임할 터이니 잘 처리하도록 해라.

구로카와 셋슈사이의 허락이 떨어지자, 오자키 요시야스는 즉시 다테 우에노스케가 보낸 사자에게 그 뜻을 전하고, 스스로 전장으로 나아가 포위망을 열어 주었다. 그리하여 다테 우에노스케를 비롯한 다테군은 무사히 돌아갈 수 있었다.

1563년 다케다 신겐武田信玄은 조슈미네上州峰 성주 오바타 시게사다 小幡重定를 소환해 이혼을 하도록 요구했다. 오바타의 처가 다케다씨의 적인 나가노씨長野氏의 딸이라는 것이 그 이유였다. 신겐은 오바타가 이혼을 하면 즉시 후다이譜代 가문의 딸 중에서 배필을 정해 혼례를 올리도록 할 것이라는 말을 덧붙이는 것도 잊지 않았다.

신겐의 말을 묵묵히 듣고 있던 오바타 시게사다는 무겁게 입을 열었다.

주군의 은혜는 무엇과도 비할 수 없습니다. 주군을 위해서라면 무슨 명령이라도 성실하게 받들겠습니다. 그러나 제 처는 27년 간 같이 살아온 사람입니다. 아이들도 많이 낳아 키웠습니다. 그야말로 조강지처입니다. 오늘날까지 정숙하게 남편인 저를 받드는 데 소홀함이 없었습니다. 절대적인 주군의 명령이라고 해서, 도저히 거역할 수 없는 일이라고 해서, 제가 처와 이혼한다면, 제 처는 돌아갈 곳이 없습니다. 필경 길거리에서 굶어 죽을 것입니다. 제 처의 수치는 곧 저의 수치입니다. 저의 의리는 설 곳을 잃습니다. 명령을 거두어 주기 바랍니다. 주군께서 어떠한 조치를 취한다고 해도 달게 받겠습니다. 조슈미네의 성을 포기하라고 하신다면 그렇게 하겠습니다. 그러나 이혼만은 할 수 없습니다. 용서하기 바랍니다.

오바타 시게사다의 말을 다 들은 다케다 신겐은 다만 침묵할 수밖에 없었다. 시게사다의 처에 대한 의리가 확고부동했기 때문이다.

이런 이야기도 전해진다. 1579년 12월 오다 노부나가가 아라키 무라시게荒木村重를 공격했을 때의 일이었다. 아라키 무라시게는 한때 노부나가를 섬겼으나 배반하고 모리씨毛利氏 편에 섰던 인물이었다. 노부나가의 공격으로 셋쓰摂津에 있던 무라시게의 성이 함락되었고, 미처 성을 빠져나가지 못한 사람들이 포로로 잡혔다. 당시 포로들을 모두 극형에 처해지는 것이 보통이었다. 포로들은 다음 날의 처형을 기다리고 있었다.

그날 저녁 성을 탈출했던 아라키 고로자에몬荒木五郎左衛門이라는 무사가 다시 성으로 돌아왔다. 그는 평소에 처와 사이가 좋지 않아 별거 상태로 지내고 있었던 무사였다. 그런데 아라키의 처가 포로로 잡혔다. 아라키는 처의 목숨이 경각에 달렸는데 그녀를 버렸다고 소문이 나면 무사로서 의리가 서지 않는 일이라고 생각했다. 그래서 다시 성으로 돌아와서 처를 살려달라고 청원했다. 그러면서 처 대신에 자기가 죽겠다고 했다. 그러나 노부나가는 그의 청을 들어주지 않았다. 아라키는 그러면 부부를 같이 처형해 달라고 했다. 그래서 아라키 부부가 같이 하리스케형磔刑에 처해졌다. 아라키 고로자에몬은 남편으로서의 의리를 지키기 위해 목숨을 버렸던 것이다.

무사 상호간의 의리

도요토미 히데요시가 죽은 후, 도쿠가와 이에야스는 노골적으로 정권 쟁탈의 야욕을 불태우기 시작했다. 때마침 도요토미 히데요시를 섬겼던 무사들 사이에 내분이 일어났다. 특히 이시다 미쓰나리石田三成를 중심으로 하는 일파와 가토 기요마사加藤清正를 중심으로 하는 일파가 대립했다. 이에야스는 가토 기요마사 일파와 손을 잡고 세력을 넓혔다. 도요토미 정부의 실권을 장악한 이에야스는 은밀하게 독자적인 정권을 수립할 계획을 추진했다.

이에야스의 음모를 맨 먼저 알아차린 것은 히데요시의 충실한 부하였던 이시다 미쓰나리였다. 미쓰나리는 도쿠가와 이에야스를 제거하려고 결심했다. 미쓰나리는 먼저 가장 신뢰하는 친구이며, 에치젠越前 쓰루가敦賀 5만 석의 다이묘인 오타니 요시쓰구大谷吉継에게 거사 계획을 털어놓고 협력을 요청했다. 1600년 7월 2일의 일이었다.

당시 오타니 요시쓰구는 동북 지방 아이즈会津의 다이묘 우에스기 가게카스上杉景勝를 정벌하러 출진한 도쿠가와 이에야스를 따라 자신의 부대를 이끌고 행군하던 중이었다. 오타니는 나병에 걸려 있었다. 이미 신체도 자유롭지 못했고, 눈도 거의 실명하고 있었다. 더구나 오타니는 이에야스 편에 서 있었다. 그럼에도 이시다 미쓰나리는 오타니 요시쓰구를 믿고 모든 것을 털어놓았다.

이시다 미쓰나리의 이야기를 경청한 요시쓰구는 미쓰나리에게 이에야스 토벌계획을 철회할 것을 간곡하게 종용했다. 누구보다도 이에야스의 실력을 잘 알고 있던 오타니는 싸움에 승산이 없다는 것을 잘 알고 있었다. 그러나 미쓰나리의 생각은 확고했다. 오히려 요시쓰구에게 도요토미씨를 위해 자신의 거사에 가담해 줄 것을 정중하게 요구했다. 요시쓰구는 미쓰나리와 며칠을 같이 보내면서 거사를 그만 둘 것을 거듭 설득했다.

그러나 오타니 요시쓰구는 한없이 지체할 수 없었다. 도쿠가와 이에야스가 이끄는 정벌군에 합류하기 위해 길을 재촉하지 않을 수 없었다. 요시쓰구는 미쓰나리에게 작별을 고하고, 자신의 부대를 이끌고 북으로 향했다. 그러나 요시쓰구의 발걸음은 천근만근이었다. 요시쓰구는 며칠을 고뇌하다가 행군 중에 다시 충성스런 가신인 히라쓰카 다메히로平塚為広를 이시다 미쓰나리에게 보내 다시 한 번 토벌계획을 철회할 것을 진심으로 충고했다. 그러나 미쓰나리의 결심은 요지부동이었다.

미쓰나리의 마음을 되돌릴 수 없다는 것을 안 오타니 요시쓰구는 고민을 거듭한 끝에 결국 말머리를 돌려서 미쓰나리의 군영으로 향했다. 오타니에게 가장 중요한 것은 의리를 지키는 것이었다. 자신을 믿고 모든 비밀을 털어놓은 미쓰나리를 위해 죽기로 작정했던 것이다. 미쓰나리가 흉금을 터놓은 지 10일 째 되는 7월 11일의 일이었다.

의리를 지키기 위해 승산 없는 싸움에 목숨을 걸었던 나가이 하야토

永井隼人의 이야기도 사나이의 가슴을 뭉클하게 한다. 나가이는 16세기 말 셋쓰摂津 지방의 다이묘 와다 이가노카미和田伊賀守의 객장이었다. 나가이가 와다에게 몸을 의탁했을 당시, 와다는 셋쓰 지방의 실력자인 아라키 무라시게荒木村重와 대진하고 있었다.

아라키의 군사는 3500명 정도였고, 와다의 군사는 겨우 800명 정도였지만, 와다군은 요새를 건설하고, 지형을 잘 이용해 싸우면서 아라키군을 곤경에 빠뜨렸다. 연전연승에 교만해진 와다는 먼 곳까지 나아가 싸우려고 했다. 그러자 나가이는 그 계획이 매우 위험하다며 다음과 같이 진언했다. "아군이 지금까지 적은 수로 많은 적을 이긴 것은 요새의 이점을 살렸기 때문입니다. 조금이라도 작전지역을 넓히면 위험합니다. 계획을 취소하는 것이 좋을 듯합니다." 그러나 와다는 나가이의 충심 어린 진언에 귀를 기울이려 하지 않았다. 그러자 나가이는 와다에게 다음과 같이 말하고 전투에 참여했다. "그렇게 간곡하게 말했는데도 계획을 수정하지 않으니 할 수 없습니다. 제가 그동안 와다 가문에 신세를 졌으니 한 목숨을 바쳐서 지금까지의 은혜에 보답하고자 합니다." 그러나 싸움은 나가이가 예상했던 바와 같이 와다군의 참패로 끝났다. 와다 이가노카미가 전사했고, 대장을 잃은 와다군은 순식간에 전멸했다. 나가이 하야토도 최후까지 와다를 보호하며 싸우다가 장렬한 최후를 마쳤다.

나가이는 와다의 가신이 아니었다. 또 오랜 기간 동안 와다 이가노카미의 은혜를 입었던 것도 아니었다. 그러나 나가이 하야토는 잠시라도 은혜를 입었으면 목숨을 걸고 의리를 지키는 것이 무사의 도리라고 생각했던 것이다.

은혜를 입으면 반드시 의리를 지켜야 한다는 것은 무사사회 성립 당시부터 지켜져 내려온 불문율이었다. 주군과 가신의 관계에서는 말할 필요도 없고, 동료나 친한 친구 사이에도 신세를 지면 반드시 보답하는 것이 무사의 도리였다.

앞에서도 말했듯이, 의리라는 말속에는 어느 정도의 강제성이 내포되어 있었다. 그렇기 때문에 무사는 함부로 은혜를 구걸하지 않았으며, 아무에게나 신세를 지지 않았다. 그리고 정에 끌리지 않도록 경계했다. 도저히 피할 수 없는 경우도 있었겠지만, 본인이 주군으로 섬겨야 되겠다고 결심이 서지 않는 이상 봉록을 받지 않았다. 봉록을 받거나 정이 두터워지면 무사의 의리상 반드시 보답을 해야 했기 때문이다.

호소카와 타다오키細川忠興는 도요토미 히데요시에게 자금을 빌린 적이 있었다. 한때 히데요시와 사이가 나빠져서 차용금을 갚지 않으면 안 되었으나 자금이 없어서 매우 곤란한 지경에 처했다. 그러한 사정을 안 도쿠가와 이에야스는 타다오키에게 선뜻 거금을 빌려 주었다. 타다오키는 그때 온정을 베풀어주었던 이에야스와의 의리를 저버릴 수 없었다. 그래서 1600년 9월 세키가하라関ヶ原 전투가 벌어졌을 때 도쿠가와 이에야스의 편에 서서 도요토미씨를 공격하는 데 앞장서지 않을 수 없었다.

한편 가고시마鹿児島의 영주 시마즈 요시히로島津義弘는 도쿠가와 이에야스에게 자금을 빌렸지만 그것을 변제하지 않은 채 세키가하라 전투 때 이시다 미쓰나리의 편에 붙어서 도쿠가와 이에야스를 대적했다. 그러자 시마즈 요시히로는 무사의 의리를 저버린 무사라는 평판이 자자했다. 의리는 그만큼 사회적인 구속력이 있었던 것이다.

『하가쿠레』에는 다음과 같은 일화가 소개되어 있다.

> 임진왜란 때 조선에서 있었던 일이다. 어느 날 나베시마 나오시게 鍋島直茂가 높은 곳에서 아래를 내려다보니, 무사들이 갑옷 위에 덮어서 화살을 막던 호로母衣라는 포대를 모두 벗어버리고 제멋대로 휴식을 취하고 있었다. 나오시게는 매우 화가 나서 말했다. "진중에서 무구를 벗는 것은 있을 수 없는 일이다. 누가 가서 호로를 맨 처음 벗은 자의 이름을 물어보고 오라. 죄를 물어야겠다." 나베시마의 사자가 휴식을 취하고 있는 무사들에게 주군의 뜻을 전하자 모두 놀라서 안절부절 했다. 그때 오야마 헤이고자에몬小山平五左衛門이 말했다. "20명의 호로를 입은 무사들이 서로 눈짓을 해서 모두 동시에 확 호로를 벗었다." 사자가 돌아와 그대로 보고하니 나베시마는 "미운 놈들이구나. 그렇게 말한 자는 아마도 오야마 헤이고자에몬일 것이다."고 말하면서 불문에 붙였다.

어떤 고지식한 무사가 맨 먼저 호로를 벗은 '범인'은 아무개라고 이실직고했다면, 나베시마 나오시게는 어쩔 수 없이 그 '범인'을 처벌하게 되었을 것이다. 그러나 그것은 나오시게가 바라던 바가 아니었다. 부하 사랑이 남달랐던 그였기 때문이었다. 정말로 '범인'의 이름이 보고되었다면 나오시게는 더욱 화를 내었을 것이다. 무사들이 서로 "나는 아니다."라고 발뺌을 하는 모습은 정말 상상하기도 싫은 볼썽사나운 풍경이었기 때문이다. 유난히 의리를 소중히 여겼던 나오시게는 그렇게 의리 없는 무사들을 가신으로 거느리고 있다는 것이 스스로 부끄러워 견딜 수 없었을 것이다. 그는 오야마 헤이고자에몬이 한 것과 같은 대답을 기대했을 것이다. 오야마 헤이고자에몬의 재치 있는 대답에 허를 찔렸지만, 나오시게는 흐뭇하게 생각했음에 틀림이 없다.

무사의 양심과 의리

다이도지 유잔은 『부도쇼신슈』에서 다음과 같이 말했다. "의를 지키고 불의를 멀리하지 않으면 무사도는 성립하지 않는다." 그는 의리야말로 무사도의 본질이며 중핵을 이루는 것이라고 강조하면서 다음과 같이 말했다.

의는 즉 선이다. 불의는 즉 악이다. 의리를 행하지 않고 불의를 행하는 것은 무사답지 않다. 인간은 의리를 실천하고 선을 행하는 것을 어렵다고 생각하고, 불의에 마음을 두고 악한 일에 눈을 돌리기 쉬운 법이다. 그렇다고 선과 악, 의리와 불의를 전혀 구별하지 못하는 사람은 아마 없을 것이다. 스스로 생각해 볼 때 불의인 줄 알면서도 행하는 것은 무사답지 못하다. 그러한 무사는 마음이 나약하고 비겁한 자다. 무사라면 불의를 멀리하고 의리를 소중히 여겨야 하는 것이다.

또 다이도지 유잔은 의리를 실천하는 무사를 상·중·하 3단계로 구분했다. 그 내용은 대략 다음과 같다.

먼저 하급의 무사는 다른 사람의 눈을 의식하고, 후일의 일을 두려워하는 마음에서 의리를 행하는 사람이다. 말하자면 남의 눈을 의식해서 의리를 행하는 위선자의 부류에 속하는 무사다. 이런 무사는 마음이 나약하기 때문에 사회적인 구속력이 없으면 언제든지 불의를 행할 사람이다. 하지만 이런 사람도 처자식, 부하, 주변사람들의 눈을 두려워해서 몸을 조심하고, 나아가 세상 사람들로부터 지탄받지 않기 위해 불의를 행하지 않고, 선을 행하기를 그치지 않는다면, 자연히 그것이 습관이 되어 의리를 실천하고 불의를 멀리하게 되는 것이다. 다음으로 중급의 무사는 마음속에서 사악한 생각이 일어나지만 자신과 자신의 마음을 돌아보고 의리를 행하는 사람이다. 이런 무사는 다른 사람의 눈을 의식해서 의리를 행하는 것이 아니고 자신과 자신의 마음을 내면의 양심에 비추어 보고 스스로 자기를 규제한다. 이런 무사가 선택의 길에서 갈등을 극복하고 용기를 내어 불의를 배척하는 습관이 몸에 배면 인격적으로도 훌륭한 사람이 될 수 있다. 많은 사람들이 이러한 부류에 속할 것이다. 마지막으로 상급의 무사는 마음에 사악한 생각이 일어나지 않아 자연스럽게 의리를 행하는 사람이다. 이런 무사는 남의 눈을 의식한다든지 자기 마음속에서 번뇌가 일어나 선과 악이 대립한다든지 하지 않는다. 즉 노력을 해서 의리를 행하는 단계가 아니라 행동이 자연스럽게 의리와 합일된 상태에 도달한 사람이다. 이런 무사야말로 최고의 무사다.

무사도는 수치심의 자각에서 출발하고, 수치심은 양심에 비추었을 때 자각되는 것이다. 물론 정신 단계가 낮은 무사는 세상의 눈이 두려워 의를 실행했지만, 정신 단계가 높은 무사는 자기 자신의 양심에 비추어 보고, 나아가 그것조차 초월한 자연의 경지에서 행하는 것을 이상으로 하고 있었던 것이다.

도요토미 히데요시의 조카로 캄파쿠関白의 지위에 올랐던 도요토미 히데쓰구豊臣秀次의 휘하에 미쓰이 가쿠에몬三井角右衛門과 나마세 히라에몬生瀬平右衛門이라는 무사가 있었다. 그들은 서로 아네가와姉川 전투에서 용맹하기로 이름이 난 오다 노부나가의 가신 사카이 규조坂井久蔵의 수급을 올렸다고 주장하고 있었다. 공교롭게도 그들은 둘 다 도요토미 히데쓰구를 주군을 섬기고 있었기 때문에 그것이 문제가 되었다.

도요토미 히데쓰구는 일단 두 사람을 조사한 후, 미쓰이 가쿠에몬이 거짓말을 하고 있다고 판단해 옥에 가두었다. 미쓰이는 자기의 목숨은 아깝지 않았으나 다른 사람의 무공을 훔쳤다고 소문이 나면 자손까지도 치욕을 면하지 못할 것을 염려했다. 그래서 재조사를 청원했다. 증인으로 아사미 도에몬浅見藤右衛門을 지명했다.

도요토미 히데쓰구는 아즈치安土에 거주하고 있던 아시미 도에몬을 교토京都로 소환해 조사하기로 했다. 그런데 아사미는 미쓰이 가쿠에몬과는 사이가 아주 좋지 않았고, 나마세 히라에몬과는 매우 절친했다. 소환된 아사미는 증언을 완곡하게 거부했다. 자기와 미쓰이 사이가 아주 좋지 않다는 것을 세상 사람들이 다 알고 있기 때문에 자신이 증언하면 세상의 평판이 시끄럽게 될 것이라는 것이 그 이유였다. 아사미가 증언을 꺼려하자, 조사 담당자는 주군인 히데쓰구에게 그 사실을 그대로 보고했다. 그러자 히데쓰구는 반드시 증언하라는 명령을 내렸다. 그러자 아사미 도에몬은 사카이 규조의 수급을 올린 것은 미쓰이 가쿠에몬이 틀림이 없고, 그 싸움은 말할 수 없이 훌륭했다고 증언했다. 이 증언으로 미쓰이는 즉시 석방되었다.

아사미가 미쓰이의 무공을 증언함으로써 오히려 아사미와 절친한 친구인 나마세 히라에몬이 남의 무공을 가로채려고 했다는 치욕을 면할 수 없게 되었다. 그와 반대로 그와 사이가 나쁜 미쓰이는 명예가 회복되었을 뿐만이 아니라, 그의 용맹함이 더욱 부각되게 되었다.

아사미는 무사의 공훈에 대한 증언에 추호도 거짓이 있어서는 안 된다고 생각했다. 누구를 위해서가 그렇게 한 것이 아니었다. 그는 자신의 양심에 비추어 의를 실행했을 뿐이었다.

의리를 실천할 때 양심에 비추어 부끄러움이 없다면 세상의 평판을 의식할 필요가 없을 것이다. 비젠備前 오카야마번岡山藩의 영주였던 이케다 미쓰마사池田光政는 그의 어록에서 의리의 중요성을 강조했다. 그는 의리에 부합한다고 생각하면 다른 사람의 비방 따위는 신경을 쓰지 말고 오로지 의리를 실천하라고 말했다. 오로지 의리를 실천한다면 이기고 지는 것에 구애되지 않아도 되고, 다른 사람의 비방이나 눈앞의 치욕도 신경 쓸 필요가 없다는 것이다. 의리는 도덕을 초월하는 고결한 가치였던 것이다.

가케코미 관행과 의리

도쿠가와 이에야스와 이시다 미쓰나리는 원수지간이었다. 도요토미 히데요시가 사망하자 도쿠가와 이에야스는 도요토미씨 정권을 해체하고 자신이 정권을 장악하려는 속내를 드러냈고, 그러한 이에야스의 음모를 알아챈 미쓰나리는 이에야스를 제거할 계획을 세우고 있었다. 이에야스는 그런 사실을 잘 알고 있었지만, 내색을 하지 않고 정권찬탈 계획을 차근차근 추진하고 있었다.

음흉하기로 유명한 도쿠가와 이에야스는 먼저 도요토미 히데요시에게 은혜를 입은 무사들의 내분을 조장했다. 이에야스의 술책에 놀아난 도요토미 히데요시 추종세력들이 분열되어 서로 다투었다. 임진왜란의 주역이었던 가토 기요마사加藤淸正는 특히 이시다 미쓰나리를 미워했다. 어느 날 미쓰나리가 외출했을 때, 가토 기요마사가 그를 죽이려고 군사를 이끌고 추격했다. 상황이 너무 급박했던 미쓰나리는 도쿠가와 이에야스의 저택으로 뛰어들었다. 미쓰나리는 이에야스에게 보호를 요청했다.

목숨에 위협을 느낀 자가 남의 집으로 뛰어들어 도움을 요청하는 것을 일본에서는 가케코미駆け込み라고 했다. 자기 집으로 피난해서 도움을 요청하는 자가 있으면, 피난자가 우선 위급한 상황에서 벗어나도록 도와주는 것이 무사사회의 관행이었다. 피난자의 도움을 거절한 무사는 비겁한 자라는 평판을 면할 수 없었고, 그것은 매우 불명예스러운 것이었다.

도쿠가와 이에야스는 비록 이시다 미쓰나리가 자기와 사이가 나빴지만, 미쓰나리가 위급한 상황에 처해서 도움을 요청한 이상 그를 보호해 주지 않을 수 없었다. 이에야스는 미쓰나리를 일단 안전하게 숨겨주고 정문의 경계를 강화하도록 지시했다.

조금 있으려니 정문 쪽이 소란해졌다. 가토 기요마사가 군사를 이끌고 와서 미쓰나리를 내어 달라고 소리를 지르고 있었다. 그러나 이에야스는 들은 척도 하지 않았다. 이시다 미쓰나리를 융숭하게 대접하고, 군사를 내어 그의 저택까지 안전하게 호송했다. 가토 기요마사는 도쿠가와군의 호위를 받으며 귀가하는 이시다 미쓰나리를 공격하지 못하고 쳐다만 보고 있을 수밖에 없었다.

이에야스의 참모 중에는 이번 기회에 미쓰나리를 죽여서 후환을 없애자는 사람도 있었다. 그러나 대부분의 무사들은 고개를 저었다. 목숨의 위협을 느껴서 피난을 한 사람을 추적자에게 넘겨주는 것도 의리가 아니거늘, 보호를 요청한 사람을 죽이는 것은 무사로서 차마 할 수 없는 짓이었다. 미쓰나리를 죽인다면 여론의 역풍을 감당할 수 없었다. 이에야스가 무사도를 더럽혔다는 풍문이 돌면 치명적이었다. 사려 깊은 이에야스는 미쓰나리를 살려 보냈던 것이다.

1688년 7월 에도에 있는 다카스번高須藩 마쓰다이라松平 가문의 저택에 이이지마 겐시치飯嶋源七라는 무사가 보호를 요청하며 뛰어들었다. 이이지마는 근처에서 에도 막부의 하타모토旗本 다카바야시 지로베에高林次郎兵衛의 부하들과 다투다가 그들을 살해하고 마침 근처에 있는 마쓰다이라 가문의 저택으로 피신했던 것이다.

저택의 당번이었던 기무라 긴시치木村金七는 이이지마에게 여비를 마련해 줄 터이니 저택에서 떠나달라고 말했다. 그러나 이이지마는 여비

제11장 바람직한 무사도 283

를 얻으려고 온 것이 아니라고 말하며 떠나지 않았다. 기무라는 할 수 없이 이이지마를 빈방으로 안내하고, 그 방 앞에 보초를 세웠다. 그리고 자세한 사정을 주군에게 보고했다.

사건의 전말을 소상하게 파악한 당주 마쓰다이라 요시유키松平義行는 이이지마 겐시치를 심하게 꾸짖었다. 그 까닭은 목숨이 위태로워서 보호를 요청해 온 무사에게 여비를 마련해 줄 터이니 물러가라고 했다는 점, 범죄자 취급을 해서 빈방에 사실상 감금했다는 점 등이 요시유키의 뜻에 부합하지 않았기 때문이다. 어떤 무사가 어쩔 수 없는 싸움으로 살인을 하고 자신의 저택으로 몸을 피해 도움을 요청했다면, 그 무사를 융숭하게 대접하고 용사로서의 예의를 갖추는 것이 무사사회의 의리였다. 요시유키는 가신들이 바로 그 점을 간과했다고 질책했던 것이다.

『하가쿠레』에도 가케코미에 관한 이야기가 상세하게 소개되어 있다. 교토에 있는 구루메번久留米藩 아리마有馬 가문의 저택 관리 책임자는 야마다 가쿠에몬山田覚右衛門이었다. 어느 날, 옷에 피를 묻힌 무사가 헐레벌떡 뛰어 들어와 야마다에게 면회를 요청했다.

야마다 가쿠에몬은 정장을 하고 그 무사를 대면했다. 그 무사는 다음과 같이 말했다.

> 방금 전에 피치 못할 사정이 있어 싸움을 하게 되었습니다. 그 자리에서 자결을 하는 것도 마음에 걸리는 것이 있어서 이렇게 귀하에게 의지하려고 뛰어들었습니다. 뒤에서 추적자들이 다가오고 있습니다. 숨겨주었으면 고맙겠습니다.

야마다는 그 무사의 말을 듣고, 상대를 베어 죽이고 뒤처리는 어떻게 했는지를 물었다. 그 무사는 다음과 같이 대답했다. "두 명은 그 자리에서 죽였고, 한 명은 도망해서 그냥 두었습니다." 야마다는 그 말을 재차 확인하고, 도움을 요청한 무사를 집안으로 안내했다. 야마다는 부하에게 그 무사가 몸을 씻을 수 있도록 하고, 또 담배도 제공하도록 명령했다. 그리고 야마다는 정문으로 가서 밖을 경계했다.

얼마 후, 추적자들이 무리를 지어 들이닥쳐서 "이 저택에 살인자가 숨어들었다. 그 자를 내어 달라."고 요청했다. 야마다는 시치미를 떼었다. 하지만 상대방은 "틀림없이 이 저택으로 들어가는 것을 보았으니 거짓말을 하지 말라."고 아우성을 쳤다. 야마다는 금강역사처럼 버티고 서 있었다. 추적자들은 저택의 수색을 요구했다. 그러자 야마다는 그들을 노려보며 큰소리로 외쳤다.

감히 아리마 가문의 저택을 그대들에게 수색하도록 내버려 둘 것 같은가? 책임자인 내 체면이 서지 않는다. 이런 사정을 이해하지 못하고 다이묘의 저택에 발을 들이밀려고 하는 부랑배들은 한 놈도 용서하지 않겠다.

야마다는 칼을 빼어 들었다. 정문을 지키고 있던 야마다의 부하들도 공격 준비에 들어갔다. 그러자 당황한 추적자들은 투덜거리며 돌아갔다.

추적자들은 증인을 확보해 교토마치부교쇼京都町奉行所에 고발했다.

야마다는 소환되었다. 야마다는 처음에는 범인을 숨겨준 사실을 완강하게 부인했다. 그러나 관리의 취조가 계속되자 다음과 같이 말했다.

> 주군이 정한 교토 저택의 규율에는 범인을 은닉하지 말라는 내용이 있습니다. 저는 주군의 명령을 거역하기 어려웠습니다. 그래서 무사도의 의리에는 어긋나지만, 갑자기 우리 아리마 가문의 저택으로 뛰어 들어온 침입자에게 우리의 사정을 잘 설명한 다음에 뒷문으로 몰래 도망하도록 했습니다.

야마다 가쿠에몬은 태연하게 거짓말을 했다. 야마다의 진술을 들은 교토마치부교京都町奉行는 직감적으로 그가 거짓말을 하고 있다는 것을 알았다. 하지만 더 이상 야마다를 추궁하지 않고 돌려보냈다. 교토마치부교는 야마다를 고발한 추적자들에게 다음과 같이 통지했다. "아리마 가문의 저택에 범인이 숨어있지 않다는 결론을 내렸다. 다른 곳을 찾아보도록 하라."

저택으로 돌아온 야마다 가쿠에몬은 집안에서 편안하게 쉬고 있는 '범인'의 상처를 치료해주고, 건강을 회복할 수 있도록 돌보아주었다. 며칠 후, '범인'은 야마다에게 은혜를 잊지 않겠다는 인사를 하고 아리마 가문을 떠났다. 그때 야마다 가쿠에몬은 '범인'에게 두둑한 여비까지 마련해 주고, 안전하게 도망할 수 있도록 도와주었다.

가케코미는 위급한 상황에 처한 자가 무사의 집으로 뛰어 들어와 보호를 요청했을 때, 그 집 주인이 피난자를 보호하기로 결심하는 것으로 실현되었다. 무사는 아무 인연도 없는 '범인'을, 그것도 살인자를 왜 숨겨주었을까? 사료에는 그 이유를 "무사도로써 감추어 준다.", "망명한 자를 거두어 주는 것을 의리라고 한다.", "무사의 체면", "의리로써 감추어 준다." 등으로 실로 간단하게 표현하고 있다. 당시의 무사들에게는 너무도 당연한 일이었기에 굳이 구구하게 설명할 필요가 없었을 것이다.

무사도의 관점에서 보면, 싸움을 하는 중에 어쩔 수 없이 상대방을 살해한 자는 범인이 아니라, 명예를 지키고 정의를 실현한 자였다. 즉 무사도를 실천한 자였다. 무사들은 그것에 공감했고, 그래서 숨겨주었다. 그리고 궁지에 몰린 사람을 돕는 것은 무사의 책무이기도 했다. 급박한 상황에 처한 무사가 피난을 요청하면, 우선 그를 숨겨주고, 최대한의 예의를 갖추어 융숭하게 대우하는 것이 무사의 의리였던 것이다.

가케코미 관행은 단지 도덕적인 차원의 문제가 아니었다. 그것이 무사도에 어긋나지 않은 이상, 그것을 받아들이지 않을 수 없는 강제력이 있었다. 무사도라는 이름의 강제력이었다. '다른 사람의 손가락질', '풍문'은 현재의 감각으로는 도저히 이해할 수 없을 정도로 강력한 규제력을 지니고 있었다.

일단 피난자의 은닉을 약속한 무사는 어떠한 압력이 있어도 끝까지 '범인'을 보호했다. 설령 그 상대가 공권력이라도 굴복하지 않고 피난자를 보호하는 것이 무사의 의리였다. 의리는 충성이라는 가치와는 다른 것이었다. 그것은 무사의 독립성과 자존심에 기초하고 있었다. 그런 의미에서 의리는 무사가 마지막까지 포기할 수 없는 신성한 가치였다고 할 수 있다.

3. 용기 - 무사가 죽음을 각오 할 때

용기는 행동의 근본

의義와 용勇은 따로 떼어서 생각할 수 없는 개념이다. 의가 있음으로써 용이 작용하고, 용이 있음으로써 비로소 의가 드러난다. 의가 뼈라면 용은 살이라고 할까? 의가 정태적이라면 용은 동태적이라고 할까? 그래서 맹자는 "의를 보고 행하지 않으면 용이 아니다."라고 말했고, 『논어』에는 "용만 있고 의가 없으면 세상을 어지럽힌다."고 쓰여 있다. 아무리 의가 마음속에 내재해 있어도 용의 기운을 타지 않으면 의미가 없다. 의는 용기를 타고 작용해서 비로소 완성된다. 특히 무사에게는 용이 없으면 정의가 드러나지 않는다.

무슨 일을 하려고 할 때, 용기가 없으면 이룰 수가 없다. 인내하는 것도 인욕하는 것도 모두 용기가 필요하다. 위험을 무릅쓸 때도 용기가 필요하고, 평생 공부를 계속할 때도 용기가 필요하다. 사악한 것을 물리칠 때도 용기가 필요하고, 정의를 실현할 때도 용기가 필요하다. 용기는 우리의 일상생활에서도 필요하다. 러일전쟁의 영웅 노기 마레스케乃木稀典도 말했던 것처럼 언행일치는 미덕이지만, 그 또한 용기가 없으면 실천할 수 없다. 이와 같이 용기는 모든 행동의 근본인 것이다. 요컨대 무사가 의리와 함께 가장 중요한 덕목으로 일생 가슴에 새겨 두어야 했던 것은 바로 용기라고 말할 수 있을 것이다.

용은 앞에서 살펴본 충과 의의 덕목과 함께 무사가 반드시 갖추어야 하는 덕목이었다. 오히려 용은 충과 의의 덕목보다도 무사를 무사답게 하는 덕목이었다. 다이도지 유잔도 『부도쇼신슈』에서 충과 의보다도 용의 중요성을 강조했다.

용기는 무사의 마음속에 내면화되어 있다가 행동을 통해 외부로 표출되었다. 그렇기 때문에 무사의 마음과 태도만 살펴도 그 사람이 용기가 있는 사람인지 그렇지 않은 사람인지 구별할 수 있다. 다이도지 유잔은 평소의 근무 자세나 생활태도를 보면 용기 있는 무사와 그렇지 않은 무사가 마치 거울에 비추는 것처럼 확연하게 구별된다고 말했다. 용기란 갑주를 몸에 걸치고 창과 칼을 손에 들고 전장에 나아가서 승패를 다툴 때 비로소 발휘되는 것이 아니라, 무사의 내면에 녹아 있는 '기운'이라고 할 수 있는 것이었다.

용기 있는 무사는 선을 힘써 행하고 악을 단호히 멀리한다. 주군을 받들 때 충성을 다하고 틈이 있을 때는 무예를 연마한다. 평소에 건강에 유의하고, 언젠가는 큰 공을 세우겠다는 집념을 불태운다. 모든 욕망을 억누른다. 그리고 모든 면에서 어려움과 유혹을 극복하는 근성이 있다. 이런 자야말로 용기가 있는 무사라고 말할 수 있을 것이다.

그럼 용기 없는 무사는 어떠한가? 그런 무사는 주군을 표면적으로는 공경하나 정말로 중요하게 생각하지 않는다. 금지사항을 지키는 자제력이 없고, 가지 않아야 할 곳에 출입하며, 하지 말아야 마땅한 행위를 서슴없이 한다. 만사 자신의 이익만을 생각하고, 무예를 연마하는 것을 게을리 한다. 자신의 일에는 낭비가 심하고, 정작 주군을 위한 지출에는 인색하다. 무구와 마구를 점검하려고 하지 않는다. 뿐만 아니라 무절제한 생활을 한다. 이 모두가 인내심이 부족하고 나약한 마음이 일어난다는 징표이며, 용기 없고 비겁한 무사라는 증거이다.

전국시대의 가훈에는 "무사도에서는 불가능하다는 말을 입에 올려서는 안 된다. 그런 자는 마음속에서 이미 단념하는 자이다."라는 말이 있다. 마음이 굳건하고 생각이 긍정적인 무사는 용기가 있는 무사다. 그러나 마음이 나약하고 생각이 부정적인 무사는 이미 시작도 하기 전에 용기를 잃는 것이다. 이미 패배했는데 어찌 승리가 있을 수 있겠는가?

무사가 마음이 나약해지거나 위축되었을 때 그대로 두면 정말로 겁쟁이가 된다. 그때는 용기를 불러일으켜야 한다. 병이 들어 기력을 잃은 환자를 그대로 두면 큰 병으로 발전한다. 그때는 기력을 되찾는 것이 중요하다. 야마모토 쓰네토모는 『하가쿠레』에서 "무사 된 자는 28개의 이빨을 모두 악물지 않으면 일이 성사되지 않는다."고 말하고 있다. 무사는 매사에 용기를 불러일으켜야 한다는 말이다.

용기는 길러지는 것

에도 시대의 무사들은 젖먹이 때부터 『겐페이조스이키源平盛衰記』나 『다이헤이키太平記』 등의 군기물에 나오는 이야기를 들으면서 컸다. 당시의 어머니들은 아이들에게 젖을 먹이면서, 거기에 등장하는 미나모토노 요시쓰네源義経, 벤케이辯慶, 구스노키 마사시게楠木正成, 고지마 타카노리兒島高徳 등 용기 있는 무장들의 이야기를 들려주었다. 영웅담은 자장가이기도 했다.

무사의 어머니는 비정하게 느껴질 정도로 엄격했다. 아이가 아파서 울면 어머니는 다음과 같이 말하며 꾸짖었다. "이 정도 아파서 울면 커서 겁쟁이가 된다. 크면 훌륭한 무사가 되어 전장을 누비며 큰 공을 세울 텐데, 만약 전장에서 부상이라도 당하면 그때도 이렇게 울 것인가?"

시바 료타로司馬遼太郎는 『요니스무히비世に棲む日々』라는 소설에서 에도 시대 말기의 무사 요시다 쇼인吉田松陰의 어린 시절을 생생하게 묘사하고 있다. 요시다 쇼인은 5세부터 18세까지 숙부인 다마키 분노스케玉木文之助의 지도를 받았다. 시바 료타로는 다마키 분노스케가 어린 요시다 쇼인을 가르치고 있는 장면을 다음과 같이 묘사했다.

> 어린 요시다 쇼인이 공부를 하고 있었다. 그때 쇼인의 몸에 파리가 앉았다. 쇼인은 몸이 가려워서 긁었다. 그러자 분노스케는 쇼인에게 사정없이 매질을 했다. 그리고 쇼인을 정원으로 내던졌다. 왜 맞았는지, 왜 내동댕이쳐졌는지도 모르고 겨우 일어나 앉은 쇼인에게 분노스케는 크게 소리쳤다. "사무라이는 만들어지는 것이야. 태어나는 것이 아니야"

사자는 새끼를 천 길 낭떠러지에 떨어뜨려 기어 올라오는 새끼만 기른다는 말이 있는데, 무사들의 교육이 마치 그와 같았다. 무사사회에서는 아들이 어려움을 극복할 수 있는 인내심과 용기를 기르도록 단련시켰다. 그 방법은 매우 폭력적이었다. 니토베 이나조의 『무사도』에 의하면, 때로는 먹을 것을 주지 않기도 하고, 추운 겨울에 밖에 세워놓기도 했다. 아들을 전혀 모르는 사람에게 심부름을 보내기도 했다. 새벽에

깨워서 아침식사 전에 큰소리로 책을 읽게 하기도 했다. 그렇게 하는 것이 참을성을 기르는 매우 좋은 방법이라고 생각했던 것이다.

1950년대 일본의 총리대신을 역임한 하토야마 이치로鳩山―郎의 어머니도 아들에게 엄격했다. 그의 어머니는 매일 새벽에 아들의 단잠을 깨웠다. 그리고 스승의 집까지 걸어가서 대본을 낭독하는 연습을 하게 했다. 하토야마는 그때는 그것이 싫었지만, 그 경험이 훗날 자기가 성공할 수 있었던 가장 큰 요인이었다고 회상했다.

태평양전쟁 때 일본의 연합함대를 지휘했던 야마모토 이소로쿠山本五十六 제독의 아버지도 아들에게 엄격했던 것으로 유명했다. 그의 이름이 오십육이라는 것에서도 알 수 있듯이, 그의 아버지는 그를 56세에 낳았다. 눈에 넣어도 아프지 않을 만큼 귀한 자식이었다. 그런데도 그는 아들을 거의 폭력적으로 단련시켰다. 겨울이면 아들을 우물가로 끌고 가서 찬물을 끼얹었다. 몸이 약했던 이소로쿠가 기절한 적도 있었다.

에도 시대 무사사회의 아동들은 주로 전쟁놀이를 하며 놀았다. 담력을 기르는 놀이도 있었다. 공동묘지나 처형장 등 무시무시한 장소에 갔다 오는 내기를 하는 것이 가장 일반적인 놀이였다. 일본의 공동묘지 한 구역에는 사형에 처한 시체를 버리는 곳이 있었다. 시체는 발가벗겨져 버려져 있었다. 죽어서도 치욕을 주기 위해서였다. 썩어서 냄새가 진동하는 시체더미 주위에는 까마귀가 울고 들개들이 어슬렁거렸다. 담력을 기르기 위해 아이들이 찾는 곳은 바로 그곳이었다. 저녁이 되면 놀이를 하다가 진 아이에게 시체더미 중에서 특정한 시체에 부적을 붙이고 오라고 하기도 했다. 이런 훈련이 담력을 기르는 데 도움이 된다고 생각하고 있었다.

무사들이 어려서부터 아이들에게 전쟁놀이를 시키고 담력을 기르게 했던 것은 용기가 없는 사람도 꾸준히 훈련을 하다보면 훌륭한 무사가 될 수 있다고 생각했기 때문이다. 천성적으로 용기 있는 훌륭한 무사도 있었지만, 대부분의 무사가 훈련과 경험을 거치면서 용사로 성장한다고 생각하고 있었다.

다이도지 유잔은 『부도슈신슈』에서 다음과 같이 말했다.

> 용사는 전장에서 적의 총탄이 비가 오듯이 쏟아져도 아랑곳하지 않고 전진한다. 그러나 전투에 임해 용기가 없어서 가슴이 두근거리고 무릎이 떨리지만 동료들의 눈이 두려워서 할 수 없이 전진하는 사람도 있다. 용기가 전혀 없는 이런 무사도 전투경험을 쌓아 익숙해지면 이윽고 당당해진다. 타고난 용사에 비해 조금도 뒤떨어지지 않는 무용이 출중한 무사가 된다.

무사 중에는 자신의 아들에게 어려서부터 '죽이는 훈련'을 시켰던 자도 있었다. 그러나 니토베 이나조는 1900년 영문으로 간행한 그의 『무사도』에 그러한 사실을 기록하지 않았다. 니토베는 1884년에 미국의 존스홉킨스 대학에 입학한 일본인 유학생이었다. 그렇지 않아도 '문명의 세계'에 대해 콤플렉스를 갖고 있었던 니토베는 서양 사람의 눈에 자신의 조국이 '야만의 세계'로 비쳐지는 것을 두려워했음에 틀림없다.

일본의 무사는 어려서부터 칼을 차고 다녔다. 무사는 아들에게 일찍부터 칼을 채워주었다. 4~5세가 되면 나무로 칼을 만들어 채워주었고, 글을 배우러 다닐 나이가 되면 정식으로 칼을 채워주었다. 칼은 아이의 신체조건에 맞게 특별히 제작한 주문품이었다. 그때부터 무사사회의 아이들은 밖에 나가 놀 때도 몸에서 칼을 떼어놓는 법이 없었다.

칼은 살생의 도구였다. 칼을 차게 되면 아이들은 자연히 칼을 쓰는 법에 관심을 갖게 마련이었다. 무사는 그런 아들에게 우선 칼로 베어 죽일 수 있는 것부터 '훈련'하게 했다. 주변에 돌아다니는 '살아있는 것들', 즉 개나 고양이 등이 '첫경험'의 대상이 되었다.

무사는 자신의 어린 아들이 '살아있는 것들'을 '죽이는 훈련'을 반복하면 담력이 길러진다고 믿고 있었다. 그것은 무사사회의 어린이가 한 사람의 전투원으로 성장하기 위해서 거쳐야 하는 통과의례이기도 했고, 또 사무라이라면 언젠가는 당면할 수밖에 없는 실전에 대비하기 위해서도 반드시 필요한 과정이었다.

야마모토 쓰네토모는 『하가쿠레』에서 경험담을 담담하게 이야기하고 있다.

> 나의 형은 아버지의 지시로 5살 때 개를 죽였고, 15세 때에는 죄인을 죽였다. 옛날 사람은 14~15세가 되면 모두 사람의 목을 베었다. 주군인 나베시마 가쓰시게鍋島勝茂는 젊었을 때 선친인 나오시게直茂의 지시로 사람을 죽이는 훈련을 했는데, 얼마 지나지 않아서 10여 명이나 되는 사람을 죽였다고 한다. (중략) 나도 얼마 전에 가세嘉瀬의 사형장에 가서 사람을 죽여 보았는데, 매우 기분이 좋았다.

사람을 죽이면 기분이 좋지 않다고 말들 하지만, 겁쟁이라서 그럴 것이다.

근대국가가 성립되고, 무사의 신분이 폐지된 후에도, '무사는 만들어지는 것'이라는 철학은 무사의 후예를 자처하는 일본군에게 전수되었다. 또 '살아있는 것'을 '죽이는 훈련'을 통해서 병사들의 담력을 기르고, 실전능력을 기르는 관행도 일본군에게 전수되었다.

특히 일본군이 한반도와 중국 대륙을 침략하면서 전쟁 포로들을 기둥에 묶어놓고 신병들에게 총검술 훈련을 시켰다. 살아있는 사람을 '죽이는 훈련'을 통해서 신병들은 무서운 일본군으로 거듭났다. 이러한 관행은 1945년 9월 일본군이 해체될 때까지 계속되었다.

진정한 용기

『하가쿠레』의 저자 야마모토 쓰네토모는 용기는 죽음을 각오했을 때 일어나는 것이라고 생각하고 있었다. 무사는 매일 아침저녁으로 새롭게 죽음을 각오하고, 육체적으로는 살아 있으되 심정적으로는 이미 죽은 몸이 되어야 한다는 것이다. 『하가쿠레』의 첫줄에 나오는 "무사도라는 것은 죽는 것이라는 것을 깨달았다."는 유명한 말은 바로 그러한 마음의 경지를 표현한 것이다. 죽음을 각오한 무사는 이미 목숨에 대한 미련도 없다. 미련이 없기 때문에 생각이 일어나지 않는다. 생각이 일어나지 않는 마음이 정념正念이다. 그것은 현재에 머무는 마음이기도 하다. 현재에 머무를 때 진정으로 살아있는 것이다. 그런 무사야말로 목숨을 온전히 주군에게 바칠 수 있는 것이다.

야마모토 쓰네토모는 무사가 매사에 생각을 많이 하는 것을 경계했다. 그것은 정념에서 벗어나는 것이었기 때문이다. 쓰네토모는 생각은 숨을 7번 쉴 동안에 정하라는 옛말을 소개하면서, 생각을 길게 하면 오히려 정신이 흐려진다고 보았다.

생각을 오래하면 열에 일곱은 나쁜 결과를 초래한다. 무사는 매사 신속해야 한다. 마음이 갈팡질팡하면 생각도 오락가락한다. 모든 생각을 버리고 단숨에 결정하고 행동하라. 특히 전투에 임해서는 아무래도 생각이 일어난다. 생각이 일어나면 적을 무찌를 수가 없다. 전투에서는 아무 생각이 없는 것이 가장 중요하다. 모두 버려야 한다. 군법도 생각하지 말아야 한다. 군법도 잡념이다. 요컨대 무사가 행동하는데 이런저런 생각을 하는 것은 금물이다. 쓰네토모는 이렇게 말하고 있는 것이다.

무엇이 진정한 용기인가? 라는 물음은 무사가 위급한 상황에 직면할 때마다 되묻는 말이기도 했다. 공자는 『논어』에서 "옳다고 생각하는 것을 행하는 것이 진정한 용"이라고 했다. 그리고 유교적 교양을 몸에 익힌 미토번水戶藩의 다이묘 도쿠가와 미쓰쿠니德川光国는 "살아야 할 때 살고 죽어야 할 때 죽는 것이 진정한 용"이라고 했다. 즉 무사는 항상 깊이 생각해서 행동하라는 것이다. 무사가 싸움에 직면했을 때, 이것이 정말 죽을 만한 가치가 있는 싸움인가 아닌가를 생각하라는 것이다. 이 말과 함께 반드시 한나라의 장수 한신에 얽힌 고사가 등장한다. 한신은 시정에서 부랑배에게 치욕을 당하면서도 인내했다. 그는 깊이 생각한 후에 가치 없는 죽음은 피해야 한다고 판단했다. 저잣거리에서 싸우다 죽는 것은 개죽음이라고 생각했기 때문이다. 그래서 한신은 세상 사람들의 손가락질을 감수하고 부랑배의 가랑이 사이로 기어나갔다.

가치 없는 죽음은 곧 개죽음이라는 말은 일견 매우 지당한 말이다. 큰 뜻이 있는 사람이 그 목적을 달성하기도 전에 하찮은 일로 다투다 목숨을 잃는다는 것은 애석한 일이다. 그러나 『하가쿠레』의 저자 야마모토 쓰네토모는 그 말에 이의를 제기하고 있다. 도대체 무사에게 무엇이 가치 있는 것이고 무엇이 가치 없는 것이란 말인가? 필자가 잠시 그의 심경을 대변해 말해 보겠다.

목적을 달성하지 않고 죽는 것은 개죽음이라고 말하는 것은 한 번도 전투에 나가 보지 못한 자들이나 하는 말이다. 한 마디로 나약하기 그지없고 겉만 번드르한 무사도다. 전장에서 적과 대진했을 때, 아니면 불의에 사투私鬪가 벌어져 서로 칼을 거누며 대결하고 있을 때, 무사는 어떤 심리상태에 있는지 알기나 하는가? 특히 사투는 뜻하지 않게 순식간에 발생하는 경우가 대부분이다. 적이 먼저 칼을 뽑고 달려든다면 자기도 모르게 칼을 뽑지 않을 수 없는 것이다. 생각이 비집고 들어갈 틈이 없다.

상대방이 결투를 신청했을 경우에는 생각할 시간이 있을 것이다. 그때 깊이 생각한 결과, 아직 할 일이 많아서 이 싸움에 목숨을 거는 것은 개죽음이라는 결론에 도달했다고 치자. 그래서 어떻게 하라는 말인가?

상대방에게 살려달라고 애원이라도 해보라는 말인가? 아니면 도망이라도 가라는 말인가? 설령 애원을 해서 싸움을 피하고, 도망을 해서 목숨을 건졌다고 하자. 그 무사는 목숨은 건졌을지 몰라도 목숨보다 소중한 명예를 잃게 되었다. 중국이나 한국이라면 몰라도 일본에서는 있을 수 없는 일이다. 불행하게도 일본 무사는 싸움을 피할 수 없는 운명이었던 것이다.

절박한 상황에 처해 지금 이 상황은 싸워야 할 가치가 있는가, 만약에 일이 잘못되어 죽는다면 다른 사람들이 내가 가치 있는 죽음을 했다고 말해 줄 것인가? 이와 같이 깊이 생각하고 앞날의 문제까지 예상해 정확한 판단을 내릴 수 있다고 생각하는가? 싸움을 한 번이라도 해본 무사는 안다. 목숨을 걸고 싸워본 사람이라면 안다. 삶과 죽음이 숨 한 번 쉬는 순간에 갈린다는 것을. 무슨 생각이든 한 생각 일어나는 순간, 즉 정념에서 벗어나는 순간, 적의 칼은 내 목숨을 거둔다. 싸움이란 이런 것이다. 이렇게 급박한 상황 속에서 앞날을 예상한다는 것은 불가능한 일이다.

설령 가능하다고 하더라도, 인간은 누구라도 죽는 것보다는 사는 것을 좋아하게 되어 있다. 미련이 남아 있는 인간은 사는 쪽으로 생각을 기울이게 되어 있다. 인간은 교활한 존재. 살기 위해서 교묘한 구실을 만들어 냈다. 가치 없는 싸움에 뛰어 들어 개죽음을 당하지 말라는 그럴듯한 말을 생각해냈던 것이다.

만약에 상대가 싸움을 걸어왔는데 무사가 가치 없는 싸움이라고 판단해 싸움을 교묘히 회피했다고 하자. 그런데 지나고 보니 그때 예상이 빗나가 그 싸움이 정말로 가치 있는 싸움이었다는 것이 판명되었다면 어떻게 하겠는가? 비겁한 겁쟁이 무사라고 세상 사람들이 손가락하지 않겠는가?

　진정한 무사라면 운명처럼 다가온 싸움을 피하려고 하지 말고 오직 싸울 뿐이다. 승리할 것인가 그렇지 않을 것인가는 이미 문제가 되지 않는다. 그 순간에는 기필코 승리하겠다는 생각도 잡념일 뿐이다. 용감히 싸우다가 형세가 불리해 죽었다면, 세상 사람들이 그 사람 정말 가치 없는 싸움에 목숨을 걸었다, 개죽음 당했다고 말하더라도 결코 부끄럽지 않은 것이다. 진정한 무사에게는 싸우는 과정이 곧 목표이기 때문이다.

무념에서 나오는 용기

　야마오카 뎃슈山岡鉄舟는 에도 막부 말기의 무사며 검도의 달인이었다. 그는 막말幕末의 격동기를 능동적으로 헤쳐 나온 가장 용기 있는 일본인 중의 한 사람이었다. 그는 사람을 압도하는 힘과 동시에 사람을 끌어당기는 매력이 있는 인물이었다. 메이지 유신明治維新의 원훈이며, 호걸로 이름난 사이고 다카모리西郷隆盛도 뎃슈의 인간적인 매력에 끌린 사람이었는데, 어느 날 뎃슈의 인품을 다음과 같이 평했다.

　　야마오카 뎃슈는 목숨도 필요 없고, 명성도 필요 없고, 관직도 필요
　　없고, 재물도 필요 없다고 말하는 사람이다. 이 사람은 욕심이 없을

뿐만이 아니라 매일 도를 행하고 있다. 바른 길을 가기 때문에 자신이 있어서 아무것도 필요 없다고 하는 것이다.

말하자면 뎃슈는 무사무욕無私無欲한 사람이었다. 그렇기 때문에 그는 진정으로 용기 있는 삶을 살 수 있었다. 뎃슈는 평상시에 자주 말했다.

진검으로 칼끝을 마주하면 어느 쪽도 선뜻 공격하지 못하고 시간이 간다. 몸은 땀으로 범벅이 된다. 서로 베지도 않았는데 숨이 찬다. 그것이 5분 10분이 지나면 엉덩방아를 찧는다. 진정으로 용기 있는 자는 적과 칼끝을 마주했을 때 콧노래가 나올 정도가 되지 않으면 안 된다.

정말로 용기 있는 사람은 침착하고 냉정하다. 용기 있는 사람은 결코 놀라지 않는다. 삶과 죽음이 갈리는 전장에서도 냉정하며, 큰 사태에 직면해서도 마음의 평정을 잃지 않는다. 설령 죽음이 임박했다고 해도 평상심을 잃지 않는다. 목숨을 이미 버린 사람은 더 버릴 것이 없다. 마음은 텅 비어 있다. 진정한 용기는 바로 그 텅 빈 마음에서 나오는 것이다.

시바 료타로司馬遼太郎는 『호쿠토노히토北斗の人』라는 소설을 썼다. 이 소설에서 주인공으로 등장하는 치바 슈사쿠千葉周作는 실제로 19세기 초에 활동했던 검도의 달인이었다. 그는 북진일도류北辰一刀流를 창시

한 사람이었다. 제자가 5,000명이라고 일컬어졌으며, 막말에 활동했던 사카모토 료마坂本竜馬를 비롯한 많은 지사 검객이 그의 제자였다. 북진일도류는 지금도 일본 검도의 대종을 이루고 있다.『호쿠토노히토』내용 일부를 소개하면 다음과 같다.

치바 슈사쿠가 사망하기 1년 전, 그의 나이 61세 때, 슌사이春斎라는 낯선 젊은이가 찾아와서 말했다.
"추하지 않게 죽고 싶습니다."
슌사이가 슈사쿠를 방문한 데에는 사연이 있었다. 슌사이는 주군의 심부름을 오던 중에 사람을 죽이러 나온 살인자를 만났다. 그 살인자는 실업무사인 로닌浪人이었다. 슌사이는 그 살인자에게 사정했다.
"주군의 심부름을 가는 길이다. 임무를 무사히 마치고 오는 길에 죽겠다."
슌사이는 그 로닌에게 어느 날 어느 때에 이 장소로 죽으러 오겠다고 약속했다. 그 로닌은 슌사이의 옷에 새겨진 다이묘의 문장紋章을 확인하고, 슌사이의 이름을 물어보고,
"두려워서 도망가는 것이라면 에도에 소문이 난다."
고 은근히 협박하며 슌사이를 놓아주었다.
슌사이는 무사히 심부름을 마치고, 죽으러 가는 길에 치바 슈사쿠에게 들렸던 것이다.
슌사이의 이야기를 듣고 치바 슈사쿠는 감동했다. 아무에게도 가르쳐 주지 않았던 비전을 슌사이에게 전수하기로 했다. 슈사쿠는 슌사이에게 대도를 높이 쳐들게 하고, 숨을 고르고, 눈을 감게 했다.

그리고 속삭이듯이 비전을 전수했다.

"이미 죽었다고 생각하라. 무심한 상태에서 기다리고 있으면 몸의 어느 한 쪽으로 차가운 기운이 서늘하게 다가온다. 그 순간 그곳을 그냥 내려쳐라. 그러면 추하지 않게 죽을 수 있다."

슌사이는 기뻐하며 하직인사를 했다. 치바 슈사쿠는 제자에게 뒤를 따라가 결투장면을 지켜보고 오도록 했다.

슌사이는 약속한 날, 약속한 장소에 나아갔다. 그 로닌도 이미 나와 있었는데, 그는 언뜻 보기에도 상당한 실력자였다. 슌사이는 대도를 높이 쳐들고 눈을 감았다. 그리고 죽음의 순간이 오기를 기다렸다. 로닌도 대도를 뽑아 들고 공격태세를 취했다. 오랜 침묵의 시간이 흘렀다. 땀을 흘리며 공격의 기회를 엿보고 있던 로닌은 천천히 칼을 거두었다. 그리고 "대단하다"라는 말을 남기고 도망치듯이 물러갔다.

저녁 늦게 슈사쿠가 보냈던 제자가 돌아와 보고했다.

"슌사이가 이겼습니다."

치바 슈사쿠가 말했다.

"검의 최고 경지는 함께 죽는 것이다. 슌사이는 이미 살 생각이 없었기 때문에 검객이 평생 걸려서 도달하는 경지에 단숨에 도달했다."

치바 슈사쿠가 말하는 경지가 바

에도 시대 말 검술가
치바 슈사쿠千葉周作, 東条会館 소장

로 무념의 경지요, 그렇기 때문에 정념의 경지였다. 진정한 용기는 바로 거기에서 나오는 것이었다.

임전의 정신에서 나오는 용기

전장에서 무기를 들고 적과 싸워서 승리를 쟁취하는 것만이 용기를 의미하는 것은 아니다. 자기 자신을 극복하는 용기, 어려움과 유혹을 참고 견디는 용기, 해야 할 일은 반드시 해내고, 하지 않아야 할 일은 절대로 하지 않는 것도 용기다. 백만 대군을 이기는 것보다 자신의 마음을 다스리는 것이 더 어렵다는 말이 있다. 이 말에 수긍한다면 내면에 내재되어 있는 용기, 즉 극기는 가장 높은 단계의 용기라는 말에 동의할 것이다.

무사사회에서 보편적으로 강조된 것은 과묵寡默이었다. 친한 친구를 만나서도 쓸데없는 잡담은 하지 말라고 훈계했다. 말하지 않아도 상관없는 일이라면 한마디도 않는 것이 좋다고 가르쳤다. 말을 하면 그만큼 실수가 많다는 것을 경계하기 위함일 것이다. 야마모토 쓰네토모는 『하가쿠레』에서 다음과 같이 말했다. "말하는 법의 요령은 아무 말도 하지 않는 것이다. 아무 말도 하지 않고 마치려고 한다면 한 마디도 입에 올리지 않고 끝낼 수 있다." 말이 많거나 산만한 사람은 실수가 많고, 말로 인해 낭패를 볼 때가 있다. 사람과 만나서 이야기할 때, 부주의하게 입을 열고 실수하면 다른 사람에게 경멸을 당할 우려가 있기 때문이다. 다이도지 유잔도 『부도쇼신슈』에서 경솔한 언행은 재앙을 부른다고 경고했다.

과묵은 자신을 드러내지 말라는 의미에서, 또한 긴장감을 잃지 말라는 의미에서 강조되었다. 무사사회에서 자기 집안과 관련된 좋지 않은 말을 하는 것과 적의 장점을 칭찬하는 말을 하는 것은 금물이었다. 언제 어떠한 상황에서 생사를 가르는 싸움을 해야 할지 모르는 것이 무사의 숙명이었다. 바로 앞에 앉아 있는 자가 지금은 친구일지도 모르나 언젠가는 적이 될 수도 있는 것이다. 그렇기 때문에 자신을 드러내지 않아야 하고, 또 마음을 놓아서는 안 되었던 것이다.

과묵은 약한 모습을 보이지 말라는 말과 상통했다. 무사가 살고 싶다는 말을 하거나, 나약한 심정을 토로하거나 하는 것은 금물이었다. 무사가 입에 올려서는 안 되는 말은 그 뿐만이 아니었다. 금전 이해관계에 관한 말, 남녀의 색욕에 관한 말, 의식주에의 욕망, 안락을 바라는 말, 이런 것들도 모두가 생명에의 집착에 뿌리를 두고 있는 말이기 때문에 무사가 입에 올려서는 안 되는 말이었다. 무사는 무엇보다도 미련에 끌리는 마음에 자기를 내맡기지 않기 위해서 과묵하지 않으면 안 되었다. 과묵은 극기의 정신과 상통하는 것이었다.

무사에게 과묵이 강조되는 이유는 단지 그뿐만이 아니었다. 실은 무사에게 과묵은 공격적인 자세를 의미하기도 했다. 여럿이 자리를 같이 했을 때에도 두리번거리지 않고 태산처럼 좌정해 다른 사람이 말을 걸어도 열 번에 한 마디 정도 응대하는 무사는 분명히 빈틈이 없는 무사다. 다변하고 산만한 무사는 허점이 많게 마련이다. 예기치 않은 이변이라도 일어난다면, 허점이 많은 무사는 낭패를 볼 것이고, 긴장감을 잃지 않고 있던 무사는 신속하게 상황에 대처할 수 있을 것이다.

단도직입, 일도양단이라는 말은 곧 무사의 존재방식과 상통하는 것이었다. 과묵한 무사의 한 마디는 무거운 것이다. 그렇기 때문에 무사가 한 번 발설한 말은 무거운 책임을 수반하는 것이다. 다이도지 유잔은 『부도쇼신슈武道初心集』에서 함부로 다른 사람을 험담하거나 나쁘게 말하지 말 것, 특히 다이묘나 의사를 험담하는 말을 하지 말라고 가르치고 있다. 자기와 조금이라도 관련되어 있는 사람이 언제 어느 때 그 다이묘의 녹을 먹을지, 또 그 의사에게 치료를 받을지 알 수 없기 때문이다.

말 한 마디를 무겁게 아는 무사는 강한 무사다. 그는 어떠한 장애에도 굴하지 않고 반드시 승리하는 진정한 강자의 모습을 보여준다. 진정한 승리는 생명에의 미련에 쏠리는 자기 자신에게 이기는 것이다. 자기 자신에게 이기는 자는 다른 사람과의 대결에서도 이길 수 있는 것이다. 야마모토 쓰네토모는 『하가쿠레葉隱』에서 이긴다는 것은 내편을 이기는 것이고, 내편을 이기는 것은 나를 이기는 것이라고 말하고 있다. 자기 자신을 이기는 것이 승리의 출발점이라는 말일 것이다

무사는 싸워서 이기지 않으면 안 되었다. 이겨야 명예도 지킬 수 있었다. 검객으로 유명한 미야모토 무사시宮本武蔵는 검술을 배우는 것도 싸움에서 이기고, 전투에서 이기기 위해서라고 했다. 주군과 자기 자신의 명예를 드높이기 위해서 반드시 이겨야 한다고 말했다. 다이도지 유잔도 『부도쇼신슈』에서 이기는 것은 탁월하다는 것이며, 다른 사람보다 탁월한 면이 없으면 훌륭한 무사라고 할 수 없다고 단언하고 있다. 이와 같이 무사는 이기는 것이 삶의 목표였다. 전투에서 적에게 이겨

야 함은 물론이고, 일상생활 속에서 동료들에게도 이기지 않으면 안 되었다.

무사는 항상 임전臨戰의 정신을 강조했다. 임전의 정신은 긴장감을 잃지 않는 정신이었다. 다이도지 유잔은 『부도쇼신슈』에서 다음과 같이 말했다.

> 무사는 정월 초하루 아침에 떡국을 먹으려고 젓가락을 드는 순간부터 그 해 섣달 그믐날 밤이 될 때까지 매일 낮 매일 밤 한결같이 죽음이라는 두 글자를 마음에 새기고 사는 것을 가장 중요하게 여겨야 한다. (중략) 주군을 섬기는 무사는 신분이 높고 낮음을 가리지 않고, 그 신분과 재력에 걸맞은 무기와 장비를 갖추어 두는 마음가짐이 필요하다. 특히 다이묘 가문의 관례에 따라, 무사들이 사용하는 부대표식, 각자의 장비, 투구 앞에 꽂는 장식물, 창과 갑옷에 다는 표식 등을 항상 주의해서 준비해 두지 않으면 안 된다. (중략) 특히 도검은 적의 뼈를 벨 수 있을 정도로 예리한 것을 준비해 두어야 한다.

다케다 신겐武田信玄의 가신이었던 바바 미노노카미馬場美濃守라는 무사는 '전장상재戰場常在'라는 네 글자를 써서 벽에 붙이고 교훈으로 삼았다는 유명한 이야기가 있다. 전쟁이 없는 평상시에도 그의 마음은 항상 전장에 있었던 것이다. 다이도지 유잔은 "원래 무사는 주야 갑주를 몸에서 벗어 놓지 않고, 산야와 해안을 집으로 알고 생활해야 하는 존재"라고 말했다. 청년 무사들에게 임전의 정신을 강조했던 것이다.

평화시대에 태어난 무사들은 신분이 높은 무사나 낮은 무사나 여름에는 모기장을 치고 겨울에는 이불을 덮고 편안하게 생활하고 있었다. 그러나 무사는 본래 전투원이다. 전쟁이 일어났을 때 주군을 위해 목숨을 초개같이 버려야 하는 숙명을 타고난 존재다. 평소에도 항상 전장에 나아갔다고 생각하고 살아야 한다. 이것이 임전의 정신이었다.

임전의 정신은 곧 승부勝負 정신이었다. 무사가 잠시도 몸에서 칼을 떼어놓지 않았다. 친구와 담소할 때, 잠자리에 들었을 때, 손님을 접대할 때, 가족과 식사할 때, 심지어 변소에 갈 때나 목욕을 할 때도 항상 도검을 휴대했다. 승부의 정신을 잃지 않기 위해서였다.

집안에서도 승부의 정신이 강조되었는데, 하물며 외출할 때는 어떠했겠는가? 무사가 자기 집을 벗어나 길을 걸어갈 때, 또는 목적지에 당도해서, 미친 사람이나 또는 마음가짐이 정상이 아닌 자와 맞닥뜨려, 뜻하지 않은 사태에 직면할 수도 있는 것이다. 예부터 일본에서는 문을 나서면서부터 모든 사람을 적을 보는 것과 같이 하라는 말이 있다. 허리에 도검을 찬 무사라면 잠시라도 승부의 정신을 잊지 말아야 했다.

임진왜란 때 조선 침략의 선봉장이었던 가토 기요마사加藤淸正가 남긴 가훈에 다음과 같은 구절이 있다.

무릇 무사의 가문에 태어난 이상, 칼을 휘두르다 죽을 것을 각오하지 않으면 안 된다. 평소부터 무사도를 깊이 탐구하지 않으면 결정적인 때에 보기 좋게 죽을 수 없는 것이다. 무사도를 마음속에 깊이 새겨두는 일이 가장 중요한 일이다.

무사는 언제나 죽음을 각오하고 살아야 한다. 삶에 미련을 두지 말아야 한다. 그래야 죽음을 두려워하지 않게 된다. 죽음을 두려워하는 자는 처음부터 무사로서의 자격을 갖추지 못한 자이다. 따라서 무사사회에서는 죽음에 대한 자세, 죽음을 각오하는 마음이 가장 근본적인 문제가 되었다. 무사도라는 것은 곧 죽는 것이라는 극단적인 표현도 무사사회의 이러한 토양에서 생성된 것이었다.

가토 기요마사

4. 명예 - 영원히 사는 길

자존심은 명예의 뿌리

아라이 하쿠세키新井白石는 에도 시대의 유학자로, 6대 쇼군 도쿠가와 이에노부德川家宣를 보좌해 18세기 초 에도 막부의 정치를 주도한 인물이었다. 하쿠세키는 어린 시절에 몹시 가난했다. 더구나 주군인 쓰치야

土屋 가문에 문제가 생겨서 출사도 불투명한 실정이었다. 그의 딱한 사정을 잘 아는 어떤 노인이 하쿠세키에게 무남독녀 외동딸을 둔 부상富商의 사위가 되는 것이 어떻겠느냐고 제안했다. 그러나 그는 단호하게 거절했다. 또 한 번은 누가 의사가 되는 것

아라이 하쿠세키

이 어떻겠느냐고 권유했으나 그것도 거절했다. 하쿠세키는 상인의 딸과 결혼했다는 결점을 남기고 싶지 않았다. 의사의 길을 가지 않은 것도 무사사회에서 조금이라도 멀어지는 것을 싫어했기 때문이었다. 그는 비록 가난하지만 무사로서의 자존심을 지키고 싶었던 것이다.

하쿠세키가 18세가 되었을 때, 쓰치야 가문의 무사들이 두 편으로 나뉘어져 싸우게 되었다. 하쿠세키의 친부도 싸움에 가담하게 되었다. 결전을 앞두고 하쿠세키의 친부를 비롯한 무사들이 같은 편의 중심인물인 세키関라는 무사의 저택에 집결했다. 당시 하쿠세키는 주군의 근신명령을 받고 칩거 중이었으므로 거사에 참여하지 못했다. 하쿠세키는 칩거를 핑계로 가족 모두 참여하는 싸움에 불참하는 것은 비겁한 일이었고, 그것은 하쿠세키의 자존심이 허락하지 않는 것이었다. 하쿠세키는 종자를 대신 집합 장소로 보냈다. 동태를 엿보다가 접전이 벌어지면 즉시 달려와서 알려달라고 일러두었다. 다행히 사태는 큰 싸움으로 비

화되지 않고 끝나게 되었다.

훗날 하쿠세키는 친구에게 만약에 싸움이 시작되면 자신을 감시하는 사람들을 죽이고서라도 현장으로 달려가려고 했다고 털어놓았다. 그 친구는 하쿠세키에게 물었다. "주군의 명령으로 칩거하고 있던 몸이 도망을 했다면, 더구나 감시하는 사람들을 죽였다면, 그것은 몇 번씩이나 죄를 짓는 일이 아닌가." 하쿠세키가 대답했다.

> 가족과 동료가 전사하는 것을 방관하고 있었다면, 주군의 명령으로 칩거하고 있다는 것을 구실로 비겁하게 죽음을 면했다고 세상 사람들이 비난했을 것이다. 내가 그렇게 결심했던 것은 스스로 수치스럽지 않기 위해서였다. 다른 사람에게 칭찬을 들을 생각은 추호도 없었다.

결국 하쿠세키가 주군의 명령을 어기고서라도 싸움에 참여하려고 결의했던 것은 그 무사로서의 자존심 문제였던 것이다.

『하가쿠레』에는 다음과 같은 일화가 소개되어 있다. 구루메번久留米藩의 4대 번주 아리마 요리모토有馬賴元는 현명한 군주라고 평판이 나 있었다. 어느 날 가신 중의 하나가 불순한 일을 꾸몄다는 죄목으로 조사를 받게 되었다. 그런데 그 가신은 한사코 결백을 주장했다. 가로家老들이 고문을 해서라도 자백을 받아내자고 협의했다. 주군인 요리모토에게도 그렇게 보고했다. 그런데 요리모토는 무사를 고문한 전례가 없다고 하면서 "무사가 고문을 당하면 죽어서까지도 치욕이라고 생각해서 잘못이 없어도 잘못을 했다고 자백하는 법이다. 무사를 고문하는 것은 절대로 안 된다."고 반대했다. 요리모토는 무사의 자존심을 존중할 줄 아는 군주였던 것이다.

실업무사인 로닌浪人이 출사하기 위해 다이묘 저택의 문을 두드리면, 다이묘 측에서는 그 로닌에게 대우는 어느 정도면 되겠느냐고 묻는다. 그때 로닌이 "바꾸어 탈 말 한 마리는 있어야 ……"라고 말하면, "500석 이상의 봉록은 되어야 ……"라는 뜻이었다. 그리고 "적어도 야윈 말 한 마리를 탈 수 있을 정도 ……"라고 말하면, "300석 정도의 봉록"을 원한다는 뜻이었다. 그리고 "녹슨 창 한 자루라도 갖게 해주신다면 ……"이라고 말하면, 적어도 100석 정도의 봉록을 요구하는 것이었다. 무사는 봉록의 액수를 구체적으로 입에 올리는 것을 부끄럽게 생각했다. 자존심 때문이었다.

무사는 남의 신세를 지지 않았다. 그래서 자신의 능력 이상의 봉록은 사양했다. 이카루가 헤이지斑鳩平次라는 무사가 있었다. 그가 가토 기요마사加藤淸正의 가신으로 출사할 때였다. 그는 우에스기上杉 가문의 가신으로 있을 때 2,000석의 봉록을 받던 무사였다. 그런 그에게 가토 기요마사가 봉록은 얼마나 주면 되느냐고 물었다. 그랬더니 이카루가 헤이지는 봉록 없이 근무하겠다고 대답했다. 아무런 공훈도 세우지 않고 봉록을 받는 것은 도리가 아니니, 공훈을 세우면 그때 가서 봉록을 책정해 달라고 말했다.

하야시 신에몬林新右衛門이라는 무사가 있었다. 그는 원래 히로시마広島 50만 석의 다이묘 후쿠시마 마사노리福島正則의 가신이었으나 주군인 마사노리의 영지가 몰수되자 나이 칠십이 넘어서 로닌 신세가 되었다. 그는 매우 능력이 있는 무사였다. 여러 다이묘들은 많은 봉록을 제시하며 그를 영입하려고 했다. 그러나 하야시는 모두 사양하며 말했다.

옛 주군을 섬길 때에는 능력도 발휘할 수 있었고, 전쟁에 나아가 공훈도 세웠습니다. 그러나 그것은 모두 지난 일입니다. 지금 저에게는 그런 능력도 기량도 없습니다. 일도 제대로 수행하지 못하면서 많은 봉록을 받는다는 것은 제 자존심이 허락하지 않습니다.

히젠번肥前藩의 무사 나베시마 쓰케에몬鍋島助右衛門의 딸이 가신과 눈이 맞아 가출했다. 세월이 흘러, 그녀가 히고번肥後藩 상급무사의 첩이 되었다는 소문이 돌았다. 그 소문을 들은 나베시마 쓰케에몬은 사자를 보내서 딸을 데려왔다. 그의 딸은 집에 돌아오자마자 자결했다는 소문이 돌았다. 여러 정황으로 보아서 쓰케에몬의 딸은 가문의 자존심을 훼손했다는 죄목으로 가족들에게 살해당했을 가능성이 크다.

한편, 히젠번은 나베시마 쓰케에몬에게 자결을 하라는 명령을 내리기로 결정했다. 자식이 품행이 방정하지 못해서 세상 사람들의 입에 오르내리게 되었고, 결과적으로 히젠번 무사사회의 자존심을 훼손했다는 죄목이었다.

이윽고 히젠번은 형을 집행하는 관리를 쓰케에몬의 저택으로 보냈다. 관리가 쓰케에몬의 저택에 도착했을 때, 마침 쓰케에몬은 바둑을 두고 있었는데, 그는 조금도 동요하지 않고 끝까지 대국을 마쳤다. 대국을 마치자 쓰케에몬은 그 자리에서 배를 갈라 자결했다. 단 한마디

말도 남기지 않고 죽었다.

 거역할 수 없는 운명이 닥쳐왔을 때, 무사는 차분하게 순응했다. 변명을 늘어놓는 것은 무사답지 못한 행동이었다. 더구나 살고 싶다는 말과 살려달라는 말은 무사가 차마 입에 담지 못하는 말이었다. 무사의 자존심이 그것을 허락하지 않았던 것이다.

공명심에 불탔던 무사들

 무사는 본래 전투원이었다. 그들이 소원하는 것은 전투에 나아가 공을 세워 이름을 널리 알리는 것이었다. 공명심이야말로 가장 명예로운 것이었다. 뜻이 있는 무사가 어렸을 때부터 어려움을 견디는 훈련을 했던 것도 전투에 나아가 공을 세우기 위해서였다. 주위 사람들은 어린 무사를 더욱 공명심에 불타게 만들었다. 무사 가문에서는 자식에게 무사로 태어나서 만인이 우러러보는 사람이 될 각오를 해야한다고 가르쳤다.

 다이도지 유잔은 『부도쇼신슈』에서 청년 무사들에게 다음과 같이 말했다.

> 설령 태평 시대라고 해도, 일단유사시에는 다른 동료들이 도저히 미치지 못하는 공을 세우고 싶다고 평상시부터 거듭 다짐해야 한다.

이것이 무사 본래의 정신인 것이다. 비상의 사태에 직면해서는 천지신명께 이번 전쟁에서 적은 물론 아군도 놀라게 하는 공을 세울 것이라고 서약해야 한다. 영원히 명예를 남길 만한 공을 세우기 전에는 절대로 고향에 돌아가지 않겠다는 결의를 다져야 한다.

다이도지 유잔은 이어서 다음과 같이 말하며 젊은 무사들에게 공명심의 중요성을 일깨워 주었다.

세상 사람들이 입에 올리는 『고요군칸甲陽軍鑑』, 『신초키信長記』, 『다이코키太閤記』 등의 군기물에는 그 시대의 전투의 전말이 기록되어 있는데, 그중에 가령 신분이 낮은 무사라도 매우 특출하게 공을 세운 자는 어디의 누구라고 성명을 기록해 놓았다. 그 밖에는 단지 전사 몇 천 몇 백이라고 기록되어 있을 뿐이다. 이 몇 천 몇 백이라고 하는 숫자에는 신분이 높은 무사가 무수하게 포함되어 있지만, 각별한 공훈이 없었기 때문에 그 이름은 기록되지 않는다.

재물은 물론 목숨까지도 돌보지 말라는 것이 일본 무사의 가르침이었다. 그러나 무사는 이름, 즉 명예만큼은 소중하게 돌보아야 하는 것이었다. 무사들은 "사람은 일대一代, 이름은 말대末代", "이름을 아쉬워하라."는 말을 입에 달고 살았다. 무사들은 명예에 집착했다. 무사가 전장에서 목숨을 버려서 싸우는 것은 설령 자기가 죽어도 논공행상에 의해 자손이 등용되고, 더 넓고 좋은 영지가 주어질 것이라고 기대했기 때문이다. 그리고 주군은 그 기대를 결코 저버리지 않았다. 무사가 공명심을 불태우는 이유도 바로 여기에 있었던 것이다.

1614년 겨울, 도쿠가와 이에야스德川家康가 오사카의 도요토미씨를 공격하고 있었다. 이에야스의 열 번째 아들인 요리노부賴宣도 참전했다. 그때 요리노부의 나이는 12세였다. 요리노부는 전투의 선봉에 서게 해 달라고 여러 번 청원했다. 그러나 이에야스는 어린 아들의 안전을 생각해 그의 부대를 후방에 배치했다. 이윽고 오사카성이 함락되자 요리노부는 대성통곡했다. 가신들은 그를 달래려고 애를 썼다. 주군의 나이가 어리니까 앞으로도 얼마든지 공명을 세울 기회가 많을 것이라고 위로했다. 그러자 요리노부는 12살의 나이는 다시 돌아오지 않는다고 말하며 더욱 눈물을 흘렸다. 나이 어린 요리노부는 벌써 공명심에 불타고 있었던 것이다.

임진왜란 때, 가토 기요마사加藤清正 군단의 한 부대를 요시무라 마타이치吉村又市가 이끌고 부산포를 공격하고 있었다. 저녁때가 되자 기요마사는 요시무라 부대를 본진으로 철수시키려고 생각했다. 주위를 둘러보니 쇼바야시 하야토庄林隼人가 있어서 그에게 부대를 철수시키라는 명령을 요시무라에게 전하도록 했다. 그 소리를 듣고 기요마사의 옆에 가만히 앉아있던 모리모토 기타이후森本義大夫가 눈물을 흘렸다. 가토 기요마사가 그 이유를 물었다. 모리모토는 다음과 같이 대답했다.

저는 오늘 날까지 쇼바야시 하야토에 뒤지지 않게 일했고, 주군도 그렇게 생각하고 있는 것으로 알고 있었습니다. 그런데 실은 주군이

제11장 바람직한 무사도 315

제가 쇼바야시보다 능력이 모자란다고 생각하고 있다는 것을 알았습니다. 주군에게 인정받지 못하는 제가 수치스럽습니다. 또 주군을 뵈올 면목이 없습니다.

가토 기요마사는 모리모토에게 "어째서 내가 너를 쇼바야시보다 못하다고 생각한다는 것을 알았는가?" 모리모토는 대답했다. "주군께서는 바로 옆에 있는 저는 쳐다보지도 않고, 말석에 있는 쇼바야시에게 명령을 내리셨습니다. 그것은 측근에는 그런 능력이 있는 자가 없다고 생각했기 때문일 것입니다." 그 말을 들은 가토 기요마사는 다음과 같이 말하며 모리모토를 위로했다. "사람은 적재적소에 쓰는 것이다. 너는 엄청나게 힘이 센 무사다. 힘으로 적을 공격할 때나 물샐틈없는 방어망을 구축한 적진을 돌파할 때는 아무래도 너밖에 없다." 가토 기요마사의 말을 들은 모리모토는 그제야 안심했다. 자신의 명예가 손상된 것은 아니라는 것을 확인했기 때문이다. 공명심에 불타는 무사의 마음은 질투심과 크게 다르지 않았던 것이다.

무사가 수치심을 느꼈을 때

무사에게 명예는 모든 것이라고 해도 과언이 아니었다. 목숨보다도 중요한 것이었다. 그런데 명예는 수치심이라는 거울에 반사되면서 더욱 선명한 상을 맺게 된다. 무사를 비웃거나 체면을 손상시켰을 때, 또 모욕했을 때, 그는 참을 수 없는 수치심을 느꼈다. 수치심을 느낀 무사는 크게 분노할 것이고, 그 다음에 어떠한 상황이 전개될지 아무도 몰랐다. 그러나 분명하게 말할 수 있는 것은 무사가 수치심을 느꼈을 때, 무사는 실추된 명예를 회복하기 위해 목숨을 버릴 각오를 한다는 사실이다.

에도 막부의 하타모토旗本로 집안도 좋고 능력도 있었던 마쓰다이라 게키松平外記는 선배나 동료보다 일찍 출세했다. 그는 쇼군将軍의 경호를 담당하는 부대의 지휘관이 되었다. 선배들은 물론 동료들도 게키를 시기했다. 선배들은 게키가 자신들보다 빨리 출세한 것에 대해 불만을 토로했다. 게키가 자신의 지위에서 스스로 물러나는 것이 도리가 아니냐고 노골적으로 압력을 가하기도 했다. 사사건건 게키를 비방했을 뿐만이 아니라 교묘하게 골탕을 먹이기도 했다. 쇼군이 매를 사냥하기 위해 산야로 나가면, 게키의 도시락에 말똥을 넣기도 하고, 게키가 무사들을 집합시켜도 아무도 움직이지 않았다. 그때마다 게키는 크게 당황했다. 결국 게키는 자신의 지위에서 물러나지 않을 수 없었.

게키가 지휘관의 지위에서 물러났음에도 불구하고 선배나 동료들의 괴롭힘은 계속되었다. 어느 날, 선배 무사는 마쓰다이라 게키가 매우 좋은 도검을 차고 있는 것을 보고 "모양은 좋은데 날이 무딘 칼일 것이다."고 놀렸다. 게키는 극심한 수치심을 느꼈다. 무사가 칼날이 무딘 도검을 차고 있다는 것은 전투원으로서의 각오가 되어 있지 않다는 말이었기 때문이다. 그렇지 않아도 그동안 모욕을 인내하고만 있었던 비겁한 자신이 미웠던 게키였다. 게키의 분노가 드디어 폭발했다. 게키는 칼을 뽑았다. "이 칼이 무딘지 어떤지 보여주마."라고 외치면서 선배 무사들을 무자비하게 내리쳤다. 3명의 무사가 그 자리에서 즉사했고, 여러 명의 무사가 중상을 입었다. 게키도 그 자리에서 배를 갈라 죽었다.

무사가 가장 수치스러워 한 것은 비겁하다는 평판이었다. 무사가 비겁하면 전투에서 승리하기 어렵다. 본래 전투원인 무사가 전투에서 승리하지 못한다면, 그는 존재의 의미가 없었다. 그런 자가 주군의 봉록을 축내고 있다는 풍문이 돌면, 주군 앞에서도, 세상 사람들 앞에서도 얼굴을 제대로 들고 다닐 수 없었다.

어느 날, 히젠번肥前藩 나베시마鍋島 가문의 무사 5~6명이 술자리를 함께 했는데, 그중에 기즈카 규자에몬木塚久左衛門의 가신도 있었다. 그는 마침 일이 있어서 먼저 집으로 돌아갔다. 그런데 기즈카의 가신이 돌아간 후에 일행이 옆자리에 앉았던 무리들과 싸워서 그들을 베어 죽이고 말았다. 밤이 늦어서야 그 사실을 안 기즈카의 가신은 즉시 동료들이 있는 곳으로 달려가 안부를 묻고, 조사가 시작되면 자기도 끝까지 그 자리에 있었고, 또 함께 살인을 했다고 말해달라고 부탁했다. 그 자리에 있었고 살인을 했다면 사형을 면할 수 없었다. 그런데 기즈카의 가신은 왜 동료들에게 거짓말을 해 달라고 통사정을 했을까?

기즈카 규자에몬의 가신은 동료들에게 다음과 같이 말했다.

> 주군으로 모시는 기즈카 규자에몬은 내가 먼저 집으로 돌아갔다고 말해도 믿어주지 않을 것이다. 또 사건이 일어나기 전에 내가 집으로 돌아갔다는 사실이 밝혀진다 하더라도 주군은 나를 비겁한 놈이

라는 이유로 분명히 죽일 것이다. 그러면 나는 동료들이 싸울 때 현장에서 도망했다는 오명을 쓰고 죽게 된다. 그것은 매우 수치스러운 일이다. 어차피 죽는다면 사람을 죽였다는 죄목으로 죽고 싶다. 그러니 부탁한다. 만약에 부탁을 들어주지 않는다면 나는 이 자리에서 배를 갈라 죽을 수밖에 없다.

   전투원인 무사가 싸움에서 지는 것은 참을 수 없는 치욕이었다. 싸움에서 졌다는 것은 전투원으로서의 자격이 상실되었다는 것을 의미했기 때문이다. 그런데 그보다 더욱 수치스러운 일은 동료들이 싸우는데 그 자리를 벗어난 비겁한 무사라는 소문이 나는 것이었다. 사정이 어찌 되었든 그런 소문이 돌면 무사의 명예는 회복할 수 없을 만큼 실추된다. 기즈카 규자에몬의 가신은 그것이 두려웠던 것이다.
   나베시마 가문의 가신 중에 도하쿠道白라는 무사가 있었다. 그의 아들인 고로베에五郎兵衛는 로닌浪人인 이와무라 구나이岩村久内에게 유감이 있었다. 어느 날, 고로베에가 길에서 우연히 이와무라 구나이를 마주쳤다. 그러자 고로베에는 일부러 싸움을 걸어 이와무라를 시궁창에 빠뜨리고 그냥 집으로 돌아왔다. 치욕을 당하고 집으로 돌아간 이와무라는 형제들과 상의해 밤에 고로베에의 집으로 쳐들어가 설욕하기로 했다. 고로베에도 이와무라가 반드시 설욕하러 올 것이라고 예상했기 때문에 철저하게 준비하고 있었다. 적을 유인하기 위해 대문을 살짝 열어 놓고, 칼을 빼어들고 숨어서 기다리고 있었다. 이와무라 구나이의 형이 그것도 모르고 문을 열고 들어가다 고로베에에게 기습 공격을 당해 치명상을 입었다. 구나이는 다행히 고로베에의 집으로 숨어 들어가는 데 성공했다. 안으로 들어간 이와무라 구나이는 도하쿠의 사위를 베어 죽이고, 도하쿠에게도 중상을 입혔다. 그리고 고로베에와 싸워서 그의 팔을 베어 떨어뜨렸다. 이와무라 구나이도 상처를 입었지만 중상을 입은 형을 부축해서 집으로 향했다. 그러나 중간에서 형이 죽었다. 간신히 집에 도착한 고로베에도 출혈이 심해 곧 죽었다.

1699년 12월 나베시마 가문의 가신 후카보리 산에몬深堀三右衛門이 나가사키長崎에서 다카기 히코에몬高木彦右衛門의 종자인 소나이惣内를 심하게 때렸다. 그날 밤, 원한을 품은 소나이는 10여 명의 동료들을 이끌고 후카보리의 집을 급습해 후카보리와 그의 동료를 마구 때렸다. 소식을 듣고 달려온 나베시마 가문의 가신 10명은 보복을 하기 위해 다카기 히코에몬의 저택으로 쳐들어가서 다카기 히코에몬과 소나이 등 여러 명을 베어 죽였다. 그리고 나베시마 가문의 가신들은 불을 단속한 후에 그 자리에서 배를 갈라 죽었다.

다카기高木 아무개라는 무사가 인근의 농민 3명을 상대로 말다툼을 하던 중 농민들에게 얻어맞고 집으로 돌아왔다. 다카기의 아내가 "설마 죽음을 잊은 것은 아닌가?"라고 물었다. 다카기는 그렇지 않다고 대답했다. 아내는 다카기에게 말했다. "사람은 한 번 죽는다. 죽는 방법은 여러 가지가 있는데 보기 흉하게 죽는다면 유감이다." 그리고 다카기 아내는 밖에 나가서 농부들의 동태를 살폈다. 그 농부들은 한곳에 모여서 대책을 논의하고 있었다.

밤이 되자 다카기의 아내는 아이들을 재우고, 횃불을 준비하고, 전투 복장을 갖추었다. 그리고 남편을 재촉해 앞장세웠다. 부부는 다 같이 짧은 칼을 손에 들고 쳐들어가 3명의 농부를 무자비하게 베었다. 농부

두 명은 그 자리에서 즉사하고 한 명은 중상을 입고 도망했다.

 마쓰우라松浦 나베시마 가문의 가신으로 구로카와 쇼에몬黒川小右衛門이라는 자가 있었다. 그의 아내는 나베시마 나오히로鍋島直弘의 가신 가모하라 기베에蒲原喜兵衛의 딸이었다. 구로카와 쇼에몬의 이웃에는 동료인 도쿠나가 산자에몬德永三左衛門이라는 자가 살고 있었다. 그는 재산가였다. 구로카와는 모기장을 도쿠나가에게 저당 잡히고 있었다. 그런데 구로카와가 그 모기장을 처가에 가지고 갈 일이 생겼다. 구로카와는 도쿠나가에게 가서 모기장을 2~3일만 빌려달라고 했다. 8월 15일의 일이었다. 그랬더니 도쿠나가는 구로카와에게 "여러 번 빌린 돈을 조금도 갚지 않고, 게다가 저당물을 돌려달라고 하는 것은 너무하다. 앞으로 내 집에 출입하지 말라. 만약 출입하면 맞아 죽어도 좋다는 서약서를 써라."고 욕설을 퍼부었다. 구로카와는 입술을 깨물면서 서약서를 썼다.

 구로카와 쇼에몬은 집으로 돌아와 27일까지 아무도 모르게 신변을 정리했다. 28일에는 햅쌀로 떡을 해서 저녁에 두 아이의 머리맡에 놓아두고, 아내에게도 말하지 않고 도쿠나가 산자에몬의 집으로 갔다. 구로카와 쇼에몬은 도쿠나가 산자에몬 집 앞에서 소리쳤다. "산자에몬은 밖으로 나와라. 죽일 테다." 도쿠나가 산자에몬은 집안에서 숨어있으면서 동생인 요자에몬与左衛門에게 구원을 요청했다. 달려온 요자에몬은 뒤에서 구로카와 쇼에몬을 급습했다. 불의의 습격을 받은 구로카와는 머리에 큰 상처를 입고 싸웠으나 결국은 살해되었다. 낌새를 챈 구로카와 쇼에몬의 아내는 낫을 들고 도쿠나가 산자에몬의 집으로 달려갔다. 남편은 이미 죽어 있었다. 그녀는 남편의 와키자시脇差를 뽑아들고 도쿠나가 산자에몬의 집으로 쳐들어가서 산자에몬을 찾아내어 난도질했다. 그 순간 산자에몬의 하인들이 달려들어 구로카와 쇼에몬의 아내를 베어 죽였다. 도쿠나가 요자에몬은 상처가 악화되어 9월 1일 죽었고, 산자에몬은 9월 4일에 자결했다.

싸움에서 비록 승리한다 해도, 막부의 법을 어긴 이상 죽음을 면할 수 없었다. 그래서 상대방을 살해한 다음에 자결하는 것이 보통이었다. 수치심을 선사한 자를 응징하면 목적은 달성되는 것이었다. 목적이 달성되었다면 여한이 없는 것이다. 그러나 구로카와 쇼에몬과 같이 상대방을 살해하지 못하고, 오히려 자신이 살해되는 경우도 있었다. 그렇지만 구로카와 쇼에몬은 장렬한 죽음을 통해 그의 원수 도쿠나가 산자에몬이 얼마나 의리 없고, 비열했는지를 세상에 폭로했다. 구로카와 쇼에몬은 목숨을 잃었지만, 도쿠나가 산자에몬은 목숨보다 소중한 명예를 잃었다. 더구나 세상 사람들은 구로카와 쇼에몬의 아내의 불꽃같은 투쟁심과 이글거리는 복수심에 경의를 표할 것이다. 그렇다면 구로카와 쇼에몬도 여한 없이 영면할 수 있을 것이다. 목적은 초과 달성된 것이다.

풍문이 두려웠던 무사들

무사들은 세간을 지나치게 의식했다. 풍문에 민감했다. 민감했다기보다는 두려워했다는 표현이 적절할 것 같다. 물론 좋은 풍문은 무사의 명예를 더욱 빛내주었지만, 나약하다든지, 비겁하다든지, 방심했다든지, 그리고 무사로서 바람직하지 못한 행동을 했다든지 하는 풍문이 돌면 무사의 명예에 치명적이었다.

1674년 아이즈번会津藩의 가신 아키타 다자에몬秋田太左衛門이 무사도를 벗어난 행동을 했다는 풍문이 돌았다. 오래 전 마을에서 싸움이 벌어졌을 때의 일이었다. 다자에몬은 마침 근처의 절에서 주연을 벌이고 있었다. 싸움이 벌어졌다는 소식을 들은 다자에몬은 즉시 현장으로 달려갔으나 싸움은 이미 끝났기에 다시 절로 돌아와 술자리에 합류했다. 그때 다자에몬의 행동에 문제가 있었다는 것이다.

풍문이 『가세짓키家世実記』에도 기록된 것을 보면, 소문이 많이 퍼진 것 같다. 그런데 기록만으로는 다자에몬의 어떤 행동이 무사도에 벗어났는지 전혀 알 수가 없다. 현장으로 늦게 달려간 것이 무사도에 벗어난 행동이었는지, 현장에서 다시 절로 돌아와 주연에 합류한 것이 무사도에 벗어난 행동이었는지 알 수가 없다. 더구나 풍문이 돌기 시작한 1674년에는 다자에몬이 이미 사망한 후였다. 풍문은 이미 죽은 무사도 편안히 쉬지 못하게 했던 것이다.

위의 이야기는 한국에서는 웃어넘겨도 되는 별것 아닌 일이지만, 에도 시대 무사에게는 매우 심각한 문제였다. 풍문이 사실일 경우에는 가문이 폐절될 수도 있었기 때문이었다. 실제로 영주 권력은 무사가 자격이 미달된다고 생각했을 때, 무사도에 벗어난 행동을 했다고 판단되었을 때, 그 가문을 폐절시킨다는 방침을 내세우고 있었다. 규정은 매우 애매했는데, 바로 그렇기 때문에 무사들은 두려움에 떨었다. 영주 권력이 규정을 자의적으로 해석할 수 있는 여지가 있었기 때문이다.

1648년 아이즈번会津藩의 가신인 후지사와 누이도노노스케藤沢縫殿之

助와 그의 친구인 오다테 소자에몬大館総左衛門이 같이 길을 걸어가고 있었다. 도중에 소자에몬이 잘 알고 있는 승려를 만났다. 소자에몬은 승려에게 집으로 놀러오라고 인사를 하면서, 그런데 자식인 헤이시로兵四郎가 아직 자고 있을지 모른다고 말했다. 그 말을 옆에 있던 누이도노노스케가 들었다. 승려와 헤어진 후, 둘은 다시 길을 걷기 시작했는데, 그때 누이도노노스케는 소자에몬에게 자식이 늦잠을 자면 부모가 좀 타이르라고 충고했다. 그 말을 들은 소자에몬은 자식도 이제 성인이 되었는데 심하게 말할 수도 없다고 대답했다. 그것이 전부였다.

그런데 그날 저녁 5시경에 전혀 예기치도 않은 일이 벌어졌다. 소자에몬의 아들인 헤이시로가 결투할 때 입는 흰옷을 입고 누이도노노스케를 찾아와 자기와 관련된 말을 입에 올렸다고 격렬하게 항의했다. 누이도노노스케가 아무리 달래도 헤이시로의 화는 풀리지 않았다. 이윽고 헤이시로가 칼을 빼어들고 돌진했다. 순식간에 싸움이 벌어졌고, 누이도노노스케는 헤이시로를 베어 죽였다. 헤이시로를 돕기 위해 따라온 친구 시가 한지로志賀半次郎는 누이도노노스케의 아들인 진자부로甚三郎를 공격해 부상을 입혔다. 하지만 시가 한시로도 곧 제압되어 죽임을 당했다.

보고를 받은 아이즈번은 사건의 전말을 소상하게 조사하고, 누이도노노스케가 싸움의 원인을 제공했다는 결론을 내렸다. 누이도노노스케에게 자결을 하라는 명령이 내려졌다. 비록 친구의 아들이라고 해도 무사의 명예를 훼손한 죄가 결코 가볍지 않다는 것이 아이즈번의 판단이었다. 헤이시로의 아버지와 그의 절친한 친구가 아무 생각 없이 주고받은 일상적인 대화도 그것이 나쁜 풍문으로 퍼져나갈 수 있다고 해석되었을 때, 한국인의 상식으로는 상상조차 할 수 없는 참담한 결과를 초래할 수 있었던 사회가 에도 시대의 일본이었다.

오와리번尾張藩 도쿠가와德川 가문의 가신 아사히 시게아키朝日重章는 17세기 말에서 18세기 초에 걸쳐서 40여 년 간 일기를 정성스럽게 썼다. 그 일기에는 무사들의 일상생활이 자세하게 묘사되어 있는데, 그 일기 속에 등장하는 무사들도 풍문과 세상 사람들의 평판에 민감하게 반응했다.

아사히의 동료 중에 신미 고에몬新見康右衛門이라는 무사가 있었다. 그는 공용으로 출장을 떠났다. 목적지에 빨리 도착하기 위해 배를 타고 하마나코浜名湖라는 호수를 가로질러 가기로 했다. 배의 출발 시간을 기다리며 나루 근처의 찻집에서 도시락을 먹고 있었다. 식사를 마치고 잠시 졸고 있는데 배가 떠난다는 소리가 들렸다. 신미는 허겁지겁 달려가서 배를 탔다. 배는 무사히 목적지에 도착했다. 신미도 내렸다. 그런데 왼쪽 허리가 어쩐지 허전했다. 그 순간 신미의 얼굴이 하얗게 변했다. 왼쪽 허리에 있어야 할 도검이 없었다. 배를 타기 전, 찻집에서 도검을 벗어놓고 식사를 한 것이 불찰이었다. 급하게 배를 타느라고 도검을 그 집에 그냥 놓아두었던 것이다.

신미가 도검을 잃어버린 것을 알았을 때는 이미 그의 도검은 찻집의 주인이 주워서 오와리 도쿠가와 가문 가신의 분실물이라고 관청에 신고했고, 도추부교道中奉行는 분실물로 기록해 두고 있었다. 누구의 물건인지는 금방 파악할 수 있었다. 오와리번의 가신 아무개가 도검을 분실했다는 소문은 금방 퍼지기 시작했다. 신미는 수치스러웠다. 두려움이 엄습했다. 그는 도망했다. 영원히 자취를 감추어 버리고 말았던 것이다.

신미 고에몬 외에도 도검을 분실해 패가망신한 무사가 있었다. 1705년에 역시 오와라번 도쿠가와 가문의 가신인 곤도 마사노에몬近藤政之右衛門이 연극 구경을 갔다가 도검을 잃어버리고 나왔다. 곤도는 수치스러워 그 사실을 숨기려고 했다. 그러나 끝내 사실이 밝혀졌고, 풍문이 돌자, 곤도 마사노에몬은 면목이 없다는 말을 남기고 슬그머니 자취를 감추었다.

사에다 이치로에몬佐枝一郎右衛門은 오와리성 내에서 연극을 관람하고 나오려고 하는데 도검이 없어졌다는 것을 알았다. 할 수 없이 부하의 도검을 빌려서 차고 퇴근했다. 퇴근하던 중에 동료를 만났는데, 동료가 이치로에몬의 도검이 성내에 보관되어 있다고 알려주었다. 이치로에몬은 염치를 불구하고 성으로 가서 도검을 찾아 가지고 집으로 돌아왔다. 하지만 이치로에몬은 자기가 방심했다는 것이 수치스러워서 견딜 수가 없었다. 동료들이 이미 자신이 조심스럽지 못해 도검을 분실했다는 사실을 알고 있는 이상 소문이 나는 것은 시간문제였다. 그는 결국 아무도 모르게 자취를 감췄다.

방심했다는 풍문보다도 무사를 두렵게 했던 것은 나약하다는 풍문이었다. 무사가 방심했다는 풍문이 돌면 얼굴을 들고 다닐 수 없었고, 결국 무사사회를 영원히 떠나지 않을 수 없었다. 그런데 나약하다는 풍문이 돌면 무사의 운명은 어떻게 되었을까?

1642년 아이즈번会津藩의 무사 우치다 산주로内田三十郎가 에도에서 근무를 마치고 고향으로 돌아가던 도중에 숙소에서 요네자와번米沢藩의 가로家老 히라바야시 구라노스케平林内蔵助의 부하와 싸운 일이 있었다. 히라바야시의 가신이 우치다에게 무례를 범하자 우치다는 칼을 뽑아 상대의 이마를 베었다. 그러나 히라바야시의 부하들이 달려들어 우치다를 제압하고, 포박하려고 하는 순간에 마침 숙소의 주인이 달려와 중재를 해서 싸움이 수습되었다.

숙소의 주인은 우치다에게 다음과 같이 말하며 위로했다.

> 상대방에게 구타를 당했으나, 대신에 상대방을 칼로 베었으니 용기가 없었던 것도 아니고, 또 방심했던 것도 아닙니다. 또 상대방에게 제압되어 포박 당할 뻔했으나 그것은 당신이 나약해서가 아닙니다. 많은 인원이 한꺼번에 달려들었으니 천하장사라도 어쩔 수 없는 일이었습니다.

숙소의 주인은 우치다 산주로의 체면을 세심하게 고려했다. 뒤이어 달려온 우치다의 4명의 동료들에게도 그가 결코 나약하지 않았고, 방심하지 않았다는 것을 되풀이해 강조했다. 그의 말속에는 무사가 가장 두려워하고 있는 것이 무엇이었는지가 솔직하게 표현되어 있다. 그것은 바로 방심과 나약함이었다.

우치타의 동료들이 걱정하고 있었던 것도 바로 그 점이었다. 후일 그들이 아이즈번의 조사에 응했을 때, 만약 우치다가 나약해 싸움에서 졌다면, 그 자리에서 자결하도록 권유했을 것이라고 진술했다. 그러나 아이즈번은 우치다가 나약해서 상대방의 기세에 눌렸다고 판단했던 것 같다. 아이즈번은 결국 우치다에게 자결을 명령했다. 우치다의 4명의 동료들에게도 엄중한 처벌이 내려졌다. 한 사람에게는 우치다와 같이 자결을 명했고, 한 사람은 추방, 두 사람은 가이에키改易, 즉 무사의 저택과 영지를 몰수하는 형벌에 처했다.

무사가 나약하다고 판명되었을 때, 이렇게 무서운 결과가 기다리고 있었다. 두려워하지 않을 수 없었던 것이다.

참고문헌

한국

구태훈,『일본고중세사』, 재팬리서치21, 2016

구태훈,『일본근세사』, 재팬리서치21, 2016

구태훈,『일본근대사』, 재팬리서치21, 2017

구태훈,『일본사 파노라마』, 재팬리서치21, 2009

구태훈,『일본사 키워드30』, 재팬리서치21, 2012

이계황,『일본근세사』, 혜안, 2015

이영, 이재석,『일본고중세사』, 방송대학교출판부, 2007

피터 두으스 저, 양필승 역,『일본의 봉건제』, 신서원, 1991

일본

Ⅰ 고대

石上英一,『律令国家と社会構造』, 名著刊行会, 1996

石母田正,『中世的世界の形成』, 東京大学出版会, 1946

石母田正,『日本古代国家論』, 岩波書店, 1973

石母田正,『古代末期政治史序説』, 未來社, 1995

梅村喬,『日本古代社会経済史論考』, 塙書房, 2006

河内祥輔,『保元の乱 平治の乱』, 吉川弘文館, 2002

熊田亮介,『古代国家と東北』, 吉川弘文館, 2003

笹山晴生,『古代国家と軍隊』, 中央公論社, 1985

中村吉治,『日本封建制の源流』(上・下), 刀水書房, 1984

野口 実,『武家の棟梁の事件』, 中公新書, 1994

野田嶺志,『律令国家の軍事制』, 吉川弘文館, 1984

福田豊彦,『平将門の乱』, 岩波新書, 1981

福田豊彦,『東国の兵乱とものののふたち』, 吉川弘文館, 1995

藤井一二,『初期荘園史の研究』, 塙書房, 1986

松原弘宣,『藤原純友』, 吉川弘文館, 1999

村井康彦,『古代国家解体過程の研究』, 岩波書店, 1965

元木泰雄,『武士の成立』, 吉川弘文館, 1994

元木泰雄,『院政期政治史研究』, 思文閣出版, 1996

米田雄介,『摂関制の成立と展開』, 吉川弘文館, 2006

Ⅱ 중세

池上英子,『名誉と順応』, NTT出版株式会社, 2000

池上裕子,『戦国時代社会構造の研究』, 校倉書房, 1999

石井 進,『中世武士の実像 － 合戦と暮しのおきて』, 平凡社, 1987

石井 進,『鎌倉武士の実像』, 平凡社選書, 1987

井上　夫, 『一向一揆の研究』, 吉川弘文館, 1968

今谷明, 『室町時代政治史論』, 塙書房, 2000

上横手雅敬, 『鎌倉時代政治史研究』, 吉川弘文館, 1991

勝俣鎮夫, 『戦国時代論』, 岩波書店, 1996

川合 康, 『源平合戦の虚像を剥く』, 講談社, 1996

川合 康, 『鎌倉幕府成立史の研究』, 校倉書房, 2004

川端 新, 『荘園制成立史の研究』, 思文閣出版, 2000

河内祥輔, 『頼朝の時代』, 平凡社, 1990

小泉宜右, 『悪党』, 教育社歴史新書, 1981

五味文彦, 『平家物語, 史と説話』, 平凡社, 1986

五味文彦, 『武士と文士の中世史』, 東京大学出版会, 1992

坂田吉雄, 『武士』, 東京大学人文学研究所, 1965

佐藤和彦, 『自由狼藉・下剋上の世界』, 小学館創造選書, 1985

佐藤進一, 『南北朝の動乱』, 中央公論社, 1971

鈴木郎一, 『応仁の乱』, 岩波新書, 1973

永原慶二, 『戦国期の政治経済構造』, 岩波書店, 1997

林屋辰三郎, 『封建社会成立史』, 筑摩書房, 1987

藤木久志, 『豊臣平和令と戦国社会』, 東京大学出版会, 1985

藤木久志, 『雑兵たちの戦場』, 朝日新聞社, 1995

藤直 幹, 『武家時代の社会と精神』, 創元社, 1967

村井康彦, 『乱世の創造』(『日本文明史』5), 角川書店, 1991

安田元久, 『武士世界形成の群像』, 吉川弘文館, 1986

山室恭子, 『中世のなかに生まれた近世』, 吉川弘文館, 1991

Ⅲ 근세

朝尾直弘,『将軍権力の創出』, 岩波書店, 1994

家永三郎,『日本道徳思想史』, 岩波書店, 1963

池上裕子,『織豊政権と江戸幕府』, 講談社, 2002

井上勝生,『幕末維新政治史の研究』, 塙書房, 1994

氏家幹人,『江戸藩邸物語』, 中央公論社, 1988

氏家幹人,『江戸の少年』, 平凡社, 1989

奥野高度 校注,『信長公記』巻11, 角川文庫, 1969

笠谷和比古,『主君「押込」の構造』, 平凡社, 1988

笠谷和比古,『近世武家社会の政治構造』, 吉川弘文館, 1993

桑田忠親,『戦国武将の生活』, 角川選書, 1969

古賀 斌,『武士道論考』, 島津書房, 1974

近藤 斎,『近世以降武家家訓の研究』, 風間書房, 1975

柴田 純,『江戸武士の日常生活』, 講談社, 2000

進士慶幹,『江戸時代武士の生活』, 雄山閣, 1984

新見吉治,『改訂増補下級士族の研究』, 日本学術振興会, 1965

鈴木 寿,『近世知行制の研究』, 日本学術振興会, 1971

鈴木文孝,『近世武士道論』, 以文社, 1991

鈴木良一,『織田信長』, 岩波書店, 1967

大導寺友山 著 古川哲史 校訂,『武道初心集』, 岩波書店, 1943

高木昭作,『日本近世國家史の研究』, 岩波書店, 1990

豊田 武,『苗字の歴史』, 中公新書, 1971

相良 亨, 『武士道』, 塙書房, 1968

相良 亨, 『武士の思想』, ぺりかん社, 1984

桜井庄太郎, 『名誉と恥辱-日本の封建社会意識』, 法政大学出版局, 1971

田原嗣郎, 『赤穂四十六士論』, 吉川弘文館, 1978

塚田 孝, 『近世日本身分制の研究』, 兵庫部落問題研究所, 1987

塚田 孝, 『近世身分制と周縁社会』, 東京大学出版会, 1997

津田三郎, 『秀吉・英雄伝説の軌跡』, 六興出版, 1991

奈良本辰也, 『武士道の系譜』, 中央公論社, 1975

新渡戸稲造, 『武士道』, 岩波書店, 1938

根岸茂夫, 『近世武家社会形成と構造』, 吉川弘文館, 2000

野口武彦, 『江戸の兵学思想』, 中央公論社, 1991

笠谷和比古, 『近世武家社會の政治構造』, 吉川弘文館, 1993

進士慶幹, 『江戸時代武家の生活』, 至文堂, 1993

下村 效, 『武士』(日本史小百科), 東京堂出版, 1993

平松義郎, 『江戸の罪と罰』, 平凡社, 1988

深井雅海, 『徳川将軍政治権力の研究』, 吉川弘文館, 1991

藤木久志, 『戦国史をみる目』, 校倉書房, 1995

藤木久志, 『天下統一と朝鮮侵略』, 講談社学術文庫, 2005

深谷克己, 『士農工商の世』(大系日本の歴史9), 小学館, 1988

藤井譲治, 『江戸幕府老中制形成過程の研究』, 校倉書房, 1990

藤井譲治, 『江戸時代の官僚制』, 青木書店, 1999

藤井譲治, 『徳川将軍家領地宛行制の研究』, 思文閣出版, 2008

藤田達生, 『日本近世国家成立史の研究』, 校倉書房, 2001

藤直 幹, 『日本の武士道』, 創元社, 1956

古川哲史, 『武士道の思想とその周辺』, 福村書店, 1957

松平太郎, 『江戸時代制度の研究』, 柏書房, 1964

宮崎道生, 『新井白石の人物と政治』, 吉川弘文館, 1968

守屋 毅, 『「かぶき」の時代-近世初期風俗画の世界』, 角川書店, 1976

山本博文, 『幕藩制の成立と近世国制』, 校倉書房, 1990

山本博文, 『殉死の構造』, 弘文堂, 1994

색인

ㄱ

가마쿠라 막부 26, 51, 53, 55, 56, 57, 59, 61, 67, 71, 74, 78, 79, 82, 91, 92, 93, 98, 99, 102, 104
가모 우지사토 264
가타나가리 131
가토 기요마사 186, 273, 282, 283, 307, 308, 311, 315, 316
간레이 112, 121
간무 천황 33
간무헤이시 33
간전영세사재법 19
간파쿠 40, 129
게닌 28, 43, 58, 59, 66
겐무시키모쿠 91, 92
겐치 130
겐카료세이바이 126, 223, 224, 253, 254
겐페이갓센 49, 50, 55
겐페이조스이키 80, 290
고노 모로나오 71, 92, 93, 103
고니시 유키나가 186, 187
고다이고 천황 91
고묘 천황 92
고산케 193
고세바이시키모쿠 92
고시 41, 42, 43, 44, 50, 51, 52, 53, 55, 56, 97, 124, 143, 217, 276
고시라카와 천황 41
고요군칸 151, 160, 161, 222, 223, 314
고카몬 193
고케닌 56, 57, 58, 59, 60, 61, 62, 64, 68, 69, 70, 74, 75, 192, 199, 201, 210, 212
고케닌야쿠 60
고쿠진 96, 97, 98, 99, 100, 121, 123, 124
고토 모토쓰구 168, 169, 171, 172, 173
곤자쿠모노가타리슈 45, 47, 75, 77, 81
관백 21
구라마에 212
구로다 나가마사 171, 172
구마가이 나오자네 74
구몬조 56
구비짓켄 73
구비초 145
구스노키 마사시게 95, 99, 290
구칸쇼 42
군기물 49, 79, 80, 101, 290, 314
군역 60, 61, 194, 197, 198, 208, 211, 212, 214, 215, 243

기라 요시나카 252, 253, 254
기리스테고멘 204, 206, 207
기무라 시게나리 168, 169, 178, 180, 181
기요하라씨 36, 37, 38
기진 25, 31, 39, 87, 146
기타바타케 지카후사 94, 95

ㄴ

나노리 70
나베시마 나오시게 260, 267, 277
남북조 시대 94, 99, 101, 102, 124
노기 마레스케 288
니토베 이나조 85, 250, 251, 291, 293
닛타 요시사다 94, 102

ㄷ

다이도지 유잔 231, 232, 235, 238, 265, 278, 279, 289, 293, 304, 305, 306, 313, 314
다이라노 기요모리 40, 41, 42, 43, 44, 50, 51
다이라노 마사모리 39, 40
다이라노 마사카도 34, 35
다이라노 타다모리 40
다이라노 타다쓰네 35
다이라씨 32, 33, 39, 40, 42, 43, 44, 49, 50, 51, 52, 53, 54, 55, 58, 59, 79, 123, 221, 222
다이코 129, 314
다이헤이키 71, 72, 101, 104, 290
다자이후 34
다카모치오 33, 34
다카쿠라 천황 43, 50
다케다 가쓰요리 160, 220
다케다 신겐 124, 128, 133, 134, 155, 156, 158, 159, 160, 161, 162, 222, 237, 271, 272, 306
다키구치의 무사 31
다테 마사무네 130, 137, 268
단노우라 54, 79
당사자들은 대부분 22
뎃포 197, 203, 219
도바 상황 40
도신 200
도요토미 히데쓰구 129, 280
도요토미 히데요리 168, 169, 170, 171, 173, 178, 180, 188, 189, 190
도요토미 히데요시 126, 127, 128, 129, 130, 131, 134, 142, 149, 150, 168, 175, 185, 186, 187, 188, 189, 196, 244, 273, 276, 280, 282
도잇키 97
도자마 99, 125, 193, 194, 196
도쿠가와 미쓰쿠니 296
도쿠가와 쓰나요시 252, 253, 255
도쿠가와 요시무네 259, 260
도쿠가와 이에미쓰 190, 198, 220
도쿠가와 이에야스 107, 127, 129,

134, 143, 168, 169, 170,
171, 174, 175, 176, 177,
178, 182, 185, 186, 187,
188, 189, 190, 193, 219,
220, 221, 239, 273, 274,
276, 282, 315
도쿠가와 히데타다 176, 188, 190,
195, 220
동량 30, 32, 33, 35, 36, 39, 42,
49, 58, 80, 109

ㄹ

로닌 170, 171, 172, 174, 177,
189, 216, 247, 252, 253,
256, 301, 302, 311, 319
로쿠하라탄다이 78
로토 28, 59, 66, 126

ㅁ

마에다 도시이에 186
막번체제 190
만도코로 21
모리 모토나리 124, 132, 162, 163,
164, 165, 166, 167
모치히토오 51
몬추조 56
무가제법도 195, 196
무로마치 막부 71, 91, 92, 93, 94,
95, 98, 103, 104, 109, 112,
116, 120, 121, 125, 128,
133, 152, 155, 165
미나모토노 요리노부 35, 36

미나모토노 요리마사 51
미나모토노 요리요시 36, 37, 81
미나모토노 요리토모 42, 51, 52,
53, 55, 56, 57, 58, 74, 75,
79, 80, 82, 83, 84
미나모토노 요시나카 52, 53
미나모토노 요시쓰네 54, 55, 71,
83, 290
미나모토노 요시이에 37, 38, 39
미나모토씨 32, 33, 35, 36, 38, 39,
49, 50, 51, 52, 56, 57, 58,
79
미야모토 무사시 305
미카와모노가타리 219, 220

ㅂ

바사라 103
반전수수법 18, 22, 23, 24
반카타 198, 200, 211
병농분리 125, 131
부도쇼신슈 231, 232, 233, 235,
238, 240, 265, 278, 289,
304, 305, 306, 313

ㅅ

사나다 마사유키 174, 176, 177,
178
사나다 유키무라 168, 169, 174,
175, 177, 178, 180
사루가미타이지 45, 47
사무라이도코로 56
사성제도 32

사이고 다카모리 299
사카노우에노 다무라마로 27
사카모토 료마 301
삼세일신법 19
선종 85, 86, 104, 105
섭정 21
세와겐지 33
세와 천황 33
세이다이쇼군 27, 53, 56, 92, 188
세키가하라 144, 168, 171, 174, 176, 187, 188, 189, 194, 239, 276
센가쿠지 253, 254, 256
센고쿠다이묘 123, 125, 126, 131, 132, 133, 134, 137, 138, 139, 140, 151, 154, 155, 223
소료 62, 69, 70, 97
쇼주 28, 66
쇼칸 25, 31, 39
슈고 55, 57, 60, 95, 96, 97, 98, 99, 100, 106, 120, 121, 123, 125
슈고다이 95, 97, 106, 120, 121, 123
슈고다이묘 95, 97, 106, 120, 121, 123
슈고영국제 97
스에 하루카타 124, 164, 165
시라카와 법황 39, 40, 43, 44, 50, 51, 52, 53, 55, 56
시바 료타로 291, 300

시바 요시마사 112, 114, 115, 116
시바타 가쓰이에 129
신초코키 143
쓰네모토 33
쓰이부시 31

ㅇ
아라이 하쿠세키 308, 309
아라키 무라시게 272, 275
아베씨 36, 37, 80, 81
아사노 나가노리 252, 253, 255, 256
아시가루 126, 201, 208, 209, 217
아시카가 다카우지 71, 91, 92, 93, 95, 102, 103
아시카가 요시마사 116
아시카가 요시미쓰 96, 104, 112
아시카가 요시아키 128, 133
아시카가 요시히사 121
아즈마카가미 74
아케치 미쓰히데 128, 129, 141
아코번 226, 252, 253, 254, 255, 257
아쿠토 98, 99
안토쿠 천황 50, 52, 53, 54
야마가 소코 225, 226, 227, 228, 258, 356
야마모토 쓰네토모 228, 229, 232, 241, 249, 260, 268, 290, 294, 295, 296, 297, 303, 305
야마모토 이소로쿠 292

야마오카 뎃슈 299
야카타 65, 66, 67
야쿠카타 198, 211
에미시 36, 37
오닌의 난 109, 120, 121, 122
오다 노부나가 107, 126, 127, 128, 129, 130, 133, 134, 135, 138, 140, 141, 143, 149, 155, 156, 244, 268, 272, 280
오료시 31
오메미에 210
오메쓰케 199
오바타 가게노리 222, 224, 225, 231
오사카성 129, 134, 142, 168, 169, 170, 173, 174, 180, 186, 188, 189, 190, 315
오안모노가타리 144
오이시 요시오 253, 254, 255, 256
오케하자마 126, 127, 138, 140, 141, 156
오쿠보 타다노리 219, 220, 221, 222, 355
오타니 요시쓰구 273, 274
와카도시요리 198, 199, 200
왕토사상 18
요도도노 180, 190
요리키 200
요시다 쇼인 291
요시사다키 108, 109, 110, 111, 113, 118

요키구비 73
우다 천황 31
우에스기 겐신 124, 128, 140, 149, 154, 155, 156, 157, 158, 160
우지가미 69
원정 21, 23, 25
율령제도 17, 18, 22, 28, 32
이마가와 요시모토 126, 127, 138, 140, 141, 156
이세사다치카교쿤조 108, 116, 117
이시다 미쓰나리 144, 175, 186, 187, 273, 274, 276, 282, 283
이시야마혼간지 128
이에노코 28, 59, 67
이치노타니 54, 79, 84
이치반구비 73, 111
이치반노리 73, 111
이케다 미쓰마사 281
일송무역 40, 43
잇코잇키 106, 107, 128, 130
잇키우치 70, 72, 76

ㅈ

장원 22, 23, 24, 25, 27, 28, 29, 30, 31, 32, 39, 43, 57, 67, 96, 97, 98, 121, 123, 125
장원정리령 23, 25
전국시대 120, 123, 126, 131, 133, 136, 137, 139, 140, 141, 143, 144, 150, 151, 153,

157, 159, 168, 169, 171,
　　　178, 208, 218, 219, 222,
　　　232, 234, 237, 251, 253,
　　　258, 265, 268, 290
조고 21, 22
조소카베 모토치카 129
주종제도 30
지교 126, 210, 212, 213
지교치 126
지토 43, 55, 57, 60, 67, 96, 98
진수부장군 33, 36, 37
징병제도 28, 29

ㅊ

참근교대 195, 196, 197, 245, 267
치바 슈사쿠 300, 301, 302
치쿠바쇼 108, 112, 113, 116, 117,
　　　118

ㅌ

태정대신 21

ㅎ

하가쿠레 228, 229, 230, 232, 233,
　　　240, 241, 243, 249, 260,
　　　266, 268, 277, 284, 290,
　　　294, 295, 297, 303, 305,
　　　310
하타모토 192, 199, 200, 210, 212,
　　　214, 219, 283, 317
하토야마 이치로 292
한제이령 96

헤이지의 난 42, 43
헤이케모노가타리 81
호겐의 난 41
호조 도키마사 79
호조 소운 124, 150, 151, 152, 153,
　　　154, 354
호조 우지쓰나 258, 259
호코지 189
호쿠멘의 무사 39
후다이 99, 125, 187, 188, 193,
　　　194, 196, 199, 220, 227,
　　　271
후지와라노 미치나가 21, 33
후지와라노 스미토모 34
후지와라노 요리미치 21
후지와라노 후유쓰구 20
후쿠하라 44, 52, 53, 54

구태훈

구태훈은 성균관대학교 문과대학 사학과를 졸업하였다. 일본 쓰쿠바 대학 대학원에서 일본사를 전공하고 문학 석사·박사학위를 받았다. 현재 성균관대학교 문과대학 사학과 교수로 재직하고 있다. 그동안 성균관대 동아시아역사연구소장, 『일본학보』 편집위원장, 한국일본학회 회장, 수선사학회 회장 등을 역임하였다. 저서로는 『일본역사탐구』(태학사, 2002), 『일본사 파노라마』(재팬리서치21, 2009), 『일본사 키워드30』(재팬리서치21, 2012), 『일본근세사』(재팬리서치21, 2016), 『일본고중세사』(재팬리서치21, 2016), 『일본근대사』(재팬리서치21, 2017), 『일본사강의』(히스토리메이커, 2017) 등이 있다.

사무라이와 무사도

저 자 구태훈

발행인 구자선
펴낸날 2017년 9월 5일
발행처 주식회사 휴먼메이커
주 소 서울특별시 서초구 강남대로 224 지하층 A-18호
　　　 전화 : 02-2277-1055 팩스 02-556-6143
이메일 h-maker@naver.com
등 록 제2017-00006호

디자인 유 라
인 쇄 P&M123

ISBN 979-11-961612-1-7 03910
정 가 18,000원